U0940226

养育模式决定未来

中国父母的文化障碍与解决方案

余波长◎著

语文出版社
·北京·

图书在版编目（CIP）数据

养育模式决定未来 / 余波长著. --北京：语文出版社，2010
ISBN 978-7-80241-415-0

Ⅰ. ①养… Ⅱ. ①余… Ⅲ. ①家庭教育 Ⅳ. ①G78

中国版本图书馆CIP数据核字（2010）第187650号

养育模式决定未来

余波长 著

*

语 文 出 版 社

100010 北京市朝阳门内南小街 51 号

http://www.ywcbs.com

新华书店经销 四川锦祝印务有限公司

*

880 毫米 ×1230 毫米 大 32 开本 9.5 印张 210 千字

2010 年 11 月第 1 版 2010 年 11 月第 1 次印刷

定价：29.00 元

责任编辑：王永强

特约编辑：曾朝容

封面设计：叶 超

版式设计：张陆科

目录

目
录

序：中国父母的根本问题是什么?

我国有13亿多人，大约三分之二是父母，即9亿人；其余的将来也会做父母。

我国人均寿命73岁，一生中大约三分之二的时间在做父母，约50年；其余三分之一的时间被父母养育。

可见，“做父母”与每个人都有关系，贯穿每个生命的过程，该是何等重要的一个大课题！父母做好了，造福子孙，有益社会，生命圆满，是一种境界；父母做不好，则可能祸害子孙，殃及无辜，是失败，是作孽，也是生命的重大缺陷，稍有良知的罪犯也难免歉疚、悔恨不已。

做父母是如此重要！那么，我们做父母的能力如何？我们做得好不好呢？归纳起来，我们的能力大体来自三个方面：一是从上一代父母耳濡目染、传承复制的观念方法之类；二是做了父母后，本能的父性母性的感悟体会之类；三是遇到问题时头痛医头、脚痛医脚的断续学习和交流所得。没有专门的学习培训，更没有考试认证，大都是自发的。同样，父母当得好不好，尽到职责没有，也没有统一的评判标准，更没有社会机构来管理；做父母属于家务。

这种“自发”的、“原生态”的状况与做父母的重要性相比，显然是不合拍不相称的，完全处于“业余”状态，姑且戏称为“业余父母”。粗略评估，可能现在90%以上的父母都属于“业余父母”。何故？蔡元培先生说：“譬如诸位有一块美玉，要琢成佩件，必要请教玉工；

又如有几两黄金，要炼成首饰，必请教金工，断不是人人自作的。现在要把自家的子女造就成适当的人物，难道比琢玉炼金容易，人人可以自任的么？”未经专业培训而承担此专业工作，岂非业余？

那么，“业余父母”与“专业父母”的差别在哪里呢？这需要登高望远，纵横比较。现在是一个全球化的时代，我们的国家又处在大变革的转折时期。从横向看，比我们发达的国家，他们是如何养育子女的，他们有哪些研究成果作为依据？我们是如何养育子女的，我们依据的又是什么？从纵向看，我们的祖祖辈辈是如何做父母的，为什么那样做？我们这两辈处在转折期的父母，是该追随祖先的脚步还是向发达国家看齐？中国与世界，过去与未来，构成了一个思考的坐标。经过反复比较和思考后，我们发现：有没有民主与科学的精神，是“专业父母”与“业余父母”的根本差别。

我们 90% 以上的父母是缺乏民主与科学精神的，这是由我们的文化基因所决定的。在我们的父母文化中，父母是“官”，孩子基本不是“人”，很少有父母从心里把孩子当平等的“人”看待，而是作为“臣民”一样统治，作为“动物”一般圈养，作为“器物”一般浇铸，作为“私有财产”一样任意支配；父母可以把自己的意志强加于孩子，孩子必须听话服从，因为父母都是为孩子好，哪怕事实上并不好；有功都是父母的，有错则是孩子的，父母基本不会反省自己。照此逻辑推论，当父母还需要学习吗？当父母谁还不会呢？于是我们多数父母因为缺乏民主精神进而丧失科学态度，成为了“业余父母”。这就是我们做不好父母的文化根子，这个劣根盘踞我们头脑久矣！

现在，我们的国家如同一条源远流长的河流，正在汇入全球化的海洋，已经快到入海口了，海洋的潮汐已经泛上来了，淡水和咸水已经在交融碰撞了，激起了千层浪！在这种全球化背景下、网络时代环境中，以人为本的潮流浩浩荡荡，我们还是一如既往地沿袭“官父母”

传统，把孩子不当“人”地呼来喝去，把我们的意愿需求强加给他们，把我们的包袱让他们背起来，岂能不矛盾不冲突？做父母成为普遍性难题，悲剧惨剧不断发生，可以说是必然的结果。

所以，当代父母必须与时俱进，对头脑进行“大扫除”，全面清除文化污染源；必须继承五四精神，把“德先生”（民主）与“赛先生”（科学）请回家去，供于心中，奉为神灵。这不是一个空洞的理论问题，而是一个迫切的现实问题，是一个根本性的普遍问题。讲民主讲科学，是社会转型的时代要求，是当代父母的责任与使命，也是我们做好父母的法宝。

基于上述思考，本书力求从文化上追根溯源，解析我们的“父母文化”，把我们的家庭教育放在全球的视野上加以观照，检讨得失；力求站在巨人的肩膀上看问题，使我们找到新思路、新方法和新的答案；力求超越现实的困惑，站到人生的终点上去审视“人”、生命的价值和意义，审视父母与子女的关系和问题。这三个“点”，即全球视野、巨人肩膀、人生终点，是本书讨论问题的三个视角；同时，我们也认为这三“点”是做好父母需要达到和具备的思维高度。

站在这三个“点”上就会清晰看见，我们这两代父母已经到了一个历史的转折关头，父母这“官”当不下去了，孩子是“人”要站起来不可逆转，就像世界上去殖民化浪潮一般。父母死扛着不变，只会害了孩子害自己。父母当主动求变，从当“官”到做“人”，从教育者到合作者，从科举到科学，从“业余”到“专业”，从功利到“无用”，从成“才”到成“人”，从面子到尊严，从“喂养”到觅食，从“督学”到自学……父母这样改变了，孩子一定会改变，家庭一定会和谐，社会也一定会进步。这种改变会像30年前国家确定改革开放一样，当时还感觉不到具体效果，今天才深知其意义何其伟大！

因此，本书以专题讨论的方式展开，以期引起读者思考和觉悟；

同时注重与实践相结合，力求读来有趣，读后有用，具有可操作性。全书共八章，可分为四个部分：

第一章反思父母，讨论我们的养育模式存在的主要问题，分析父母缺乏民主与科学精神的历史文化原因。

第二章认识子女，本着民主与科学精神，讨论应该如何认识孩子，如何认识父母与子女关系，如何认识对孩子的教育。

第三、四两章，着眼现实中父母的观念和心态，讨论哪些不民主不科学，应该“破”；哪些是民主与科学的，应该“立”。

第五、六、七、八章，放眼未来，从思维方式、行为方式和方法论三个方面，讨论构建民主与科学的父母文化体系的思路和原则，并提出了“教改”建议和“终结者”倡议书。

我相信，我的思考是有价值的；我也深知，我的才学识是有限的。愿以此书抛砖引玉，引起各方有识之士的关注和参与，推动父母脱胎换骨，改变养育模式，造福千家万户。同时我也认为，只有“专业父母”成为多数，也就是民主科学、高尚智慧、宽容幸福成为好父母的新标准和普遍追求后，我们的下一代才能真正全面发展、焕发生机与活力，众多的人口才能转化成人力资源优势，我们国家才能从人力资源大国转变为人力资源强国，中华民族也才能真正踏上复兴之路。

是为心愿，是为序。

第一章　反思父母

我们中国人做父母，基本是“喂养＋督学”的模式。这个模式千年传承，包含了许多国民性弱点的信息。

现在，我们有点钱了，养育模式的问题更加突出。从“喂养”升级为“圈养”，实质是把孩子弱化了。在督学上搞“大跃进”，把考试分数放在第一位，把兴趣学习变成第二战场，实际上给孩子灌了一肚子死知识，兴趣也整没了，还“越学越笨”。

我们的做法不是让孩子“学会认知，学会做事，学会共同生活，学会生存”，相反是阻碍人的全面发展，制造“心灵残废”，损害公平正义，所以，父母之“爱”竟然成了“祸害”！

我们为什么这样做，缘于传统的父母文化，君王如父母，父母如君王。因此，我们做父母如做官，不讲民主只讲科举；科举又为了当官，所以要“圈养＋督学”全力以赴。可见，我们的养育模式是“官”的派生物。

因此，九成以上的父母都很“业余”，需要反思，需要学习，才能走上“专业”之路。

中国父母大都如何养育孩子？

如果把做父母看作一项工作，其任务包括了“生”、“养”、“育”三项。“生”略去不谈，“养”至少有两个内容：一是提供各种物资与服务，满足孩子生存生长的需要，简称**“喂养”**；二是培养自理自立的各种生活能力，逐步分担家务，融入社会，简称**“培养”**。比如，提供食物、喂奶喂饭是“喂养”，让孩子自己吃饭做饭则是“培养”；抱孩子是“喂养”，让孩子自己行走奔跑则是“培养”；由父母料理孩子的各种事务是“喂养”，让孩子逐步自理并分担家务则是“培养”。

“育”也至少有两个方面内容。一为**“智育”**，包括从小学到大学的学校教育，以应试、升学、谋职为核心，简称**“学校教育”**；还有以兴趣特长为主导的教学活动，与应试有关联，以课堂教学为主，简称**“特长教育”**；还有不为应试，以自学为主的课外阅读及书本之外的“学习事物”的各类求学活动，简称**“益智教育”**。这是智育，另一方面是**“德育”**，即对孩子心灵情操的培育教化。体育、美育等在多数父母眼里都略去了，故不考察。这样，我们就可以列出四项主要的考察指标：喂养、培养、智育、德育。

那么，我国父母是如何确定这些指标的主次轻重的呢？粗略考察即可发现，大多数父母皆以“喂养”为主，“培养”为次；以“智育”为主，“德育”为次。重视“喂养”和“智育”，特别是“学校教育”，轻视“培养”和“德育”，这是我们做父母的总体倾向。这种倾向在各种类型的家庭中都普遍存在，只是程度上略有差异而已！

为了考察分析上的方便，我们姑且以教育投入能力的大小，将全国的家庭分为富贵、中产、小康、贫困四大类。所谓教育投入能力，金钱是个主要指标，另外还有时间、精力、智力、关系资源等。比如在同一个城市，一个普通公务员和一个小业主经济上可能有差距，教育投入能力却可能接近。所以，分类较粗，也无法细究。

具体看，**富贵家庭**的构成主要是成功的工商业者、高级官员、国有企事业高管、高级专业人士等。这些发了大财的父母，在“喂养”方面大多高标准、高水平，出手阔绰，名牌崇拜，比较奢侈。在“智育”方面，许多人花大钱将子女送到国外学习，重视“学校教育”和“特长教育”，也不反对“益智教育”，不看重国内白热化的升学竞争，因为有更好的出路。“德育”方面，参差不齐，鱼龙混杂，有要求极高的也有要求极低的。“培养”则是非常次要的。

中产家庭包括工商业者、政府及其企事业中高层干部、教科文卫专业人才、白领金领人士等。这个群体有强烈的精英意识，望子成龙望女成凤，且有充分能力实施培养计划。在“喂养”上是倾其所有，充分满足。在“智育”上是高标准严要求，除了名牌中小学的“学校教育”外，还有大量的“特长教育”，如音乐、美术之类，多数限制“益智教育”，强调子女在竞争中出类拔萃，目标是国内外一流大学。对“德育”重视不够，对“培养”大都忽视。

小康家庭包括政府及企事业单位一般工作人员、产业工人、城镇市民、郊区及条件较好地区的农民等。他们生活虽不富裕，但吃穿不愁，生活水平已大为提高。他们一般都把对未来的希望完全寄托在子女身上，所以在“喂养”上是优先供给，自己省吃俭用，勒紧裤腰带；在“智育”上是强化“学校教育”，将“特长教育”视为应试补充，严禁“益智教育”，一切以升学考试为目标为核心，这方面期望值不比中产家庭低。所以，对“培养”可有可无；对于“德育”，强调“听

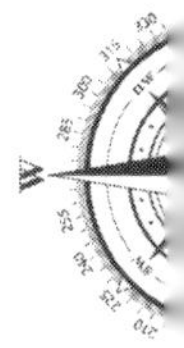

话”，其他不关心。

贫困家庭主要是偏远地区的农民，为生计所迫，远走他乡，成了“农民工”。长年累月与子女分离，形成了数千万“留守儿童”群体。对于“喂养”，他们是千方百计保证子女有饭吃有衣穿。对于“智育”，他们只关注“学校教育”，只要子女考得上，他们大多可以用血汗拼命换钱来供养。对于“培养”，无为而治，任其“野生”而自理。至于“德育”，只要不犯法就行，基本上是听天由命。

综上所述，在“喂养”上，四类家庭都是全力保障供给，只是能力大小、条件优劣有差异。在“智育”上，中产之家和小康之家是第一梯队，富贵之家和贫困家庭屈居第二，但都“非常重视教育”，即重视“学校教育”。对于“培养”和“德育”，基本上是得过且过，差不多就行，以不出大问题为原则。究其原因，一类是为了突出“智育”，强化“学校教育”的重要性；另一类是出于关爱，怕孩子因“培养”吃苦受累，担心孩子因“德育”而犯傻吃亏。这是相同相近的一面。当然，四类家庭也各有侧重，试排序如下表，加以说明和比较。

排序 分类	1	2	3	4
富贵家庭	喂　养	智育（学校、特长、益智）	德　育	培　养
中产家庭	智　育（学校、特长）	喂　养	德　育	培　养
小康家庭	智育（学校教育）	喂　养	培　养	德　育
贫困家庭	喂　养	智　育（学校教育）	培　养	德　育

虽然这样的分析远不够严谨，肯定有许多出入，但大体上能反映

各阶层养育孩子的基本取向。还需要进一步说明的是，父母在对孩子高标准“智育”的同时，自己的学习却是呈递减趋势、逐渐停滞的，到了孩子中考高考时，多数父母早就不学习了，专门监督孩子学习。如何监督呢？好一点的像教练，指手画脚吼来吼去；差一点的就像周扒皮，经常搞半夜鸡叫吆喝出工（学习）；更糟的就像资本家的狗腿子，拿条鞭子在扛包的苦力（孩子）身边转悠，时不时啪的一鞭打将下去……此情此景，“督学”之状，活灵活现。因此，我们中国父母都是如何养育孩子的？概言之，**“喂养＋督学”**模式！

这种模式同样体现在学校教育中，“喂”即是满堂灌、填鸭式、死记硬背之类；“督”则是作业、考试、排名次之类，还有讽刺挖苦、当众羞辱、打骂体罚等。于是，我们的养育模式就像一条产品流水线，父母和老师虽然都很辛苦，但技术含量并不高，大家也容易“合格”、“胜任”，照章办理机械操作就行，只要**态度严格**就是好父母好老师了，负责嘛。由此也可明白，我们为什么崇尚“严”，无论父母老师，都以“严”为“好”，类似于流水线上的员工，态度丝毫不能马虎，能力差水平低倒无关紧要，故“严格”便等于“优秀”了。

与父母老师的“严格”相应，孩子通常比较**被动**，从记事起就在被灌输、被监督、被加工成父母希望的样子，孩子自己的意愿、个性、特长等常常被忽略了，孩子只有不听话、贪玩好耍、调皮捣蛋时，才能找到内心快乐，才能体现自己作为“人”的意志。于是，生活中有一个奇怪的现象，父母老师都要求孩子“听话”，但往往调皮捣蛋不听话的孩子，比老实听话守规矩的孩子更有出息，原因何在呢？因为他有自主性，个性没有泯灭，还保留了其独特的不同于他人的特点，能够独立地动脑筋想问题，久而久之便有了创新能力，生命的价值就可能实现，与只会听话者的差距就拉大了，也就有了出息。

此外，这个模式还有片面的特点，忽视孩子的德育、体育、美育，

甚至智育也是很狭隘的，只强调与考试有密切关系的知识学问；对于孩子的生活能力、做事能力、内心世界等就更不当回事了。于是，孩子就像是一个“零部件”，被父母老师进行作坊式“粗加工”，一门心思抓考试成绩，结果许多孩子高分低能，许多孩子厌学，许多孩子心理有障碍，许多孩子营养充足身体孱弱……就像小煤窑，不管安全也不考虑污染，只要出煤量，早晚会出问题的，不出问题才是偶然。可见，我们的养育模式还处在低层次的初级阶段，与科学养育、人的全面发展相距甚远。

那么，**“喂养＋督学”**的养育模式是如何形成的呢？农耕社会环境和科举文化取向，应该是两个主要原因。“朝为田舍郎，暮登天子堂”，便可光宗耀祖，那是何等令人激动！科举文化的价值取向必然导致“督学”，监督孩子专心于应试的学业，世世代代如此，旅居海外多年的华人也是如此。而在长期的农耕社会，经济不发达，物质匮乏；中国人又有多子多福的追求，还有“不孝有三，无后为大”的压力，于是养得多而又养不起便成了普遍问题，能给孩子提供好的物质条件自然就成为好父母的标准，“喂养”理所当然成为父母的另一个追求。当父母做好了这两件大事，还有什么欠缺呢？完全可以死而无憾了，一百个父母中大概九十几个都会这样想，直到今天。

今后，我们还该不该沿袭这个模式呢？要彻底弄清这个问题，还需要进一步考察。

中国式养育隐藏了哪些玄机?

我们中国人“喂养+督学”的养育模式，究竟隐藏了哪些文化信息？这个模式千年传承下来，又给我们这个民族带来了什么样的特质？针对这个问题，我们进行了一番比较、联想和思考，理出了几条线索，挖掘出一些信息，发现了一些玄机，试作如下剖析：

第一，这个模式可能导致我们**擅长考试**，在全世界都有竞争优势。因为我们“督学”的目标和内容一开始就瞄准了应试，这是童子功，是缘于科举、积淀千年形成的“光荣”传统。所以，家家户户从小抓起，严格督学，教与学直指考试目标，时间精力都集中在应试这个点上；再加上中国人数量庞大，世界第一，大浪淘沙，也定能输送一批人过关斩将名列前茅。所以，在世界顶尖学府中华裔子弟往往领先，当不足为奇，跟巴西是“足球王国”盛产足球名将一样，是自然而然的结果；我们乃“考试强国”，自然有一流的考试奇才面世。如果以这少部分考试奇才为依据，便认定我们这个民族聪明、好学、智商高，从逻辑上讲，有没有以偏概全的嫌疑？试想，我们有考试传统、人口众多、还全民动员、从小抓起，如果我们还考不过别人，类似巴西足球打不赢中国，岂不是智商太低太低！所以，应就事论事，肯定我们在考试上有优势，到此为止。

问题在于，考试不能像足球那样产业化，搞俱乐部，搞世界杯；考试能力也不一定能转化为生产力、竞争力、综合国力，好比一个人

经常考第一，是不是一定很有出息？不一定的。新中国60年没有“考”出几个世界级大师，旧中国近千年也没“考”出国富民强、反而“衰”得一塌糊涂。所以，成了“考试强国”或“考试型人才”，我们也不必太过惊喜。现实生活中，许多成功人士考试成绩往往中等而已，并不冒尖，为什么反而能脱颖而出？这个“中等”恰恰可能是其成功的秘密武器：不把心思全放在考试上，腾出精力展开自己的兴趣，或拓展新领域新空间，比起书呆子来机会当然要多一些。所以，我们的考试情结、考分崇拜、“考试英雄主义”是不是应该减弱一些？我们是不是应该多一些角度、多一些标准来看待考试成绩？

第二，这个模式可能弱化了我们民族的**创新能力**。我们曾经领先世界，文化科技都有重要成果问世，但后来却停滞不前了，逐渐呈下降走势，最后沦为落后挨打者。其中原因固然很多，有没有科举的因素？是不是千家万户竞相“督学应试”造成的？两者之间有没有因果关系？我觉得“督学应试”当是头号嫌疑犯，因为千百年来，它把我们的时间精力占用了，把我们的头脑心思填满了，把我们的思维定型了，让我们专注于那个范围、无暇也无力他顾，这是显而易见的事实。这一事实符合辩证法，有长就有短，有得就有失，我们长于应试即传承模仿能力强，难免创新能力渐渐萎缩。所以，这些年我国的经济发展可概括为“中国制造”，非“中国创造”，基本靠仿制，仿制能力令人赞叹，“山寨”产品层出不穷，创新领先的东西却不多。对此，我们该喜还是该忧？一个人、一个族群能否仅靠模仿而强大起来呢？

第三，这个模式还可能是我们**实践能力差**、**动手能力不强**的原因。因为中国父母努力奋斗的目标是让孩子过上安逸舒适的日子，也就是减少动手、减少实践、减少流汗、减少吃苦受累，像权贵富裕人家的少爷小姐那样，事事有人伺候，养尊处优。另一方面，也为了让孩子腾出时间精力来专心致志准备考试。所以，父母皆以“喂养”为荣，不事“培养”，长此以往，孩子的实践能力、动手能力从哪里来呢？而西方的权贵富裕人家子弟，即使贵如英国王子也照样要当兵服役、受累吃苦，普通百姓焉能例外？

写到这里，我想起了俄国的彼得大帝，他贵为皇帝，居然隐瞒身份，跑到西欧各国去“打工”，就像我们今天的农民工一样，抡大锤之类苦力活都干过，当然他不是为了挣钱养家，而是考察学习。正是经过这番实践和实干，他找到了解决实际问题的办法，进行了大刀阔斧的改革，把一个落后的农奴制的俄罗斯迅速变成了西方列强之一！

两相比较，吃苦耐劳、自食其力显然不是我们主流的养育传统；好逸恶劳、游手好闲、四体不勤之类不良品质，倒可能是我们多数人骨子里向往的东西。为什么？因为我们向往这种吃好喝好不劳而获的“幸福”生活，即怀抱爱因斯坦所说的“猪栏的理想”，所以我们才会认为“喂养”是让孩子享福，“培养”则是让孩子受苦。我们普遍这样想问题，除了人性的弱点外，与文明程度的高低、人生境界的大小也有关系。我们普遍这样做，孩子一代又一代只会背书不会做事，远离实际生活，缺少摔打磨炼，文不能安邦，武不能卫国，这是不是造成“敌强我弱”、“敌进我退”的一个重要原因？

第四，这个模式可能与许多**不仁不义、假仁假义**的事情有内在联系。喂养和督学内含一种因果关系，因为喂养，所以该督学；又因为督学，所以要喂养。而且学得好则喂得更好，学得不好便不一定要喂好了。父母所要的关键是“学”字，是用“喂”来示“爱”进而促“学”的，换言之，父母的爱是有条件的，是功利的，是要求孩子回报的。学习成绩好、有出息的孩子会得到更多的爱，成绩不好、没有出息的

孩子往往受冷落，许多孩子便因此走上歧途。老外则不同，即使养了痴呆儿，也少有愁眉苦脸，照样可以喜笑颜开，因为他们信奉上帝，孩子是上帝的赐福，痴呆儿更是上帝赐予的爱心机遇。因此我们有许多弃婴，而他们愿意收养。

进一步看，学习成绩好的肯定是少数，一百个学子，前十名前二十名占比都是少数，多数人都排名在后面，这是一个基本事实。这个事实意味着多数人都可能会从父母和老师那里受到挫折、打击、侮辱、冷遇，可能从小就会产生信任危机，可能从小就会琢磨弄虚作假的事，还可能产生强烈的压抑感和破坏欲，一旦有了机会，这些灰头土脸的人就会膨胀嚣张，不可一世。我们社会中的许多现象，比如刁难别人啊、绷面子啊这些小事，还有“文化大革命”搞破坏之类大事，追究下去是不是都能找到养育模式留下的阴影痕迹？

第五，这个模式可能还是国人特别是汉民族**驯顺、奴性重、生命力孱弱**的重要原因。历史上，在民族融合过程中，蒙古族、满族皆以少胜多，入主中原。后来，小日本更将大中华糟蹋蹂躏，几个日本人就可以统治一个县的中国领土，还冒出了上百万的汉奸军队！汉民族一直是人口庞大的民族，文治武功都曾辉煌于世，为什么后人如此差劲？与“喂”和“督”难道没有关系？比如老虎，置于笼中喂大，代代相袭，老虎还能是老虎、还能是百兽之王吗？“喂”则使肉体孱弱，“督”则使灵魂惊恐。父母的棍棒，老师的戒尺，时时刻刻悬于头顶，小小孩童，岂敢不从！

姜戎先生在《狼图腾》中，剖析了中华民族从“华夏狼”蜕变成“华夏羊”的原因，核心是农耕文明和儒家思想，主张向草原狼、海洋狼学习，重建民族精神。我想，“喂”是不是农耕文明的典型特征？“督”是不是儒家思想的集中体现？是不是这个模式给我们民族注射了“羊性激素”，从而失去了坚毅刚强，变得唯唯诺诺奴性重，这才被人任意宰割？

第六，这个模式还可能与冷漠、麻木、两面性、“窝里斗”等**国民劣根性**有关系。在这个模式下，父母基本上没有把孩子当“人”，完全以自己的需求为主，孩子始终是被动的被迫的，如同木偶被父母指使，如同白纸被父母随意涂画。所以，父母越是尽职尽责尽心尽力，孩子的愿望和个性越会受到抑制，把孩子扭曲的风险越大，孩子反抗对立的可能性也越大。因为，每个孩子都有自己的天性，都有与他人不同的思想愿望，意大利教育家蒙台梭利称之为“精神胚胎”，这里面藏有孩子心灵成长的密码，指引孩子成长发展的方向路径。

但这个模式从根本上忽略孩子的存在，就意味着孩子的“精神胚胎”得不到正常发育，可能产生破碎、紊乱、变态等后果，就像一把种子被石板压住，有些被压死了，有些还会从石缝里冒出来，但已经歪歪扭扭变形了，孩子原本的独特个性和鲜活的生命力所剩无几了。同时，孩子与父母的关系常常处在表面被迫服从、但内心不服气还有怨气的状态中，孩子便可能人格分裂，父母的希望则可能鸡飞蛋打，到头来大家焦头烂额。

推想开来，我们国民性格普遍内向、保守、缺乏幽默，呆板、木讷、拘谨，许多同胞内心麻木、冷漠；还有许多同胞搞两面派，表面上客客气气，实际上勾心斗角，当面不说背后乱说，说一套做一套，善于窝里斗；还有许多家庭看起来亲情浓烈，实际上相当隔膜，父母子女互相埋怨不满，甚至充满敌对怨恨，连国学大师季羡林也是如此。所有这些，与我们养育模式中的父母单边主义有没有密切关系？

第七，这个模式还可能与我们普遍**缺乏民主精神和人权意识**有直

接的关系。心理学有个术语叫“投射”，意即在人际关系中，一个人怎样对待另一个人，是这个人内心状态的反映。也就是说，父母为什么采取单边主义，为什么要孩子完成自己的心愿，是基于他在成长过程中的重大缺失。他小时候内心想平等、想自主等愿望被压抑了，他在那组关系中是弱小的；这个“弱小”成为父母内心的缺失，需要填平补齐，于是在现在这组关系中父母便将“弱小”从心里取出来“投射”到孩子身上，来实现他的平等、自主愿望。这样一来，这个父母就又变成了“强大”的单边主义父母，他们的孩子又同样会出现缺失，再到下一代身上去找补。所以，如果这个模式中的“扭曲”不能终止，造成孩子内心缺失，一定会又“繁殖”出成千上万有“缺陷”的父母，并代代相袭，因其自身具有强大的造血功能。家族传承就是这样一个循环的链条，一环扣一环，而且自动生成，直到某一代人斩断这个链条，它才能终结。

再从横向来观察，这种投射首先是给最亲近的人，比如孩子、配偶，然后还会蔓延到周围各种人际关系。比如，希特勒就投射得远，据心理学者研究，他为什么疯狂发动战争，为什么疯狂屠杀犹太人，与他小时候经常被其父亲毒打并嘲笑为弱者有内在联系，他是将内心中“受虐的弱小的小孩”投射到犹太人身上，投射到整个欧洲，来显示自己“强大”。所以，希特勒对人类的罪过有一半要算在他父亲头上，是其养育模式造就了这个魔鬼。

这样看来，“龙生龙，凤生凤，老鼠的儿子会打洞”是有些科学道理的，不是定性为“资产阶级血统论”就可以否定的。撇开生物学的遗传理论不说，心理学的投射原理讲的是后天因素，是养育的巨大影响，“龙凤型父母”与“老鼠型父母”对孩子的影响会是一样吗？我们这些父母望子成龙望女成凤，是不是应该首先让自己“成龙成凤”、盯紧自己比盯紧孩子更重要更有效呢？

推而广之，家家户户世世代代都是单边主义，大家都是这样长大的，进入社会后小时候的缺失自然也会投射到社会生活的方方面面，所以自然也会强加于他人，做些剥夺人权的事，缺乏民主精神也就不足为奇了。从这个角度看，养育模式是否与社会生态、国家政治、历史进程有密切的内在关系？我们怎样养育孩子该不该视为“国家大事”，该不该进入政府工作计划中？

综上所述，我们的养育模式显然比较畸形，凸出的只是考试能力，对孩子的习惯、品行、性格、心理、综合能力、自主精神、价值观念等都可能产生巨大的**扭曲作用**，隐藏了诸多危机。父母只有弱化、减少“喂”和“督”的成分，给孩子自由发展的空间，才是养育正道。但现在，许多父母反而从“喂养”升级成了“圈养”，把“督学”演变成了“大跃进”，使问题愈演愈烈了。

多少孩子被“圈养”成了弱者?

何谓圈养?圈禁起来喂养。再通俗点说，像养猪一样养人。猪是咋养的?将其置于圈中，限定活动范围，吃喝拉撒都在圈中进行；一日三餐，管饱管够，什么都不需要做，十分享受；只有一个任务：长肉，吃了就睡，睡了又吃，把所有能量都用在“长肉”上。现实中有许多孩子就是这样被“圈养”的，只是“长肉”的含义为“学习”或是“分数”。

为了说明这个问题，我们与近邻韩国人作个比较。陈道华著《韩国家庭教育》有一则故事：

王芳单位放假，准备出国旅游，正好接到留学韩国时睡上下铺的好姐妹金海玲的邀请，王芳欣然答应了。

到达韩国后，王芳便住到了金的家中。那天厨房烧着水，听到水烧开的声音，正和王芳在沙发上回忆大学生活的金海玲，头也不回地喊了声：“正浩，水开了。”随即，她四岁的儿子就跑向厨房。看着孩子跑进厨房的背影，王芳再也无法静心聊下去。

“你应该去看看儿子。”王芳向厨房摆了摆头，“那是开水，而他还小。”

“没关系”，金海玲好像根本不在意，“这种事他能做，而且还会做得很好的。”

果然，过了一会儿，正浩就把茶具端上来，开始洗茶壶、茶杯，泡上茶后把第一杯茶恭恭敬敬地双手捧着，送到王芳面前，并说：“请用茶。”然后，又倒了一杯，送到金海玲面前，说：“妈妈，请。”

这一连贯的举动，让王芳惊呆了。在国内，这个年龄的孩子，可能还在父母怀里撒娇，为什么这孩子不仅能动手做事，还这么知书达礼呢？

金海玲看出了王芳的疑惑，主动解答说：“我们这里的孩子都一样。”

又一天，金海玲和王芳开始出游了。王芳深知这次出游主要是为她设计的，主要项目是以登山为主。……

走了一段路程，王芳累得气喘吁吁，可是，见正浩那么年幼，还没有要求休息，也就咬着牙坚持着。再走一段路，正浩的速度慢了下来。虽然王芳也累了，但作为一个成年人，王芳当仁不让地向正浩伸出了手臂。

“来，正浩，”王芳蹲下身去，“到阿姨这儿来，我背你一程。”

“谢谢阿姨，”正浩转过身走到路边，坐下来，“我休息一下就行了。”

金海玲把王芳拉起来，坐到路边的大石头上，递给王芳一瓶水。对正在路边喘着粗气的正浩，看也不看一眼。而正浩也从自己的背包里取出水和毛巾，擦汗，喝水，并没有显出委屈、无奈、撒娇的表情，似乎这一切都是理所当然的事情。

整个野游过程，金海玲只是叮嘱了正浩两次。一次是上山的时候，路边有条深沟，金海玲提醒正浩，不要离得太近。还有一次是下山的时候，有段路上落了些细碎的石子，金海玲提醒他要放慢下山的速度。

再看看我们是如何养孩子的。知心大姐卢勤在《给知心妈妈》中讲了这样三个小故事：

一次，我带领三十多个大城市的小学生，到丹顶鹤的故乡——齐齐哈尔市扎龙自然保护区搞夏令营。

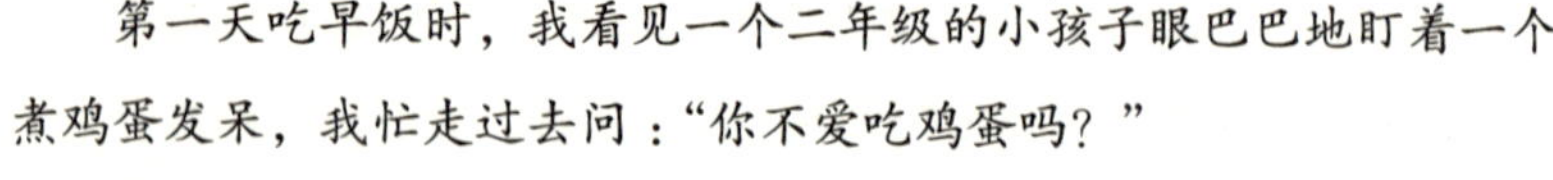

第一天吃早饭时，我看见一个二年级的小孩子眼巴巴地盯着一个煮鸡蛋发呆，我忙走过去问："你不爱吃鸡蛋吗？"

"爱吃。"女孩小声说。

"那你为什么不吃呢？"

"这个鸡蛋和我们家的鸡蛋长得不一样。"女孩面带难色。

"说说看，你们家的鸡蛋'长'得什么样？"我好奇地问。

"我家的鸡蛋是白白的、软软的，好咬，这个鸡蛋太硬，咬不动。"

仔细一问，我才弄明白。原来，她从小在家从来没看到过煮鸡蛋、剥鸡蛋的过程，都是大人剥好了，切成两瓣，放到她面前，难怪她不会剥！

河北某县一所小学举行"奔向新世纪"象征性长跑，在路边围观的家长比学生还多。他们不时冲自己的孩子大喊大叫："别跑，慢慢走好！""吃得消吗？吃不消趁早退出来！""别逞强了，走不动爸爸开车捎你！"

一位刚入学的大学生，妈妈在家把他所有的衣服都编上号，哪天穿哪件，写得很清楚。一天，天气骤然变冷，这个学生依然按照妈妈的编号穿衣服，只穿了件薄衣服，结果被冻感冒了。他很不满意，打电话质问妈妈："为什么让我今天穿这件？"妈妈抱歉地说："实在对不起，我不知道今天天气会变冷。"

两相比较，作何感想？以我们的思维看韩国人，是"惊奇"：一个四岁的孩子就能分担家务，就能自己照顾自己，不得了！以韩国人的思维看我们，恐怕就是"外星人"了：小学生不会剥鸡蛋，大学生不会穿衣服，当父母的不让孩子跑步怕累坏了，可能吗？这三个故事太典型了，编都编不出来的，淋漓尽致地阐释了**“圈养”的含义！**

放眼世界，有哪些国家、哪些民族像我们这样“圈养”孩子？美国的少年儿童，无论家庭多么富有，12 岁左右就会去打零工：剪草、送报纸、做小保姆之类，挣零花钱。

日本人全家外出旅行，无论多么小的孩子，都要背上一个小背包，自己的东西自己背。他们认为，除了阳光和空气是大自然的赐予，其他都要通过劳动获得。

那么，我们为什么会另类到“圈养”这种程度？归纳起来，原因有三：

首先是物质条件。我们是穷苦人出身，祖祖辈辈都在饥寒中长大，多么向往丰衣足食、安逸舒适的生活！现在条件好了，理所当然要给孩子一个幸福美好的童年，让孩子什么都不缺，别人有的咱要有，别人没有的咱也要有，我们认为这是让孩子“享福”。

其次是补偿心理。现在的两代父母，老一代年轻时受限于客观条件，基本上稀里糊涂就过了，父爱母爱当时还没“苏醒”，现在“醒”了，补偿给孙儿孙女；小一代父母因为小时候得到的父爱母爱太少，太遗憾，决不愿自己的子女再有丝毫欠缺，所以也不遗余力“恶补”爱的功课。

其三是独生子女。只有一个孩子，父母、祖父母、外祖父母焉能不珍惜？若养不好就全军覆没了，不像过去还有其他指望。所以，形成了 4 ∶ 1 或 6 ∶ 1 的养育格局，一定要养“精品”，输不起；而精品的含义就是学习成绩优异。于是，“只要把学习成绩搞好了，其他事情都不用你管。”这是共识，也是目标。

这三点，导致父母蓄积的爱如山洪暴发，导致父母普遍具有焦虑之心，进而具有强烈的控制欲望，想把孩子一切都安排好，生怕孩子受一点累挨一点饿，捧在手里怕凉了，含在嘴里怕化了，冷一点热一

点都是家中大事，吃多了吃少了常常引发争执——充满爱心的父母习惯成自然，想得越来越细致，做得越来越周到，久而久之，“圈养”的格局就不知不觉形成了，孩子的生命力就不知不觉削弱了。

但，这只是近因。往远里看，我们还有这个传统。历史上的王公贵胄钟鸣鼎食之家，大多是这么“圈养”子女的，比如《红楼梦》中的贾宝玉就是个典型代表。所以，曾国藩才会在家书中一再告诫：“京师子弟之坏，未有不由于骄奢二字者”，要求子女“一切以勤俭二字为主”，理由是“儿女愈贱愈易长大，富户儿女愈看得娇愈难成器”。曾国藩不愧为一代名臣，权倾朝野，尚能如此清醒。但大多数权贵富裕人家没有这份清醒，形成了“圈养”的传统。今天，我们大伙儿有点钱了，当一回“权贵”的愿望就冒出来了，连一些小康之家也挤入了这个阵营，这是缘于“官”与“科举”的文化基因（后文再详述）。显然，“圈养”的传统被当代父母大面积发扬光大了。

再横向来看，美、日、韩人均GDP比我们高多了，他们是发达国家，我们是发展中国家。他们的孩子为什么不娇惯而是“贱养”？这是不是他们“发达”起来并继续“发达”的原因？这是不是我们沦为“发展”，今后还要继续“发展”下去的证据呢？多数父母不会同意这样看问题，普遍认为孩子长大了，自然而然就会有独立能力。我想，历史上那些权贵富裕人家肯定也是这样想的，而事实上“富不过三代”却成了中国人的命运魔咒，道理何在？大约可以从笼养的鸟儿得些启示：鸟儿自小在笼中长大，难免翅膀无力，即使飞出樊笼也无法翱翔，必然成为捕捉射杀者的首选对象；这样的鸟儿躲得了初一躲不过十五，岂能不亡！

回到眼前现实，我们有多少孩子在被“**圈养**”？这无法统计，标准也不好统一，若按韩国人之养育法来观照，是不是多半的家庭都存在“圈养”的嫌疑？这且不论。从孩子的现状看，这样的“圈养”真的是孩子想要的吗？有个笑话说，爸爸见儿子不好好吃饭，便给他忆苦思甜，讲爸爸小时候多么惨，经常吃红薯萝卜，经常饿得咕咕叫，去偷别人的果子吃，孩子听得两眼放光，问："真的吗？那太好了啊，惨什么惨！"所以，我们是不是把自己的心愿强加给了孩子，孩子是不是在"被幸福"呢？

再从孩子的将来看，我们这样养孩子对其生命成长有益还是有害？这一代孩子长大后，肯定是要与美国、日本、韩国的孩子打交道的，一旦产生竞争，结果将会如何？我们是不是用爱心铸成了一个天大的错误呢？需要我们反思。

再从国家民族的角度看，我们国家这二十几年靠牺牲环境、资源，靠廉价劳力的血汗换来的钱，大部分流进这些家庭了，却用来作了"圈养"的资本，把下一代弱化了甚至整废掉了，活像清末的八旗子弟，这是何等荒唐！这一大批最有条件、最有可能成长为国家民族支柱的孩子，被父母的爱心"圈养"得肥硕虚胖如同待宰绵羊，"死"于安乐，多么可惜！还有，如果"圈养"继续蔓延开来，成了时尚趋势，引起更多父母更大范围效仿，再过十年二十年，中华民族会不会出现"圈养的一代"？世界上会不会"崛起"一个"圈养的民族"？那时，"中华民族到了最危险的时候"就铸成事实了，那该是多么可悲的事！

当然，这完全可能是杞人忧天，只要我们提高警惕！

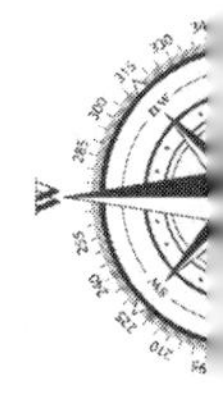

父母群体为何热衷"大跃进"？

与生活上"圈养"的温情脉脉截然相反，在学业上父母们是要"大干快上"的，那是一张板着的冷脸孔！那是一副铁石心肠！他们的想法、做法和激情，群体性躁动盲动的特征，以及产生的后遗症等，都与"大跃进"形似而且神似！

"大跃进"是我国 1958 年开展的一场运动，有三个要点：一是社会组织，妄想"跑步进入共产主义"，成立大食堂，家家户户到食堂吃"大锅饭"。二是工业，全国大炼钢铁，各种土法上马，砸锅求铁，砍树伐木。三是农业，狂热追求高产，密植密植再密植，亩产 1000 斤、亩产 2000 斤、亩产 10000 斤，一个比一个喊得响！结果是"捷报"频传，浮夸成风，浪费资源，破坏生态，造成元气大伤，民不聊生。今天看，这是一幕闹剧，也是一幕悲剧。

搞"大跃进"的父母们，也是头脑发热，以为自己的子女可以**造就为"神童"**，像卡尔·威特一样，像刘亦婷一样，像郎朗一样，他们相信了"只要想得到，就能做得到"，类似于"人有多大胆，地有多高产"。当他们心向往之，把"希望"当成了"现实"后，深为自己的想法所激动，于是集中精力财力物力，开始了培育"天才"、培育"贵族"的豪情之旅，可谓义无反顾！

于是乎，他们要求孩子幼儿园时学小学的，小学时学初中的，初中时学高中的，高中时学大学的，高价请家教，高价上名校，不惜血本；他们送孩子上兴趣班，从幼儿园开始，学弹琴、学画画、学英语、学奥数、学作文……从一个教室到另一个教室；学了兴趣班再学提高班，**从星期一到星期七**，父母孩子都没怎么休息。

他们非常重视学校考试，考试要排名次；同样也在乎钢琴考级，奥数竞赛，都要加分，都关系到升学的事，他们要求孩子千万不可马虎。分数、名次，反来复去，名次降了还是升了？分数涨了还是跌了？父母的生活中，“悠悠万事，唯此为大”；孩子的世界里除了学习还是学习，如同机器。

上述做法，与“大炼钢铁”、“密植密植再密植”何异？而且不是个案，是群体行为，是互相在竞赛着、激励着、攀比着、传染着，形成了一个巨大的教育“泡沫”。这种杀鸡取卵、竭泽而渔的做法，导致的直接后果就是孩子丧失学习欲望。现在的大学里包括一本院校，学风十分稀薄，大量的大学生不思学习，只想休息，即为明证。

不仅如此，**恶性事故**层出不穷。卢勤在《给知心妈妈》中写道：

一个五岁的男孩，因母亲逼着他学弹琴而把自己的手指弄断；一位北京女中学生，因考试成绩不好，跳楼自杀；一位南京大学学生，妈妈爸爸都是著名的物理学家，夫妇俩一心想让这唯一的孩子出国深造，于是从小学到大学，天天看着儿子学，逼着儿子学，不给儿子一点自由，儿子被压得喘不过气来，终于忍无可忍，就在过22岁生日那天，用皮带勒死了自己的妈妈和爸爸！

一个叫夏斐的男孩子，因考试成绩与妈妈的要求差几分，又没敢说实话，被妈妈失手打死——儿子死了，妈妈的梦想完全破灭了，在监狱里，这位年轻的妈妈自己结束了自己的生命。这件事，后来被拍摄成电影《失去的梦》。

这些文字含着血泪，触目惊心，这都是搞“大跃进”带来的后遗症。那么，父母发动“大跃进”的狂热是从哪里来的呢？我找到了两

个源头：一是《卡尔·威特的教育》这本书——这个典型案例及其教育理念的强大影响力，二是商业营销的推波助澜作用。

我看了《卡尔·威特的教育》这本书后，有强烈的**“讲故事”**的感觉，再说白点有“忽悠”的感觉。为什么？第一，太完美了，一个孩子8岁时就能自由运用德语、法语、英语、意大利语、拉丁语、希腊语共6国语言，还通晓动物学、植物学、物理学、化学，擅长数学；9岁就上了大学，14岁就成了博士！这可能吗？是不是真有其人其事？第二，如此天才，应该为人类做出卓越贡献，比肩牛顿、爱因斯坦之类大科学家，或者康德、黑格尔一类哲学家才对呀，他不是哲学博士吗？有什么传世之作？有什么发现创造？何以未曾听说过？第三，就算真有其人其事，其前提判断也**值得怀疑**，其逻辑推论也不能成立。书中是这样描述的：

实事求是地说，任何人看到卡尔出生时的情形绝不会说他是个天才，即使没有生理学、医学知识的人也会直接认定卡尔是个白痴。卡尔比预计的时间早了一个月出生，这意味着他先天不足，没有得到足够的孕育。这个多灾多难的小可怜出生时被脐带缠住了脖子，差一点就窒息而死。在医生的救护下有了气息，但是四肢抽搐，呼吸困难。医生当时说了一句令我十分痛心而且到现在仍然记忆犹新的话：“这个孩子明显先天不足，大脑看起来发育不健全。他今天是存活了，但是对他自己，对他父母而言都不一定是好事。”医生说得没错，小卡尔在婴儿时期连本能的反应都极为迟钝，他连像其他婴儿那样主动地寻找母亲的乳头都不会，没办法，他母亲只能把奶挤出来喂他。

这段描述概括成一句话，“就是一个奄奄一息的痴呆儿。”这样的孩子通过早期教育开发都能成为“天才”，其他孩子还有什么不可能呢？“天才”不是“天生”的，是后天可以“造就”的，这是多么鼓舞人心的事情！这是多少父母梦寐以求的事情！于是这本书畅销了，父母们狂热效法了。

我的看法是，假定其人其事都是真的，其**逻辑也是不能成立的**，因为“痴呆”的判断没有依据，尚在襁褓之中的孩子怎么可能判定“痴呆”或者“超常”？“大智若愚，大巧若拙”的事例不胜枚举。当代大科学家霍金不就是病病歪歪躺在轮椅上研究大学问吗？我国著名数学家陈景润不是也“傻”得有盐有味吗？所以卡尔完全可能本身就是个“天才”。如果是这样，这个案例当然就没有价值了。所以，这个“点”是全书立论的关键，“**做作**”的痕迹相当明显。

虽然如此，书中介绍的一些教育原理和方法，是具有科学性的。或许正因为如此，那么多的父母才会相信这个故事的真实性。哈佛女孩刘亦婷的父母也是从卡尔的故事之中得到启发的。而刘亦婷的案例，郎朗的案例，进一步扩展了“天才”梦想，给中国的父母们注入了更多的“兴奋剂”，产生的负效应比正效应多，许多孩子因此而“**受伤**”了“**牺牲**”了，可以说是“一将成名万骨枯”！但也不能把这笔账都记在他们头上，好比下雨把你淋了，出太阳把你晒了，都是“雨”和“太阳”的过错？对于需要“雨”、需要“太阳”者来说，阳光雨露何其珍贵！不需要不适合者完全可以躲避嘛，别人只是诱惑了你，没有谁强迫你啊。

另一个源头是**商业营销**。有个口号非常具有杀伤力：不能让孩子输在起跑线上！嗨！这不是掏了父母的心窝子吗？就那么一个宝贝，在起跑时就输了，还得了！再加上有一些科学理论，说孩子的智力开发过期作废、“过了这个村就没有那个店”了，孩子的大脑潜能取之不尽用之不竭、现在只用了十分之一百分之一之类，把父母们先弄得神经兮兮，后吊得胃口高高，再吹得信心满满，最后让父母掏钱爽爽，

还有些争先恐后。教育培训市场因此而繁荣昌盛矣！

“繁荣”之后又如何呢？据报道，山东淄博市一名9岁女孩，被家长逼迫上了钢琴、舞蹈等5个特长班，因压力过大每天呕吐几十次，被诊断为精神压力引起的植物性神经功能紊乱。为给孩子治病，父母四处奔波，花掉60余万元积蓄，孩子才康复出院，这是起跑线理论摧残孩子的典型个案。孩子一生如同万米长跑，如果一上来就逼孩子百米冲刺，拿出全部力气也最多跑几百米，孩子就会上气不接下气，就会累到身心疲惫，就会担忧畏惧惶惶不可终日，今后的路还怎么跑下去？“起跑线”这个广告不科学、昧良知、藏祸心，纯属为了谋财而害“命”，还杀“人”不见血，堪称我国广告史上影响最恶劣的“经典”广告之一！

可怜天下父母心！“可怜”之处在于被爱心蒙蔽了眼睛，看不见显而易见的事实，不会动脑筋想问题了，如同赵本山、范伟的精典小品《卖拐》，明明腿是好的，被**“忽悠”**瘸了，不会走路了。想想看，不输在起跑线就会赢在终点？赢在起点就不会输在中间？合理密植有利增产，高度密植就适得其反，其实这些问题并不深奥，都是常识。那么，我们这个民族为什么经常会大面积地犯些常识性错误呢？思考这个问题，我突然联想到小时候看过的阉猪的情景：

母猪下崽后一两个月，小猪儿可以满地跑时，养猪人就会请来阉割的匠人，把十几个小猪逐一阉掉。匠人将小猪儿用脚压住，拿起小刀划开一条口子，将其睾丸掏出，红红的一小坨，然后连根切掉，这才放开惨叫的小猪。为什么要这样做？因为阉割之后，小猪儿就没有欲望了，就不会东想西想了，就驯顺服帖了，就专心长肉了，这样才会长成主人需要的猪。

当时的我只觉得小猪儿好惨，今天再来审视，居然发现我们中国人的养育模式与养猪在本质上没有差异！阉割我们肉体的工具就是“圈养”，阉割我们灵魂的就是“督学”、“大跃进”这类东西，从刚记事起就不断往我们头脑中填充，使我们每个人天生的、内在的“精神胚胎”不能发育，被挤压而胎死腹中了，剩下的便都是“主人”的意思。这个“主人”可能是父母、是皇上、是官、是“大师”之类，总之是别人不是自己，时候不同、领域不同、“主人”换人而已。正是这种养育模式使我们祖祖辈辈传承下来，逐渐没有自我意识了，缺乏独立精神了，久而久之不会思考了，于是经常远离常识。

在当前的教育领域，卡尔·威特故事、“起跑线”理论就是作为“主人”的父母请来“阉割”的匠人，“大跃进”似的勤学便是那把锋利的刀，孩子们则如同一群小猪儿在被“阉”掉。结果将会如何呢？这些孩子长大后，可能继续被忽悠“瘸”了还感激涕零，可能继续跟着王悟本、李悟本之流鼓噪一通，反应过来又后悔莫及，重复上一代父母的故事！那么，现在的父母为什么要做“阉割”这么可恶的事？因为他们也是被他们的父母如此这般“阉割”了的，他们已经少有独立思考的能力了，他们绝对是出于好心关心爱心，只是分不清哪些是毒药哪些是营养品。所以，越是被“阉割”得彻底的父母，越容易对孩子下手狠，“大跃进”搞得越来劲！

这真是一个可笑、可悲、还有点可怜的命运轮回，因为养育模式造成父母问题，又因为父母问题强化了养育模式，使现在的孩子负担之重，史无前例，层层加码的学校课程之外，还有诸多所谓的“兴趣班”。我不禁想起以前电影里经常出现的一句画外音，只改两个字：灾难深重的中国（孩子），生活在水深火热之中……

兴趣班是如何把兴趣搞掉的?

英国思想家约翰·洛克（1632-1704）在《教育漫话》中说："儿童应学之事，决不可变成儿童的一种负担，也不应当作一种任务去强加给他们，否则哪怕他们原本喜爱那种事物，他们也会立刻感到乏味，厌恶之心油然而生，或者持冷漠态度。你可以吩咐一个孩子，要他每天到了固定的时间就去抽陀螺，不管他高兴与否；你只要让抽陀螺变成他的一项任务，使他每天从早到晚都得花费许多时间，照此样子，不要多久，你看他是否就会厌恶呢。其实，成人又何尝不是一样？"

洛克先生的这段论述，揭示了一个人性特点，道出了我们许多孩子为什么上了兴趣班后反而丧失了兴趣的原因：负担。成了负担，何来兴趣！《哈佛家训》中有个故事可以佐证：

三位无聊的年轻人，经常踹垃圾桶作乐，噪音扰民，居民越干涉他们越来劲。后来有位老人来对他们说，她喜欢听他们踢打垃圾桶发出的响声，如果他们天天来踢打，她每天付费一美元报酬。年轻人很高兴，踢打更欢。过了几天，老人说最近经济紧张，只能给出50美分报酬了，年轻人不大高兴，再踹时就不大卖力了。又过了几天，老人说最近没收到养老金，只能每天给10美分了，请体谅。"10美分？浪费我们的时间，我们不干了！"他们扬长而去，再不踢垃圾桶了。

这就是把"兴趣"变成了"负担"、变成了任务的效果。同样是踢打垃圾桶，作为"兴趣"，挡也挡不住，越挡越有乐趣；成了"负担"，钱多还行，钱少了坚决不干。老人用这个原理成功化解了噪音扰民之害。我们许多父母不懂这个原理而用此法，空有良好愿望，反而彻底把孩子的兴趣搞掉了。那么，孩子的负担是怎样形成的呢？试以最热门的钢琴培训为例，加以说明。

钢琴是欧洲**贵族乐器**，很有派头，很有面子，作为有点钱有点身份的父母，要把孩子培养成贵族的父母，当然要考虑了。

钢琴容易入门，弹起来悦耳动听，孩子试试按键，好玩，有了学习的“兴趣”——这个兴趣可能是真的，也可能是一时兴起，但对父母来说，这不重要，接下来肯定就由不得孩子了。

或者，朋友、同学、邻居、亲戚的孩子学钢琴了，咱们是不是也让孩子学学？或者当年好羡慕弹钢琴，可惜没条件，现在有条件了，孩子怎么会不感兴趣呢？父母这样想，基本就定了。

卖钢琴的肯定有一套专业理论，比如开发智力如何如何，陶冶情操又如何如何，还有郎朗之类的明星人才可为例证。不然，钢琴怎么卖出去呢？

教钢琴的肯定会说这孩子有天赋、有前途了，不然他们怎么挣钱呢？除非教的学生太多、忙不过来，或者这孩子实在太差、说不过去。这样，受到鼓励的父母肯定高高兴兴掏钱，认认真真“督练”了。

管理的机构自然也不会放过这个好机会了，不管理起来怎么行呢？既有社会效益又有经济效益，物质文明与精神文明一把就抓到手里了，不要太爽！于是考级的办法订出来了，班子搭起了，收费标准明确了，业务开展了，部门搞活了，**奖金福利**全有了！

机构与机构要综合治理，就是要把蛋糕做大，大家利益均沾，与当年列强瓜分中国一样的理儿。这样，中考加分的方案闪亮登场了，特长生的特招指标出笼了；做父母的群情激昂了，期望值更高了，干劲更大了，“督练”更严格了，考级得排长队等候了，哇塞！

孩子的负担就这么重起来了，考一级又考一级，要考到十级！兴趣肯定越来越少了，厌恶感越来越强了。孩子“伤”了，兴趣没了！

就这样，这些年来，一方面是钢琴培训市场蓬勃发展，另一方面是多数学钢琴的孩子学过之后敬而远之。导致这种局面的核心因素是**“政策营销”——考级加分**。这是一套完完全全的应试教育体系，充满功利主义，与“兴趣班”的宗旨完全背道而驰。其他的兴趣班也大体如此。

相对学校教育而言，兴趣班应该是“随心所欲”的，是游戏娱乐的，是放松休息的，是非功利的，“学习”的目标是第二位的、次要的。只有这样，兴趣才能获得培育而成长，孩子才能养成爱好而具特长。这是人的天性所决定的，是规律。但我们却三方合谋，开辟了“**第二战场**”，让孩子刚下前线又上火线。

首先是**父母一方**。他们的愿望有三，由低到高依次是：兴趣爱好，特长加分，成名成家。大多数父母是“贪心”的，很快就会上到高标准下不来了。还有些父母本来就不是让孩子来“兴趣”的，就是学本事为将来谋生的。因此，父母们花钱花精力是要得到“加分”之类实实在在的回报，这是起码的。如果单是“兴趣”，有多少父母还能这么有激情？大多数父母的动机和目的是“成才”，“兴趣”是幌子，是诱饵，是“逗你玩儿的”。于是，父母们露出了“**督战队**”的真面目，像《地道战》里唱的：前进的有赏有赏，后退的挨棒挨棒……

再看**培训方**。“严师出高徒”是我们公认的好老师标准。“基础知识+基本技能”是我们普遍的教学模式。严师之“严”在于标准严格，要求严厉，于差的学生是打压而非激励的，属于“**打击教育**”类，必然让多数学生相形见绌，畏惧胆怯，丧失自信而出局。“低徒”淘汰了，剩下的自然是“高徒”了。而“双基”模式呢？反复地技巧练习，是“枯燥教育”。木村久一在《早期教育与天才》中介绍了美国教育家斯特娜夫人的经验："孩子们并不喜欢枯燥的技巧练习，但遗憾的是许多音乐教师都喜欢这么做，孩子们不但不想学，学不会，反而还厌恶音乐。""严师"加"双基"，形成了对"兴趣"的第二轮"围剿"，孩子们哪里是在上兴趣班，简直是在经受枪林弹雨的考验！

最后是**考试方**。这是利益集团的谋利行为，不仅挣足了买房子买车子的银子，还为少数人辟出一道道"**后门**"，典型地体现了"中国特色"。这些形形色色的机构，冠冕堂皇地将一批又一批的孩子组织起来过"筛子"，让他们的父母为兴趣买单。他们塑造了几个"英雄"广泛宣传，射杀了大量鲜活的灵魂却视而不见，习以为常。攀比、从众、功利熏心的父母们，费尽心机地驱赶着孩子的"兴趣"，奔着考试竞赛而来，是犯了方向性错误，最后落个"**埋葬兴趣**"的结果，呜呼哀哉！

我国明朝大思想家王阳明（1472 — 1529），有一段精彩的论述："大抵童子之情，乐嬉游，而惮拘检，如草木之始萌芽，舒畅之则条达，摧挠之则衰痿。今教童子，必使其趋向鼓舞，中心喜悦，则其进自不能已。譬之时雨春风，沾被卉木，莫不萌动发越，自然日长月化。若冰霜剥落，则生意萧索，就枯槁矣。"

这段话的大意是：在小孩子的心里，是**喜欢游戏娱乐**的，害怕管束的，像花草树木刚刚萌芽一样，让它自由生长则枝繁叶茂，扭曲压制则会萎缩衰败。现在教育孩子，一定要让他受到鼓励，高高兴兴，那么他自己就会不断进步。好比春风化雨，浇洒花木，自然萌芽开花，茁壮成长。如果是冰霜严酷，那么生命力就会减弱，慢慢就枯萎了。

王阳明这话比洛克还早说一百多年，可见是我们后人不学无术。如果我们把孩子的"兴趣"向着"快乐幸福"的人生目标引进，如果我们的父母、老师"譬之时雨春风"而非"冰霜剥落"，我们的孩子一定会有兴趣的！

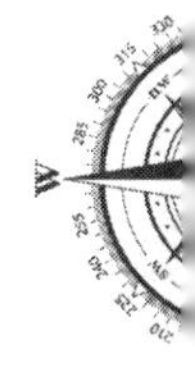

学校教育会不会“越学越笨”？

一代大师钱学森先生1992年致信国务委员李铁映：“先不说高等教育、职业教育，单说我们的义务教育，真是令人担忧。我的唯一孙儿，小学也是在名牌小学读的，但真令我失望，感到他的教育没有使他聪明，而是**越学越笨**！这怎么得了呵！我看我们的教育界也要‘换脑筋’。”

钱老所言，发自肺腑无疑。但事实是否确实，判断是否正确呢？与友人谈起，有位仁兄认真地回顾了当年的亲身经历，以资证明：

大约1995年夏，他去开家长会，老师在讲话之前先发复习题。他坐在后排，从前排的家长传递过来的卷子积成厚厚一摞。他数了数，99张！他十分惊奇，他这小孩仅仅是一年级的学生啊！他是当过老师的，几年前还在教高三抓高考，也是重点中学，应考力度也不过如此，小学一年级期末考试有必要这么干吗？后从校长的讲话中听出了原委：因为是当地数一数二的名牌小学，所以更要为学生成才打下坚实基础！如此“坚实”下来，学生就“成才”了？他很是怀疑。

回家后，他把复习题交给儿子，问：“做得了吗？”

儿子翻了翻，说：“做得了，就是太多了。”

“记住，老师要求两天完成哟！”

于是，孩子连续两天做到晚上12点才收工。考试后他去学校领通知书，老师说：“你儿子相当聪明，只要稍微努点力，就能考双百分。”

“那他考了多少分呢？”

“一个 100，一个 99，可惜了！”

可惜吗？多 1 分少 1 分能说明什么？一年级的学生作业到 12 点，还不算努力吗？咱们小时候这么勤学苦读过吗？他心里不以为然，却不便多说。

孩子二年级时，因为字写错或写得不好，常被处罚重写五遍十遍，家庭作业因罚写一排之类，常常写到很晚。有天晚上，又快 12 点了，孩子急得又哭又喊，将铅笔在桌上使劲戳，很愤怒很无奈的样子。他问孩子怎么了，说是被罚写字，没写完又涂抹了，还要罚，铅笔又削不好，咋办嘛？满脸泪水和汗水。

他愤怒了，说：“不写了，明天我去给老师讲，放心睡觉去！”孩子先还不干，后见他态度坚决才放下心去睡了。

他愤怒之后想了半夜。第二天晚上，他带着礼物去拜访了老师，告诉老师他的孩子写不好字是遗传原因，他练过多少年就是写不好字，请老师高抬贵手，放他孩子一马，莫再罚写字，写不好字咱们自己倒霉背时，拜托拜托！老师相当的诧异，只能勉强答应了。

这段经历，可为钱老的说法作一注释，也可与美国的小学教育进行比较。那么多的卷子，那么反反复复的写字，长年累月下来孩子还有多少自由空间，还有多少生机活力，还有多少聪慧灵气？岂能不“笨”？我们再看美国的情况，就更能说明问题的所在了。

薛涌先生在《一岁就上常青藤》中写道：

女儿的学校组织“词汇游行”，让孩子们通过服装、动作、表演把学过的词汇展示出来。对于学前班的要求当然最简单，是展示名词。比如“玩具”一词，需要一个孩子打扮成玩具当众走一遍就可以了。女儿所在的三年级，则不准用简单的名词，除非有复合性的名词。比如 miscellaneous（多种的，混杂的），本是很难的词，有个男孩儿，

就穿一个袍子，上面贴上杂乱无章的东西，以此表现这个词汇的意义。女儿则挖空心思琢磨着怎么表现 metamorphosis（形态转变）这一我从来记不住的难词。她先是想了毛虫变蝴蝶的过程，这是字典中的标准解释；后来又想描绘一个乱糟糟、赖兮兮的男孩儿，突然变成了西装革履的校长。表现这些复杂词汇，有一个人不够，要和同学合作组队，大家商量。这样又学习了词汇，又锻炼了孩子的表现才能，还培养了他们的组织能力。

把“词汇游行”与我们的“罚写十遍”相比，美国学校的做法何其生动活泼！美国的孩子们在思考、在学习的同时在游戏在娱乐，整个过程中他们是主动的，快乐的，得到了提升。而“罚写十遍”能带给孩子什么呢？反感、抵制、压抑的情绪，被动、机械、麻木的重复，缺乏自主性、创造性，更毫无乐趣可言！可以说一个是**正向心理循环**，孩子越学越敞亮；一个是**负向心理循环**，孩子越学越晦暗！

再举一例。《解放父母解放孩子》书中讲述了中国留学生高钢将10岁的儿子带到美国读小学的情况：

不知不觉一年过去了，儿子放学之后也不直接回家了，而是常去图书馆，不时就背回一大包书。高钢问他借这么多书干吗，儿子打着微机，头也不抬说：“作业。”

这叫作业吗？一看儿子打在计算机屏幕上的标题，高钢哭笑不得——《中国的昨天和今天》，这样大的题目，即使是博士，敢去做吗？高钢厉声问儿子是谁的主意，儿子坦然相告：老师说美国是移民国家，让每个同学写一篇介绍自己祖先生活的国度的文章。要求概括这个国家的历史、地理、文化，分析它与美国的不同，说明自己的看法。高钢听了，连叹息的力气也没有，他真不知道让一个10岁的孩子去运作这样一个连成年人也未必能干的工程，会是一种什么结果？

过了几天，儿子完成了这篇作业。没想到，打印出的是一本二十多页的小册子。从九曲黄河到象形文字，从丝绸之路到五星红旗……热热闹闹。高钢没赞扬，也没有评判，因为连他自己也有点发懵，一是看到儿子把这篇文章分出了章与节，二是在文章最后列出了参考书目。高钢想，这是我读研究生之后才运用的写作方法，那时，我已30岁。

这个写“论文”的案例与前述的“做复习题”的案例相比，差别何在？**写论文**是一个思考探索型的学习过程，写得好不好不重要，写就要查资料，就要想问题，就能从“做”中学到一套解决问题的方法思路。**做复习题**是一个死记硬背标准答案的学习过程，题量越大，知识积累越扎实，对创造能力和实践能力的抑制也会越多，因为时间精力及头脑都被“占满”了。由此也可推论，中国学生善于考试，美国学生勇于创新，应该是训练的结果，非人种的差异！

通过上述四个小故事的叙述和比较，可以清楚我们与美国的教育理念、教育方法有多大的差异。20世纪80年代，中美曾互派考察团考察初级教育。中方报告的是：

美国孩子无论品德优劣、能力高低，无不趾高气扬、踌躇满志，大有“我因我之为我而不同凡响”的意味；小学二年级的孩子，大字不识一斗，加减乘除还在掰手指头，就整天奢谈发明创造，在他们手里，让地球掉个头，好像都易如反掌似的；音、体、美活动如火如荼，数、理、化乏人问津；课堂几乎处于失控状态。

美方报告的是：

中国孩子规矩，中国的小学生上课时喜欢把手端在胸前，幼儿园的孩子则将手背在背后，老师发问才举起右手；勤奋，起得早睡得晚，早七点以前，大街上见到最多的是孩子，边走路边用早点；用功，天

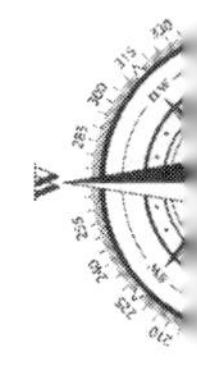

天有一种作业叫家庭作业，老师说家庭作业是学校的延续；期末时考分最高的学生会得到证书，其他学生则没有。

这两份报告传神地道出了中美基础教育之差异。

我的理解是：美国的素质教育是以每个人的过去、现在、未来进行**纵向比较**而评价的，人人都在进步提高，人人都很快乐自信，人人都在挖掘潜力。我国的应试教育是以人与人的**横向比较**而评价的，是少数人胜出多数人淘汰，少数人自负多数人自卑，少数人开发潜力多数人抑制能力的。所以，素质教育是大众的、全面的、创新的、实践性强的教育，应试教育是精英的、偏科的、传承的、死记硬背的教育。想想看，我们的孩子会不会"越学越笨"？

美国最伟大的教育家杜威先生说："如果学生不能筹划他自己解决问题的方法，自己寻找出路，他就学不到什么；即使他能背出一些正确的答案，百分之百正确，他还是不能学到什么。"杜威强调**"从做中学"**，才能培养思维能力，主张给学生以自由和民主，鼓励学生主动探索，美国当代教育家无不受其影响。上述两个美国小学的个案也反映了其思想的普及："在做事里面求学问"。我们对于"分数"的推崇是不是应该检讨检讨呢？

多数父母的头脑里是赞成和支持应试教育的，并要求孩子"头悬梁、锥刺股"般勤学苦读。今天我们以科学的眼光来看，这其实是一种病态和扭曲。人困了要睡觉要休息，是生命的自然规律，把头吊起来避免打瞌睡，能持续多久？终究还是要睡觉的。睡眠不充足，短期尚可坚持，长期如何承受？昏昏沉沉如何学得好？用锥刺股就更荒唐了，疼痛且不说，刺破了、流血了、感染发炎化脓了，咋办？何况，我们的孩子不是"中举"了就万事大吉了，将来是要与美国的孩子竞争的，这才是关键。

社会发展了，教育也一定会进步。作为父母，我们无力决定学校教育的改革，但我们总可以呼吁建议；我们还可以“**釜底抽薪**”，不再“火上浇油”，对于在应试教育中苦苦拼搏的孩子多点“雪中送炭”的理解，不再作“雪上加霜”的催逼吧？

在我定稿之际，看到新闻，国家将派遣上万名优秀中小学校长去国外学习取经，这真是一件大好事！三十年来，政府领导、工商领导、科技人士、专家学者等走出去已是常态，总体上对解放思想、推动改革开放、发展经济功莫大焉。现在，还在旧格局中徘徊的教育，特别是基础教育，应该快到钱老说的“**换脑筋**”的时候了吧？我充满希望。

父母之“爱”如何成了“祸害”？

我们这个时代的父母之“爱”，呈现“两手都抓、两手都硬”的鲜明特色。一手是生活，无微不至的“圈养”，孩子是饭来张口衣来伸手；为了孩子生活幸福，父母有什么不能做？另一手是学业，只争朝夕般“督学”，孩子除了吃饭睡觉就是学习又学习；为了孩子将来的幸福，父母有什么做不出来？训斥，辱骂，棍棒，暴力，凶残……皆自“爱心”。

如此有广度有力度的父母之“爱”，堪称前无古人，我坚信也会后无来者了。因为这里面有太多的畸形，已经变质成为祸害了。归纳起来，祸害有三：

一是弱化了孩子的生存能力，制造了“心灵残废”；

二是抑制了孩子的创造能力，破坏了“生态平衡”；

三是损害了公平正义，腐蚀了社会肌体。

由法国人雅克·德洛尔任主席的国际21世纪教育委员会，组织了15名来自发达国家的权威专家，经过3年的研究，于1996年向联合国提交了一份报告，提出了适应未来的“教育的四大支柱”。具体是**“学会认知”**（学会如何学而非知识本身），**“学会做事”**（对待困难、解决冲突、适应环境等），**“学会共同生活”**（消除隔阂、尊重差异、团结协作、友好共处等），**“学会生存”**（情绪控制、社会交往、判断、表达、适应变化发展的能力等）。报告认为，要适应未来社会发展，教育必须围绕这四大支柱来重新设计，重新组织；必须突出道德教育，突出实际能力，突出认知能力。这些思想观念，已经在《国家中长期教育改革和发展规划纲要（2010-2020）》中有了切实的体现，绝非纸上谈兵，也不只是老外的事。

以此观之，我们的“两手抓”，两手都**抓“瞎”了**。从方向目标上来衡量，我们是离题万里。我们所忽视的心灵培育教化（德育），所轻视的生活自理自立能力（培养），在这个报告中占据重要地位。而我们实施的“圈养”，就是不“做事”、不会“生活”、不考虑“生存”，这些都是父母在打理。我们花大力气“督学”的是应试的“知识”、考高分的能力，而非“如何学”的能力。我们在干嘛？我们在与目标相反的道路上飞奔？我们拼尽全力让我们的孩子适应不了未来社会的发展而被淘汰？这真是事与愿违，触目惊心！

上世纪80年代后期，《中国的小皇帝》问世，引起对“**独生子女**”问题的关注。1993年，孙云晓先生发表《夏令营中的较量》，展示了日本孩子吃苦耐劳、我国孩子娇惯如“少爷”的现象，引发大讨论。但十几年过去了，“娇惯”更甚矣！王晓春先生在《富裕时代的家庭教育》中概括为：“咬紧牙关，小百姓养出娇子逆子”，“只会花钱，暴发户养出败家子”，“贵族教育，权贵者养出花花公子”。有报道说，一位身为某县宣传部长的母亲送女儿上大学，带了两个保姆去陪护，何其夸张！诸如此类，“娇惯指数”与GDP呈同步增长态势矣！

如此娇生惯养，孕育的是孩子自私自利、唯我独尊的心理，是任性、放肆、蛮横、依赖、怯懦、缺乏自主性的“**心理残废**”，经不起风吹雨打，脆弱易折。洛克先生分析说：“被溺爱的孩子必定学会打人骂人，他哭着要什么东西，他便一定能得到；他心里想做什么事情，也一定要做。这样一来，父母在孩子幼小的时候，溺爱他们，把他们的本性弄坏了，好比是在泉水的源头投下了毒药，日后亲身喝到那苦

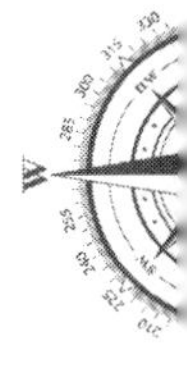

水，却感到奇怪。”我们有没有“投毒”的行为？有的孩子迟到几分种，被老师批评了几句就难以承受而跳楼身亡；有的孩子因为与同伴吵几句嘴而走上杀人的道路，原因何在？是否在于这些孩子的父母在“源头投下了毒药”？

观察思考“圈养”的现象，我想起“温室”、“废武功”、“阉割”、“八旗子弟”这些概念。再看“督学”之严苛，我想起夏衍笔下的“包身工”，想起“囚徒”、“奴隶”这些概念。许多孩子每天从早上6点到晚上12点都在学，每周6天甚至6天半都在学，长年累月承受着来自父母、老师的精神的和肉体的压力、折磨甚至是侮辱迫害。这样一来，爆发冲突势所必然。父母把孩子打死了，儿子把父母毒死了，孩子自杀了，也就越来越不稀奇了。

张文质先生在《父母改变孩子改变》书中问道：“你担心过孩子自杀吗？在中国，平均每天就有560人自杀，每2.5分钟就有1人自杀，每年自杀身亡者达到20余万人，占全世界自杀人口的三分之一。而其中，15岁到34岁的青壮年自杀比例最高，中学生想到自杀的有23%，有自残行为的也超过20%，同时自杀行为还有不断往低龄蔓延的趋势。”

还好，大浪淘沙，大多数孩子都活着。那么，他们是否因父母“督学”而茁壮成长了？我们且听听专家的论述。

瑞典著名儿童文学作家阿·林格伦说：“儿童需要管教和指导，这是真的，但是如果他们无时无刻和处处事事都在管教和指导之下，是不大可能学会自制和自我指导的。”

英国杰出的思想家、教育家斯宾塞说：“硬塞知识的办法经常引起人对书籍的厌恶，这样就无法使人得到合理的教育所培养的那种自学能力，反而会使这种能力不断地退步。”

德国存在主义教育代表人物雅斯贝尔斯说：“所有外在强迫都不

具有教育作用，相反，对学生精神害处极大；只有导向教育的自我强迫，才会对教育产生效用。”

伟大的科学家爱因斯坦说：“过重的精神负担大大地危害着青年人的独立思考能力，导致肤浅。”

综上所述，我们奉行的“严管”、“硬塞”、“强迫”、“负担”只会产生**“不会自制”**、**“能力退步”**、**“害处极大”**、**“肤浅”**的结果。这就好比一片矿藏被乱采滥掘，不仅资源浪费，还危及生态平衡，不能持续发展，留下巨大隐患！这是不是父母之“害”？

不仅如此，父母之“爱”借力权势钱财，巧取豪夺，为自己的子女谋私利，损害他人，也已成为**社会“公害”**！媒体曝光的“罗彩霞案”典型诠释了这种“父害”。罗彩霞的姓名、高考成绩、身份、户口，居然被“盗”了，王佳俊冒其名上了大学而顺利毕业就业了。“运作”此事有多少环节需要打通？怎么打通的？事发后，王父软硬兼施欲“摆平”，也许是因为媒体深度介入才“盖”不住的。而在我们的社会生活中有多少类似的“运作”？有多少人多少事被“摆平”了？因情妇而落马者成群结队了，因子女而权钱交易的案件尚不多见，是子女没有情妇多，还是为了子女可以理所当然这么干？想一想，我的眼前浮现出一座巨大的冰山，撞沉泰坦尼克号那样的冰山……

当然也有例外。想起多年前自坊间听说一传闻，某国家领导人之子高考失利，成绩未达到清华大学的录取线，鉴于其父为杰出校友，校领导决定破格录取，登门报告。其夫人出面接待，拒绝所请，说孩子自己若有能力可考研进清华，若无能力更无必要了。后来，这个孩子自己考研进了清华。我相信这是真的，我还相信这样做父母是有远见的、智慧的，这才是“爱”而不是“害”。

但这样的父母却是极少数，我们多数父母缺乏的就是远见和智慧，不缺爱心。我们含辛茹苦，担惊受怕，全心全意为孩子操碎了

心，我们付出的“爱”，却不同程度地变成“害”了，这是一个十分令人痛心的事实！为什么会这样？根源何在？**主要是我们缺乏民主精神**，“好心”剥夺孩子的正当权力，恶意损害他人利益；**缺乏科学精神**，以家长意志代替客观规律，恣意妄为！我们应该怎么办？“解聘”自己，解放儿童！

艾琳女士在《美国式家庭教育》中，讲述了“我”在美国西雅图一富豪家中作保姆被解聘的事，女主人说：

“你为孩子们做了很多事，在生活上他们过得非常舒服，不过这几个月来，我们已经感觉到，孩子们对你的依赖性越来越大，这真是不幸！举个例子，珍尼弗每天早上都要你去叫她才能起床，过去她自己就能起来。如果是我，我宁愿让她上学迟到，尝尝晚起床的后果，这样，她才能吸取教训。还有罗里，他已经很长时间没有叠过被子——当然，我知道，你这么做是出于责任感和对孩子们的爱。不过，我们更愿意让孩子们学会独立，我们想让孩子们知道，每个人都应该对自己负责任。”

是为**“解聘”自己**。

我国著名教育家陶行知先生主张：

“1. 解放儿童的头脑，使他们能想。2. 解放儿童的双手，使他们能干，父母不要包办。3. 解放儿童的眼睛，使他们能看事实。4. 解放儿童的嘴，使他们能谈，特别要有问的自由。5. 解放儿童的空间，不要把他们关在家中，让他们到大自然、到社会上去扩大视野。6. 解放儿童的时间，不要用功课填满他们的时间表，给他们一些空闲的时间消化学问，并学一点他们自己感兴趣的东西，干点他们高兴干的事。”

是为**解放儿童**。

“官父母”是中国人的文化基因?

我国著名历史学家吕思勉先生说：“虽不能将人类一切行为都称之为文化行为，在事实上，则人类一切行为，几无不与文化有关系。”“在一种文化中的人，其所作所为，断不能出于这个**文化模式**以外。”可见，我们怎么做父母是受文化支配的。

何为**文化**？广义的文化包括认识的（语言、哲学、科学、教育），规范的（道德、法律、信仰），艺术的（文学、美术、音乐、戏剧），器用的（生产工具、器皿及制造技术），社会的（制度、组织、风俗习惯）等等所有“人化”活动及其结果。我们取其狭义，即决定我们中国人如何“做父母”的那些观念、心态、方法、思维方式和行为习惯的总和，我们称之为**“父母文化”**。我们的“父母文化”有哪些内涵？这需要到中国文化源头和主流去寻找答案。

在中国文化体系中，起主导作用的是儒家文化和法家文化。儒家的核心是**“忠孝”**，“君君，臣臣，父父，子子”；法家的核心是**“集权”**，“事在四方，要在中央，圣人执要，四方来效”。在春秋战国天下纷争的时代，孔子、孟子、韩非子、墨子这些大思想家，合力构建了“定于一”的“尊君抑臣”思想体系，养育了一个大一统的君主集权政权——秦王朝，自此中国步入了“天子之所是，皆是之；天子之所非，皆非之”（即天子说是即是，说非即非）的君主时代。国君具有无上的权威，对臣民蓄养以供驱使，而臣民对国君则必须惟命是从。臣民不具备独立人格，视、听、言、动皆须听从国君旨意。

而与我们同时期的希腊文明，在苏格拉底、柏拉图、亚里士多德的推动下，走上了与我们迥然不同的**民主道路**。伯利克里在演讲《论雅典之所以伟大》中宣告："我们这个政体叫民主政体，因为政权掌握在全体人民手中，而不是少数人手中。无论能力大小，人人都享有法律所保障的普遍平等，并在成绩卓著时得享功名，担任公职的权利不属于哪个家族，而是贤者方可为之。家境贫寒不成其为障碍。无论何人，只要为祖国效力，都可以不受阻碍地从默默无闻到步步荣升。"

与上述政体相应，我们的学术流派之间是你死我活的斗争，都想把对方"灭"了，出于这个目的而"百花齐放，百家争鸣"，如同当时之军事征战。到了汉武帝时，儒家赢了，"独尊儒术，罢黜百家"，归于**一元化**。而古希腊文明却是宽容的，"城邦的本质就是许多分子的集合"，故不能"划一"，可以**多元化**。斯巴达有两名并列的国王，雅典也是九名执政官轮流执政，"如果我们的邻居想走他自己的路，我们绝不会对他产生怨言。"

可见，**"君主"而非"民主"，"一元"而非"多元"**，是我们的文化特质。这种特质经千年流传，几无变化，何故？因为，我们是以家族为本位的文化体系，所谓**"家国同构"**、**"家国一体"**。《易经》说："有天地，然后有万物；有万物，然后有男女；有男女，然后有夫妇；有夫妇，然后有父子；有父子，然后有君臣。"即君臣建立在父子关系上，国家建立在家庭的基础上。换言之，家是小的"国"，国是大的"家。"所以，皇帝推翻了，王朝灭了，但国家的体制结构存在于千家万户之中，换个皇帝马上就可以继续操练了，还是那一套。蒙古族、满族入主中原，最后都被融化为一体了，也因为这个原因，总不能把千家万户都灭绝了，还得那一套才能统治下去。黑格尔说："中国纯粹建筑在这种道德的结合上，国家的特征更是客观的家庭孝敬。"

这种“家国同构”的特点，从称谓上更一目了然。君王是全国最大的父，曰“**君父**”，全国人民皆其“**子民**”。统辖一方的官员称“**父母官**”，即像父母一样的官，百姓则为“草民”。在家中，父即君王，当称“父君”，但“君”乃专称，属于禁用品，“**父母官**”的名头又被占了，于是叫“父母大人”。“**大人**”何义？一为与小孩相对的年龄大的人，二为官场上相互之间的尊称，见面一拱手，喊一声“某某大人”，含“官”的别称之义。所以这个“父母大人”用得妙不可言，既是家中长者，又是一个可上可下、可大可小的没有官衔的“官”。在家差不多是“宰相”(不能称“君”)，在外则视情况而灵活“安排”级别了。比如子孙有出息，为官一方，父母级别就上去了，至少比子孙同等的官要高一级；如果子孙还是“草民”，父母的级别就低了，出了家门就可能被父母官们随便“扁”了。由此也可以看出，为什么我国父母自古至今都那么在乎“考试。”

官是一方之父母，父母是一家之官；做官如做父母，做父母如做官。“父母大人”之语意虽精妙，但不能显豁地表明“官”性特点，故用“官父母”一词代替之，与“父母官”相对应。那么，父母这个“官”是怎样的呢？当然不是投票选举出来的官，是真正论资排辈世袭的官；不是“服务型”的官，是“统治型”的官、高高在上的见面要下跪的官。而且在家中，父母比官还大些，所谓“君叫臣死，臣不得不死；父叫子亡，子不得不亡”，有生杀予夺之权，很血腥的。所以在过去，父亲咳嗽一声，家里马上就安静了；如果父亲发脾气，那就要屋宇震动了。父母就是这样有威权的“官”，当然主要指父亲，母亲乃附庸。所谓“家有千口，主事一人”。

这样的家庭显然太缺乏温情了，“官”气太盛，于是就有了“**严父慈母**”的理论和实践。严父管“教”，慈母管“护”，刚柔相济，或称软硬兼施。但在施行中，因为父之“严”而激发了母性母爱，往往

父愈严则母愈慈，慈到阳奉阴违，合伙对付严父的程度，称为“惯”，父母显然就分化了。特别是权贵富户，基本都这样。比如《红楼梦》中写到贾政教训贾宝玉一顿，便引起了老祖宗为首的“母系”的群情激动，又是疼又是爱的，不仅把“严”抵消了，还把“慈”扩大了。“娇惯”就这样随着严父“官”性的存在而代代相袭，成为了中国式“母爱”的一个传统特色。这是内部原因。

“溥天之下，莫非王土。率土之滨，莫非王臣。”就是说天下都是君王家的，包括天下人的财产和生命，随时都有可能被君王“拿”回去的。当然，一般情况下，君王不会乱“拿”。但权贵富户们能没点问题吗？有没有偷税漏税的事情？有没有打过“擦边球”？所以，权贵富户多缺乏安全感。想到抄家了、罚没了、充军了、发配了的可能，还不如让自己的孩子享受了、挥霍了，哪怕是糟贱了合算啊。诸如此类的想法，严父也就对“娇惯”持默认的态度，抱怨抱怨而已。这是外部的“官”性原因——君主制。这一层意思往往为人忽略，一般老百姓想不到这点，只见权贵富户过得奢侈安逸，自己祖祖辈辈贫穷困苦，能过上这样的日子当然是梦寐以求。这种向往之情大约也代代相袭，成为了普通父母**“娇惯”梦想**吧。

到了现在，“时代不同了，男女都一样”。母亲被“提拔”了，父亲则被“下放”了；母亲逐渐“父亲”化，父亲则“母亲”化了。严父慈母的分化又再变成父母一体化，“严”与“慈”也统一行动，即母亲也同时严于“督学”，父亲也同时慈于“圈养”了。不像先前各干各的，而是“官官相护”了。与此相应，父母的“官”性也淡薄了一些，比如以前，动辄下跪、叩头的，现在免了，毕竟皇帝都下课了，时代在进步。因此，当代父母的**“官”性特征**有传统内核，也有时代特色。试概括如下：

1、“父母大人”的派头常在，“本真”的喜怒哀乐不在了，因为不能没大没小，角色意识很强。

2、对孩子常用命令式语气，都成习惯了，偶儿“商量”一下，也是做做样子。

3、对孩子讲话很多，哪怕是套话废话，还不管懂不懂总要提几点希望和要求啥的。

4、听孩子说话很少，应付了事，不管孩子说得对不对，多半先认定为不对，小孩子懂什么呀。

5、对孩子经常指手画脚挑毛病，完了再勉励两句，充分证明自己站得高看得远，心胸还很宽广。

6、有权力比有智慧多些，权力是硬道理，常来硬的。

7、要求孩子听话，不然就打板子，打也是为你好，还要你理解。

8、自己错了不认错，认错也是轻描淡写，担心影响威信，有失体面，以后怎么当父母（领导）？

9、要求孩子做到的自己多半没做到，也做不到，也不打算去做到。

10、经常给孩子订指标下任务，不管现实不现实、科学不科学，只许讨论奖惩条件，不许孩子唱反调。

11、凡事都要做主，不许孩子自主，“不要东想西想，吃了不长”。

12、经常说话不算数，说过就忘了，但不算数也很有道理；父母当久了，这方面“水平”就高了。

13、给孩子些自由是要孩子“懂事”，不要“给脸不要脸”，不识抬举，否则自由就收走了。

14、要求恭敬，哪怕是装的，要的就是那种感觉。

15、追求面子，即使“里子”不太好也没关系，面子一定要好看。

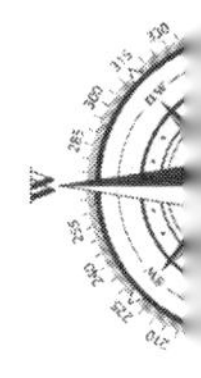

大体上如此，当然也有差异。文明素质越高者，“官”的成分越少些，宽容性就多些；文明素质越低者，“官”的成分越多些，宽容性就少些。所以，劳工阶层“官”性更强，智力阶层“官”性趋弱。好比基层干部往往官气十足，中高层干部则内敛得多，层次不同之故。但“官性”虽有强弱，“官心”却无差别，自古至今一脉相承的。

我们为什么那么多普通百姓“圈养”孩子？其实有一种**“贵族”情结**存在，让孩子如“小皇帝”、“小公主”一样被人侍候着，哪怕是除了保姆外自己还要伺候呢，也很过瘾的。我们为什么那么多父母那么严苛地“督学”呢？为了考试。考试则是为了将来有个好的工作（如官），则能让别人继续“侍候”了。“圈养”和“督学”，两者之间，逻辑严密，相辅相成，既互为因果，又贯通了现在与未来，凸现出“官”的基因的强大力量。

数年前，中央电视台组织中美中学生“对话”，内容是制定援助非洲贫困儿童计划。“美国学生从教育、就业、食物、饮用水、艾滋病及避孕等实际问题入手，每一项做什么，准备怎么做，甚至具体到每一项的预算多少，而那些预算竟然准确到几角几分。整个计划拿来就可以进入实施阶段。中国学生则只会在那里茶马古道地背古诗，具体能操作的计划一点也没有。在价值取向考察中，主持人分别给出了智慧、权力、真理、金钱和美的选项，美国同学几乎惊人一致地选择了真理和智慧；而中国高中生除了有一个选择‘美’，没有一个选择真理和智慧，有的选择了金钱，有的选择了权力。”（薛涌《一岁就上常青藤》）

中国学生能力上的欠缺先不说，就这做官样文章不务实的作风，**崇尚权力金钱**，对真理智慧麻木的价值取向，显然打上了“官父母”的烙印，表现了民主与科学精神的缺失，也是我们这个社会的缩影。美国学生注重实务，关注民生，**崇尚真理智慧**，不重权力金钱，也是他们祖祖辈辈的“基因”。所以，他们才那么强大，我们才这么自大。追源溯流，“种豆得豆，种瓜得瓜”，规律也。

由此观之，我们中国人之所以大多当不好父母，原来大部分心思都用去当“官”了，当父母成了“业余”！因此，如果还想当好父母，我们需要下定决心，痛改前非，振臂高呼：

打倒“官父母”！

顺便打倒“父母官”！

大多数父母是不是很"业余"？

"业余父母"和"专业父母"的提法是不是有点哗众取宠？这个问题是不是一个**伪命题**？千百年来，我们祖祖辈辈世代传承，多少父母没有文化知识，不也照样养儿育女？做父母不是一种本能吗？各种动物不都会繁衍生育吗？诸如此类的反问，可谓有理有据，代表了大多数父母的真实心声。

我也曾经这样认为，但通过系统地学习思考之后，才发现这些看法似是而非，恰恰表明了我们做父母是多么无知无畏、水平"业余"！首先，是人皆"可以做父母"不等于"可以做好父母"，同样，祖祖辈辈"**做了父母**"也不等于"**做好了父母**"，这是两个不同的概念，也是"业余"与"专业"的根本不同。其次，在父母生、养、育三项工作中，"生"偏于本能，也不全是本能就够用；"养"和"育"则是专业性很强的事，必须学习训练才能做好，没有谁天生就会。更复杂的是，"人"乃万物之灵，也是世界上最博大精深的学问，用法国文豪雨果的话说，"比陆地更广阔的是海洋，比海洋更广阔的是天空，比天空更广阔的是人的心灵。"换言之，"人"比天空还要深邃复杂，复杂到你搞不清有多复杂的程度！孩子也是个"人"，我们真正认识了解多少？我们到底有没有认知、分析、引导孩子这个"人"的能力？这些都是问题。

打个比方，打球、唱歌谁都可以来两下，但是不是都"会"了，都"专业"了？再比如感冒了、发炎了我们大都知道吃什么药，是不是我们大都可以当医生了，当医生便不需要读医学院了？再简单的事，如炒菜做饭，也需学习并反复练习才能做得比较可口，离当厨师还差一大截儿，要做厨师还要专门拜师学艺。难道当父母比炒菜做饭还简单容易？显然，把做父母看得简单容易原本就是一个错误的认识，这个错误认识延伸下来，就是这些父母不会检讨、不会学习，永远自以为是，其做父母就两件事：**管饭和管教**，管教就是打骂吼叫指责而已。这样的父母是不是“业余父母”？这样的父母有多少？从全国范围看，占比 50% 以上还是 50% 以下？

把这样的父母归入“业余”当无异议；另一类有知识有文化、还十分上心、把孩子放在心尖尖上的父母，也要归入此类，可能反对者就多了。我们不妨做一个案例分析，尹建莉写的《好妈妈胜过好老师》中有这样一个妈妈：

这位妈妈毕业于名牌大学，工作出色，人也漂亮，为人处世都不错，是个近乎完美的女人，所以也是个理想主义者，在爱情上奉行宁缺毋滥的原则，一直蹉跎到36岁才结婚。婚后有了个儿子，中年得子，爱得要命。这些年同学们的孩子已一个个上小学，甚至上中学了，大家聚在一起，经常感叹孩子如何难教育。她当时在旁边听着觉得不相信，小孩子会那么难教育吗。

当她的孩子还在襁褓中，她就给他读唐诗。她读了很多家教方面的书，知道早期启蒙特别重要。孩子刚学说话，她就天天用汉语、英语两种语言和他说话。她儿子确实也表现得聪明伶俐，上幼儿园后，有一家心理研究所来幼儿园采集数据、对孩子进行了智商测验，结果当然是保密的。但后来园长悄悄告诉她，她儿子全园第一名。她觉得自己是个成功的家长，相信自己倾尽全力，一定会教育出一个出色的孩子，甚至是个神童。

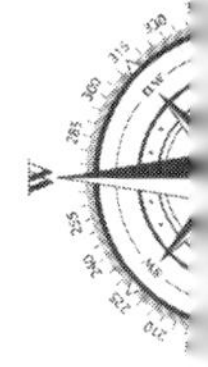

她把所有的心思都投入到孩子的教育中，大到说话如何发音标

准，小到如何抓筷子如何玩耍，都进行着认真的指导，只要孩子哪些地方做得不好，就立即指出来，并告诉孩子应该如何如何做。如果孩子的一个缺点重复犯了三次，就要受到批评，三次以上，就每犯一次打一下孩子手背。孩子每天手背挨打的事总会有，比如打翻了饭碗，牛奶没喝完就玩去了，见了阿姨没问好，昨天学的单词今天有一半没记住等等。

有朋友去她家，她虽然人在和你说话，但她的心总是在孩子身上，不时地告诉孩子一句什么，比如“到写作业时间了”，“手上的水没擦干净，再去擦一下”，“别穿那双鞋，这双和你的衣服搭配好看”。

当妈的都做到这种程度了，可不知为什么她的孩子越来越差。刚上小学时，是班里前三名的学生，到小学六年级毕业时，成了倒数第三名。现在这个孩子已上初中，各方面仍然毫无起色，即使从小就学习着的英语，成绩也总是很低，总之没有一点高智商的痕迹。而且性格特别内向，既不听话，又显得很窝囊。妈妈实在想不明白，自己呕心沥血地教育他，怎么就成了现在这个样子，她觉得是命运在捉弄她。

分析这个妈妈的所作所为，可以得出如下结论：

一、这个妈妈自身很**优秀**，充满自信，什么都“懂”。

二、这个妈妈很用心**负责**，无微不至，全面周到。

三、这个妈妈很讲“**科学**”，看书学习，注重早教。

四、这个妈妈很**严格**，条条款款，一板一眼，一丝不苟。

这个妈妈绝对不会怀疑自己做妈妈的能力问题，也从未反思过自己有何不妥之处，如果说她是“业余”，她可能嗤之以鼻！但事实上，这就是一个标准的“业余妈妈”，虽然她愿望很好，也很努力，但水平依然“业余”。为什么呢？

第一，一个优秀的人不等于做什么都优秀，一个**优秀的女人**也不等于一个**优秀的母亲**，两者之间有相关性，却没有必然性。人的优秀与否，取决于在某些方面的竞争中能否胜出，胜出者和失败者一样容易因此形成对自己的片面判断，并将片面判断当做全面判断，覆盖到生活中其他方面，所以会出现盲目自信或自卑的情况。这位妈妈就是盲目自信，她有什么依据可以表明她做母亲也会“优秀”呢？她有这方面成功或失败的经历吗？她有过虚心学习的态度和行为吗？她对自己进行过反省、检讨、调整、改变吗？都没有，只有她自己对自己的假定。如果她本身不太优秀，可能还会虚心些，还会找找自己的原因，但她“优秀”呀，所以“优秀”成了她“业余”的一个重要原因。这是许多成功人士做父母失败的首要原因，因为“优秀”而把自己放到了“业余”行列，与最不优秀的父母为伍了，害了孩子害了自己。

第二，这位妈妈把所有的心思都放到孩子身上，更是“业余”的铁证。这相当于把温暖的阳光一天 24 小时，一年 365 天都照在孩子身上。设身处地想想，这样的“关爱”是多么可怕！孩子的一举一动都处在严密的监视之下，孩子与囚徒何异？孩子的心灵会作何反应，会不会反感，会不会压抑？孩子还能从妈妈的关爱中享受到快乐、学会自主自立吗？这位妈妈是以爱的名义**实施控制**，所有的行为都是强制命令的，自然将孩子置于了被动对立的情景中，于是妈妈死缠烂打，孩子恶性循环。这是一种比较普遍的心理现象，超过一定限度就是心理疾病。美国人帕萃丝·埃文斯的著作《不要用爱控制我》就专门研究了这个问题。冯远征、梅婷主演的电视剧《不要和陌生人说话》也是“控制”的故事。所有的控制都是为了体现控制者的意志，并不是爱，也与教育没关系；即使控制者很伟大，也有害无益。爱是无条件的、深深的理解和接纳。

第三，这位妈妈讲“科学”，孩子还在襁褓中就对他进行“教育”，恰恰奉行的是伪科学、伪教育。在前文“父母群体为何热衷大跃进”

一文已有论述，后文“智力开发究竟有多大效果”还要详谈，可参阅。

第四，这位妈妈若稀松点还能给孩子留点空间，能减少些她的错误造成的危害，可惜她一丝不苟地把错误一桩桩一件件落到了实处，铸成了“铁案”。现在想来，过去由于条件限制，大多数父母虽然观念认识是错误的，却没有时间精力、财力物力来落实其错误，只能任孩子自生自长，从而避免了许多错误，实在是一件万幸的事情。这就像走路，虽然方向偏差了，但走得慢慢腾腾便离正确的目标不会太远，纠偏也相对容易。而这位优秀的母亲却在**错误的方向和道路上**，坚持不懈地严格认真，既没有做正确的事情，又没有正确地做事情，严格何益？认真何用？只会离“专业”越来越远。

上述四种错误，皆是妈妈认识偏差和无知造成的，更深层的原因则在于父母是“官”、孩子不是“人”的传统父母文化，导致这位妈妈从来没有想过孩子在想什么、需要什么、不需要什么，一切的一切都是她说了算，她想什么就是什么，她需要什么就要求孩子什么，孩子只是验证她“优秀”的工具。随着孩子长大，“人”的思想感情逐渐明确，自我意识抬头了，或明或暗的反感、反叛、反对之类的冲突便产生了，孩子居于弱势地位，加之似懂非懂，决定了他可能采取故意作对、反其道而行等消极的、隐蔽的**抵抗行为**，实质是委婉谋求做“人”的权利，要求得到“人”的尊重，这是人性决定的，好比种子一旦发芽定会破土而出。但这位妈妈在挫败面前仍然没有觉悟，归为“命运捉弄”，岂不“业余”？！

这是“育”的案例，再看“养”的案例。也是《好妈妈胜过好老师》中讲的，我作了文字的调整和压缩：

有一个五年级的小男孩，他奶奶是农业科学院的食品研究专家，在行业里很有名气。他家每天晚上都做八个菜一个汤，每周的菜谱都是奶奶制定的，主要是根据孩子的发育来考虑，每天除了吃什么有规定，哪样东西吃够多少也有规定。孩子吃不到制定的标准，家长就不肯罢休，一定要想办法让孩子“完成任务”，比如每顿饭单独给孩子盛出一大碗，不管吃多少时间，都必须吃完。但令妈妈气愤的是，孩子有时居然能把这碗饭一直吃到睡觉！他是个男孩子，个子长不高怎么办，全家人为这个着急死了，不多吃些怎么能长个子呢！

更令人奇怪的是，这个孩子和同学比，长得又瘦又小，像个缺吃少喝的小难民；而且性情古怪，脾气暴躁，学习成绩也不太好。他妈妈说起孩子就愁得要命。

这家奶奶是营养专家，难道在养孩子上还不“专业”吗？事实上的确不能称“专业”，这就好比医生分内科、外科还要分出儿科一样，若内科医生去看儿科算“专业”吗？儿童与成人有巨大的不同，凡做医生的都明白此理，不敢随便下药的，这就是“术业有专攻”，隔行如隔山。这家奶奶是营养专家，却未必是儿童营养专家，更不是儿童心理及教育方面的专家，对自家孩子的个体差异还严重缺乏研究，缺乏实事求是、从实际出发的科学态度，其专业背景、学科知识，起到了反面作用，滋生并强化了其教条主义、主观主义的态度和行为。这种主观、教条又和“官父母”文化同流合污，使这家人完全忽视了孩子这个“人”的需求和心理反应，好心地、辛苦地、不折不扣地强行硬“灌”，把孩子当成了**“消化机器”，**年复一年扼杀了孩子的食欲，引起孩子心理甚至生理上的抵抗和厌恶了。这样做父母，把自己弄得筋疲力尽，还生生把孩子弄坏掉了，难道还不够“业余”？！

与专家奶奶、优秀妈妈相同相似的父母何其多也！前面谈到的“圈养”、“大跃进”群体都属此类，都是花了大工夫而用错了地方、或者把事情搞反了，成了“业余父母”。而那些不够优秀、缺少知识

的贫穷父母却是另一个极端的“业余父母”，把养孩子当成养猫养狗一般，有碗饭吃、有件衣穿、上几天学足矣，哪里还会想业余不业余。这两个部分加起来，是不是中国父母的大多数？

从职业来考察，最有希望“专业化”的父母群体是教师，因为他们专职从事教育工作。但事实上并不乐观，不懂教育的教师不在少数，把自己孩子整死了整废了的也不鲜见，**对学生作孽**就更是常事。举个小例子，某学生忘了带英语作业，被老师罚写 100 遍“我忘记带英语作业本是不对的”这句话，孩子被迫写下 100 遍后，内心里对英语老师会喜欢吗，对英语课还会有兴趣吗？在老师这样的教育下，这个孩子还能学好英语吗？这不是教育而是迫害，但多数父母和老师都会用“业余”的眼光看问题：孩子多写写不就记得更牢吗？孩子是牢记了，但后果却是相反的，好比小时候天天顿顿吃鸡蛋，鸡蛋是有营养，但可能孩子长大后永远不会吃鸡蛋了。这样看似严格实为“业余”的老师有多少？这些老师做父母“专业”还是“业余”？

我上高中时遇到了一位动辄暴跳如雷的物理老师，使我毅然决定放弃这门学科，不答问不做题，站起就站起！今天看是我自己损失了，但那时候哪会顾及这些，“反感”这个理由足以使一个孩子做出任何激烈偏执的决定。2009 年，我们高中毕业 30 年聚会时，这位老师来了，坐在轮椅上被推来的，因为中过风，不能行走了，他来是为了向大家道歉。他对于当年的粗暴深感不安，幡然悔悟，泪流满面，一再说对不起同学们，“人之将死其言也善，我做得不好，请你们原谅”。我很感慨，有多少学生因为遇到他这个老师而改变了人生轨迹啊！他原本也是个淳厚良善之人，何以当时就执迷不悟呢？根子还在于文化，文化支配行为，而“污染”了的文化使他做教师、做父亲“君”临上界、肆无忌惮，沦为“业余”！他能给学生道歉，肯定对子女也是满怀歉疚，悔不当初！

各位父母不妨比照看看，自己到底是“专业”还是“业余”？我相信真有爱心的父母、真负责任的父母、真有见识的父母肯定不会一辈子到老死了都糊里糊涂没有觉悟，肯定不会把孩子整废了、搞到生离死别了才幡然悔悟，肯定能正确面对“业余”现状并从此走上“专业”之路。那么，如何成长为**“专业父母”**？本书后面几章提供了一张“地图”，标明了目标、路径、障碍物……

第二章　认知子女

本章导读

用民主的眼光看，父母与子女的关系，根本上是“人”与“人”的平等关系。孩子作为“人”，有自己的灵魂和个性，有灵魂使其与动物区分，有个性使其与他人分清。所以，父母要把孩子当“人”看，敬畏生命，尊重个性。

进一步说，父母的责任在于保障孩子的各项“人权”，孩子的责任在于逐步“分离”而自立；父母的权利在于督导孩子正确地尽责行权；孩子尽责了就是对父母的回报，养育本身就是父母的所得。当代父母需要超越“养育之恩”的局限，老了也该有“退休”的打算。

用科学的眼光看，孩子的智商大部分由先天决定，只有小部分可后天干预；天才和蠢材都少，大部分孩子都属平庸，但可能某方面有优势智能；通过“学”而开发智力最易出问题，多“玩”才是正道。相反，情商多半取决于后天因素，可以培养而提高，比智商还要重要。因此，如何进行科学有效的教育培养，要在“认识自己”，“成为自己”，“做最好的自己”上花功夫，这也是人类发展的永恒课题和努力方向。

孩子是不是一个平等的“人”？

人是什么？这是一个永恒的话题。袁贵仁先生主编的《对人的哲学理解》系统概括了古今中外哲学家对“人”的研究成果，有几个主要观点：

人是理性动物。

人：一半是天使，一半是野兽。

人是万物的尺度。

人是上帝的奴仆。

人是环境的产物。

人是教育的产物。

人是“双重性”的存在。

人是文化的动物。

人是一种特殊的有机体。

人是自然、社会和精神的统一体。

人归根到底是社会动物。

……

这些研究从不同方面揭示了人的本质特性，我们可以“浅出”地理解为：人是一个“**身体+灵魂**”的动物，身体是物质的存在，有叫“躯壳”的，有叫“臭皮囊”的；灵魂是精神的存在，包括意愿、思想、感情等等，看不见摸不着，寄寓于身体之中。把人与动物区别开来的是灵魂。

灵魂像什么呢？我想起在日光、月光、灯光下行走时的影子，有时高大有时矮小，有时粗壮有时细长，有时清晰有时模糊，与身体相伴而行，不离不弃；时而在身体之前时而在身体之后，有时还多影子围绕在身体四周；通常影子都比身体伟岸，只在光线直射下影子才比身体矮小。我突发奇想，灵魂像不像影子这样存在于身体之中？影子是不是灵魂的外化形象？这样想自然不科学，但对记住灵魂的存在或许能起到提示的作用。

作为父母也好，作为孩子也好，首先是这样的一个有灵魂的“人”的存在，然后才是“父子母女”之类的关系的存在。人的生命就是人的存在，生命是人类一切活动和一切关系的前提，所以生命是至高无上的。作为父母，首先要认识到孩子是一个与自己一样有灵魂的“人”，是一个独立的生命；这个生命有他自己的意愿、思想和感情，这些是其**生命的权力和价值**所在。每一个生命都有这样的权力，也都应该体现自己的价值，正如蒙台梭利所言：“儿童正是作为一种精神上的存在而不仅是肉体的存在，才给人类的发展提供了强大的原动力。也正是儿童的精神，决定了人类发展的进程，并有可能把人类引向更高级的文明。”所以，我们应该以谦卑之心**敬畏生命**，首先把孩子看作是与我们生命平等的“人”，然后才是孩子。

父母与子女这种特殊的“人”与“人”的关系，在黎巴嫩诗人纪伯伦的《先知》里表达得淋漓尽致：

你们的孩子并不是你们的孩子，

他们是生命对自身的渴望的儿女。

他们借你们而来，却不是因你们而来。

尽管他们在你们身边，却并不属于你们。

你们可以把你们的爱给予他们，却不能给予思想，

因为他们有自己的思想。

你们可以建造房舍荫庇他们的身体，但不是他们的心灵，
因为他们的心灵栖息于明日之屋，
即使在梦中，你们也无缘造访。
你们可努力效仿他们，却不可企图让他们像你，
因为生命不会倒行，也不会滞留于往昔。
你们是弓，你们的孩子是被射出的生命的箭矢。
那射者瞄准无限之旅上的目标，用力将你弯曲，
以使他的箭迅捷远飞。
让你欣然在射者的手中弯曲吧，
因为他既爱飞驰的箭，也爱稳健的弓。

这首诗的意境充满神秘，描绘了诗人对于“人”、对于生命的深刻认知。如何理解呢？北大哲学教授何怀宏先生《孩子，我们来谈谈生命》中的一段话可为注释：“生命是一莫大的赐予，我们对我们所知道的，我们生命的**直接赐予者**心存感激；而对我们所不知道的，我们生命的**根本赐予者**则不仅心存感激，还心存敬畏。”

这个根本赐予者在西方文化中就是上帝，他们认为孩子是上帝的产业，是上帝托付于父母代为照管的，所以孩子与父母在上帝面前是平等的。《圣经》里说：“儿女是耶和华所赐的产业；所怀的胎，是神所给的赏赐。”犹太人更认为儿女是上帝给父母有信仰的报酬，是上帝赐给他们慈爱的明证。我们民间也有“观音送子”之说，还有“投胎”的说法。我们把这些说法姑且称为“生命的传说”，这可以给我们如何认识生命提供一个另外的角度。再从今天医学研究的成果来看，生命乃是从数亿个精虫中冲杀出来的某一个精虫形成的，那是多么偶然、何等神奇的一件事情，它们究竟是为谁而来？是不是“生命对自身的渴望的儿女”？

但在我们的主流文化中，祖宗如同上帝，父母如同上帝，因为孩子乃父精母血孕育而成，父母生之养之，一把屎一把尿拉扯大，当然有大恩大德，也就可以为所欲为了。所以，许多父母严重缺乏孩子是个“人”的意识，打骂羞辱子女视为父母应有之权力，可谓理直气壮。《青岛日报》曾刊载一封孩子的来信，节录如下：

今天又和妈妈吵架了，原因很简单，她要求我先做物理作业，我先做了外语，结果妈妈一边打我的耳光，一边狠狠地骂我。我毕竟是一个17岁的姑娘了，就让她这么一边打一边骂，声音大得整栋楼都听得见。我只有保护我仅有的一点尊严，求她别再骂我了。她却说：“我养你十几年，给你吃给你穿还供你上学，骂你怎么都不行啊？！”妈妈是用皮带打我的，我的手和胳膊都打肿了，脸上全是巴掌印，我实在忍无可忍最后抢下她的皮带，她又狠狠地踢了我一脚，说了句：“真后悔不该生你这个畜生！”就在她说这句话时，我突然仿佛听见了玻璃破碎的声音……

持这样观点的父母，我们国家有多少？这是在“爱”孩子、教育孩子，还是在摧残孩子？可能许多人都是在这样的情形下长大的，自然也就这么对待子女，没觉得不正常。前段时间，中央电视台《我们》栏目做了一期怎么做父母的节目，其中有一个三十多岁的嘉宾，自己已经做父亲了，孩子快上小学了，但常常会因为孩子的养育问题而被其父亲打骂；现场一位以“父亲”为事业的“名人”还认为打人者没有错，错在被打者，因为被打者“不孝”。可见，我们做**“人”的意识**何等淡薄！对生命的尊严何等漠视！

震惊社会的“徐力杀母”事件就是因为这种淡薄和漠视而逼出来的。浙江金华高二学生徐力在狱中接受采访说：“在家里，我没有一点儿秘密，很压抑，我感到母亲处处在监视我，她经常打我，用棍子、

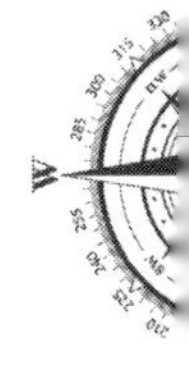

用皮带、用扫帚，有时把扫帚都打断了，我也不还手。那天中午，吃过午饭，我见母亲开着电视机在卧室里织毛衣，我想过去看几眼电视。母亲又开始像往常一样说我：‘我告诉你，考不上大学，我不会给你第二次考大学的机会。期末考不到前十名，我就打断你的腿，反正你是我生的，打死了也没关系……’我心里很委屈，很愤恨，我觉得我已经很用功了，她怎么还这么说我。我一声不吭拎起书包往外走，走到门口看到鞋柜上有一把铁榔头，于是我冲进卧室，就……”（卢勤《给知心妈妈》）这桩血案是因为母亲的生命对孩子的生命构成威胁而引起孩子生命本能的抗争，孩子的生命意识觉醒了，又处在懵懵懂懂的状态，所以失去控制造成的。再从根本上看，则是母亲不懂得孩子是个平等的“人”的道理，她死在“糊涂”中。

艾琳女士在《美国式家庭教育》中记录了“我”所服务的美国人家中，三岁的孩子也有名片，写着姓名、电话、住址，与人见面递上一张，表明孩子虽小也是“人”。大人与小孩说话时要蹲下来，使小孩眼睛可以平视，不至于有威压感。“我”先以为是做下人的讨好献媚之举，后来才知道这是一种不成文的规定，是缘于对小孩作为“人”的尊重。比较起来，真有天壤之别！我们祖祖辈辈都是把孩子不当“人”地养着，何来平等和尊严！**根子在朝庭，也在家庭**，在于父母文化，在于养育模式。

现在，还有许多父母在对孩子“圈养身体，践踏灵魂”，其实质是将“人”动物化，犹如光之直射使影子（灵魂）渺小一般，这决不是“教育”而是“迫害”！我们应该群起而攻之，对孩子“贱养”身体，**呵护灵魂，敬畏生命**！

孩子究竟是个什么样的“人”？

有灵魂把人与动物区分开，有个性把此人与彼人区分开。个性就是人与人不同，“魂”与“魂”有异。每个人都有个性，都有与他人不同的特点，父母与子女、几个子女之间都有不同，这是常识。当然，子女与其同学，与其他不相干的人，肯定大不相同。因此，把自己的愿望强加到孩子的身上，或把子女与他人简单类比甚至盲目仿效，都是绝对错误的，是把孩子的“魂儿”枪毙了。

从心理学角度看，“**个性**指个人所具有的比较稳定的，有一定倾向性的特征的总和，包括能力、性格、动机、兴趣、意志、情绪等。”（扈中平等《现代教育学》）

从哲学角度讲，“个性就是人的个体性，就是人和他人的不同特征，包括生理、心理和社会的特征的总和。”“人的个性主要表现在独立性和自主性两个方面。”（袁贵仁《对人的哲学理解》）

因此，我们所谓的尊重个性，就是正确认知孩子的个体差异，由孩子独立发展，自主发展，“鹰击长空，鱼翔浅底，万类霜天竞自由”（毛泽东《沁园春·长沙》）。反过来说，不考虑个体差异，不允许孩子独立自主，或者“允许”但未养成孩子独立自主的能力，就是缺乏“个性”观念。

个性的问题，是一个从古至今的哲学问题。苏格拉底提出“**认识你自己**”，开创了哲学以“人”为主体的先河。尼采告诫：“成为你自己”，把人的价值理解为绝对个人主义的东西，每个人都是他自己的

上帝。马斯洛等现代西方学者对于人的发展潜能和自我实现的研究，可以概括为**“做最好的自己”**。他们认为，发展是人的一种内在要求，是人的一种高级本质；人的潜能还有许多未被开发出来，甚至是无限大的，包括感觉能力、直觉能力（阈下意识）、创造力、大脑的潜力等；而发挥潜能需要自我认识、自我评估、自我承认，然后才能确定目标和使命；实现了潜能充分发展的人就是具备了理想人格，即意识到自己在成长，在进步，心情愉悦，充溢着满足和欣赏的情感，成为自我实现的人——“做最好的自己”。

马斯洛说：“从人的天性中可以看出，人总是不断地寻求一个更加充实的自我，追求更加完善的自我实现。从自然科学意义上说，这与一粒橡树种子迫切地希望长成橡树是相同的。”“自我实现也许可以大致被描述为充分利用和开发……能力、潜力等等。这样的人几乎在竭尽所能，使自己趋于完美。”如何完美呢？马斯洛描述为：**自我实现**者勇于承受现实并有洞察力，坦然面对自己的困难与问题，与他人有密切正常的关系，行为发自内心不守成规，以使命为中心而不是以自我为中心，独立自主有主见做自己的主人，有持续的新鲜感和愉悦感，谦虚真诚具有民主意识，对人类有深刻的爱的感情，有极强的创造力，能够进入顶峰状态，如发动机的所有汽缸都工作起来了，运转极好，产生了从未有过的力量，在他眼里世界是真实的美好的，他自己是坚强自信的、专心致志的、气势磅礴的……

马斯洛描绘的“发展个性，自我实现”的美妙图画，真的令人神往！这样的“实现”是人生的高级境界，包含着事业成功与人生幸福，是独立自主的而不是外加的，是自然生成的而不是浇铸的，是从个性衍生而来，是尊重个性结出的硕果。如果离开了尊重个性这个前提，就没有了内在的认同，就不会有潜能的发挥，更不会有“实现”的可能了，就可能让爱迪生这样的天才也消失得无影无踪。

爱迪生一生完成了 1093 件发明，包括电灯、留声机等，为世界作出了巨大的贡献。但他上小学不久就被开除了，因为他不断提问："老师，为什么一加一是二？将两只杯子里的水放到一只杯子里，水就集中在一个杯子里了，一加一怎么会是二呢？两块泥巴粘在一起就是一块，为什么一加一是二，应该一加一是一。""老师，为什么鸡蛋会孵出小鸡？为什么鱼不会被淹死？……"爱迪生**"好奇"的个性**在学校受到了抑制，幸好他有个伟大的母亲。妈妈南希摸着他的头说："没关系，学校不教，妈妈来教你。"于是妈妈与他一起学习，一道去寻找问题的答案，鼓励他不怕失败探究事情真相。于是，爱迪生"好奇"的个性如同幼苗长成大树一样成长起来，潜能得到了充分的发挥，最终实现了自我，造福于人类。

我们可以设想一下，如果按照我们做父母的模式来面对爱迪生会怎么样呢？可能先是一顿饱打，然后送回学校作检讨作保证，与老师合谋围剿其"好奇"的个性，天天做不完的作业，经常在考试，分数考差了又打又骂。久而久之，爱迪生还敢"好奇"吗？世界上还会有这个伟大的发明家吗？

在我们的传统文化观念里，**"个性"**、**"自主"**是受压抑被排斥的，**"听话"**、**"服从"**向来备受推崇。"个性强"、"个性较强"这类评语经常出现在　学生的通知书上，那是作为缺点提出来要求改正的。"搞个人主义"则是对成年人的严厉批判，那是犯了大错误。所有这类行为的结果就是把人的能力、性格、动机、兴趣、意志、情绪等模式化、僵化，从而成为"顺民"，便于统治。马克思说过："如果一个社会或一个集体不能容纳个人和个性，那么这个社会和这个集体就只是一个虚假的社会和虚假的集体。在这其中，社会、集体和个人都不可能有什么活力。"所以，我们应该给"个性"这个概念平反昭雪，拂去蒙蔽它的灰尘，将它激活，鼓励孩子独立思考，自主选择，发展自己的

个性，承担相应的责任。

美国人约翰·格雷在《**孩子来自天堂**》中说："一粒苹果种子自然长成一棵苹果树，而不会长出梨子或橘子。作为父母我们提供肥沃的土壤，让他们优秀的种子发芽生长。他们有力量去做其余的事情。苹果种子内部已经有了生长和发展的完美蓝图。同样，在每一个孩子成长发育的大脑、心灵和身体里，有着孩子的发展所需要的完美蓝图。我们不必去想该做什么使孩子更美好，而是必须认识到我们的孩子已经是美好的了。作为父母，我们必须记住，大自然之母始终在为孩子的成长和发展担负着责任。"所以，我们只需要顺水推舟，做一个观察者和陪伴者，切忌胡作非为。

父母子女各有哪些责权利?

父母与子女各自应有哪些责任、权利和收益呢？要明白这个问题，需要先弄清楚父母与子女的三种关系：即角色关系、平等关系和“分离”关系。

父母与子女首先是一种**角色关系**。每一个人在为人父母的同时，还为人子女，为人夫妇，为人兄弟姐妹，为人领导或下级，为人老师或学生，为人同事朋友，为工农商学兵等等角色。有些角色是长期不变的，有些角色是短期临时的，但每个人都有各种角色，每个角色都应该努力做好。因此，把父母当做人生的唯一，而忽视其他人生角色的做法是不正确的，其人生是有残缺的；而时时刻刻生活在角色中则是人性扭曲的。

其次，父母与子女这个角色关系归根到底是一个人与另一个人，一个生命与另一个生命之间的关系，是世界上芸芸众生之间的人际关系之一种；天赋人权，因此是**平等关系**。如果不平等，因孩子幼年弱小就不当“人”看，那么孩子成年后强大了，父母衰老弱小了，又该怎么办呢？

第三，与其他由爱的感情主导的关系不同，父母养育子女不应是为了“聚合”，而必须是为了“分离”，以子女独立自主为导向，因此这是一种逐步**“分离”的关系**。自然界所有的动物都遵循这一原则。试想，如果父母与子女不能顺利“分离”，父母去世后子女怎么办呢？人类如何传承下去呢？所以，为人父母必须以“将来时”的眼光看待

孩子，必须为“分离”提前打算。

明确上述三种关系，我们就有了角色意识、平等意识和“分离”意识，这是我们讨论责权利问题的前提。而**孩子的权利**，则是责权利问题中的重点和难点。

先从**法律角度**看。《联合国儿童权利公约》确定了儿童权利四原则：不歧视，儿童利益最大化，确保儿童权利的完整，尊重儿童意见。概括其主要意思，即全世界所有儿童（18 岁以下），无论出生何地，是何种族民族，是男是女，是富有是贫穷，都必须得到充分的机会，成为社会有用的成员，并且享有发言权，他们的声音必须获得倾听。循此原则，《公约》规定，儿童享有一个“人”的全部权利，包括姓名权、国籍权、受教育权、健康权、医疗保健权、受父母照料权、娱乐权、闲暇权、隐私权、表达权等，也就是说，父母拥有什么人权，孩子都拥有，并且比父母还多几项。孩子的基本权利则有四项：生存权、受保护权、发展权和参与权。

我国《未成年人保护法》根据国情作了一些细化规定，如教师不能在教室、儿童寝室吸烟，不能骂儿童“太笨了”之类侮辱性言论；家长未经孩子同意，不可偷看孩子日记、信件等，这些行为是违法的。

这些法律规定，凝聚了全**人类的共识**，意义重大。恢复孩子被剥夺的人权，与历史上恢复奴隶社会的奴隶、封建社会的农奴特别是妇女被剥夺的人权一样，是人类文明发展的又一重要成果。做父母、做老师都应淡化角色意识，强化平等意识，尊重孩子这些权利。

再从**教育角度**看。父母还应特别关注孩子精神和心智上的权利，如孩子有话语权，有独立思考及判断的权利，有机会均等的权利等。英国教育家斯宾塞先生在《快乐教育书》中说：“倘若某个儿童，他未来要面对的生活，属于一种专制君主统治的生活，那么教育他多一些顺从、奴性，少一些自治能力和独立判断能力，这毫无疑问是一种非常实惠的方法；可倘若他未来生活的时代是一个自由、竞争、充满创造力的时代，假如再完全漠视孩子的权利，使得他只知道盲目地顺从，那结果对孩子是非常有害的。”这就是说，做父母一定要有“分离”意识，用**“将来时”**看现在，将来是个什么样的社会？你希望孩子将来有话语权吗？你希望将来孩子会独立思考正确判断吗？你希望孩子将来有能力把握降临的机会吗？那么，必须从现在做起，保障他们这些权利。

尊重并保障孩子的权利，就是对孩子最好的家庭教育。斯宾塞先生说：“尊重孩子的这种权利，通常会让他们的自尊心和荣誉感获得增强，他反会注意他人的权利是不是也被自己所尊重，从而增强了他们的**自治力**。”而“一切个体不受尊重的社会群体，它产生的智慧和**创造力**，大大低于所有人皆受尊重的社会群体”。现实中，我们背道而驰，多数家庭不尊重孩子的权利，社会也缺乏对个体权利的尊重，所以我们的“教育”难以奏效，全民族的创新能力也长期受到抑制。保障孩子的权利，于家于国都是重大利好的事。

明确了孩子的权利，**父母的责任**就可用一句话说清了，那就是保障孩子的各项权利落到实处。比如尽抚养之责是保障孩子的生存权，行教育之责是保障孩子的发展权。而**孩子的责任**呢？也可概括为一句话，即逐步解除父母对自己的各项责任。比如从被抚养到自立，从受保护到自我保护；用一个形象的说法，就是接过父母肩上的担子，这个担子里主要是自己的事儿。

相应的，**父母的权利**在于督导孩子正确地履行自己的责任和权利，即督导权。我们通常所说的抚养权、监护权、教育权等等都可归入其中，是具体的事权；权利的性质都应是督导，如同议会之于政府的权利。孩子能正确行权尽责，方能给父母带来利益，是为“权利”，与“权力”有别。

为了说得更透些，我们用“收益”这个经济学概念，来指称父母养育孩子的好处。简单说，**孩子的收益**在于父母履行了责任，保障了孩子的各项权利，孩子的收益是明显的；**父母的收益**也应该在于孩子履行了责任，接过父母肩上的担子，自理自立了。但千百年来，我们穷，经济不发达，养儿防老、孝道等观念是普遍存在的，所以在“担子”里装了“养老”等等东西，类似于贷款要收回本金加利息。但父母养育子女付出的多，子女回报父母相对偏少，这是经济账。父精母血创造生命，父母生养子女乃大恩大德，是我们的古训和传统，这是文化账。这账算下来，每一个人都欠父母的，都还不清的，父母与子女如何平等？如何“分离”？因此我们不能只从经济指标上，而要从人生“幸福指数”上来审视收益。

从这个意义看，父母养育子女**收益有三**：一是孩子履行了自己的责任，健康成长，就是给了父母回报。二是养育过程中体验快乐（包括辛苦）的回报。周国平先生说：“过去常听说，做父母如何为子女受苦，奉献、牺牲，似乎恩重如山。自己做了父母，才知道这受苦同时就是享乐，这奉献同时就是收获，这牺牲同时就是满足。所以，如果要说恩，那也是相互的。而且，愈有爱心的父母，愈会感到所得远远大于所予……任何做父母的，当他们陶醉于孩子的可爱时，都不会以恩主自居。一旦以恩主自居，就必定是忘记了孩子曾经给予他们的巨大快乐，也就是说，忘恩负义了。”三是孩子成人后情感上物质上的回报，这已经是工资以外的奖金、分红之类额外的回报了。这样说似乎不近情理，实际上至情至理，发展趋势也必然如此；我们这一代父母需要超越原来的“算账”思路，完成从要求孩子“孝顺”到追求让孩子“敬爱”的转变。

下面是一个美国故事，可以给我们一个另外的参照，或许有助于我们转变观念：

有一母鹰带着三只幼雏住在河岸的山崖上。在硕大的鸟巢里，日子过得幸福美满。忽然一天大雨倾盆，山洪暴发，危及鹰巢。母鹰决定立即搬家，转移到安全地带。她抓起一只雏鹰，飞越洪水。这时她忽然问这只雏鹰："孩子，我对你这么好，你将来打算怎样做？"雏鹰不假思索地回答："妈妈，我将来会同样地对您好。"话音刚落，母鹰利爪轻舒，把雏鹰抛入波涛汹涌的洪水。母鹰急速返回，又抓起了第二只雏鹰，顶风冒雨飞向平安。这时她又问："孩子，我舍命相救，你将来打算怎样报答？"第二只雏鹰迫不及待地说："妈妈，您的养育和救命之恩永生不忘！我长大后要精心侍奉您，让您颐养天年；我要出人头地，衣锦还乡，给您修庙立碑，教育您的子孙万代……"话音刚落，这第二只雏鹰也已葬身于惊涛骇浪之中。母鹰再次返回驮起第三只雏鹰。精疲力尽的母鹰不顾五雷轰顶，又一次穿云破雾横渡惊涛骇浪。"孩子，你现在是我唯一的亲人。我为了救你可以把生命置之度外。想想看，你要做一个什么样的人而不辜负我的期望？"略带焦急和不安的母鹰小心翼翼地问。这第三只雏鹰毫不迟疑，斩钉截铁地说："妈妈，我一定会以您为榜样，竭尽我的全力，养育好我的孩子。"稚嫩的童声气贯长虹，久久地回荡在大川峡谷。母鹰顿时气力倍增直冲彼岸。雏鹰得救了！母鹰也为有这样的孩子而骄傲和自豪。

这个代表勇敢和胜利的白头鹰（美国人尊为国鸟）故事，其中的取舍才是最符合自然法则的，所有的动物都是这样取舍才存续下来的，这对我们有没有启示意义？

还有一个问题，父母这项"工作"**能不能退休？**通常认为，做了父母，不能退货、不能代替、不能退休，做父母是要为儿女操心一辈子，一直到老死的。这种认识导致我们许多父母如同当牛做马一样沉重，其实这种看法是有偏差的。孩子好赖不能退换，父母之责无人能

替，这是对的；但父母为什么不能退休呢？父母的名号和与孩子的关系永远无法改变，而职责却应随着孩子的长大而不断变化、不断减少的，至孩子独立门户后就该退休，至少应该退居二线，只享受待遇不掌握实权，凡事让孩子上一线，自己偶尔建个言献个策，孩子听则听了，不听也罢。孩子需要而且自己也能够帮助的事情，帮上一把；孩子不需要或自己无能为力的事情，一律放下。这样做父母才明智，否则就像“公权”过多过大损害私权，像改革开放前的国家管理一样，什么都管，什么都管不好，弄得怨声载道。再到父母年老昏聩时，更难尽父母之责任了；不能尽责，如何行权？开国领袖晚年不退休都犯了大错误，寻常父母操心劳神焉能保证正确？父母始终生活在角色里，老死不退休，于自己于子女都有害而无益。

做好父母，需要淡出角色，还原为一个鲜活生动的人，意识到自己的视野、经验、学识皆有局限；还需要强化平等意识，以“分离”为己任，经常与孩子讨论对话，分清各自的**责权利**。

智商是先天的还是后天的?

我们都知道爱迪生的格言："成功等于 99% 的汗水，加上 1% 的灵感。"我们大多不知道他还有后半句："但是那 1% 的灵感最重要，甚至比 99% 的汗水还要重要。""1% 的灵感"是什么？**天赋**也，我们通常叫"聪明"，西方人称上帝赋予的才能。这也就是说，天赋不是勤奋能够替代的。

人与人天赋有差别，是普遍存在的事实，是生活常识。心理学家把这种"聪明"叫"**智能**"，即一种与掌握知识、推理和解决问题有关的能力，并对这种能力的测试、成因等进行了全面系统的研究。

1904 年，比奈和西蒙受法国政府要求，对学龄儿童的"智龄"进行测试，以找到需要补课的孩子。他们成功了，开了智力测试的先河。随后，英国和德国也进行了尝试；美国则大量用于移民测试、征兵测试，将其方法推广开了。斯坦福大学的刘易斯·特曼教授在此基础上开发了斯坦福—比奈量表，引入了"智商"（IQ）概念，公式为：

$$智商=\frac{智龄}{实际年龄}\times 100$$

智龄与实龄相等，则智商为 100，这是一个标准，高于 100 者聪明，低于 100 者愚笨。测试的内容包括词汇量、语言理解、算术、发现事物相似性、重复数字、拼接积木图案等，根据完成任务的表现来测定智商。

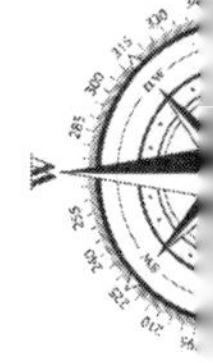

英国人查尔斯·斯皮尔曼研究发现，个人在涉及不同问题的各种测试中的成绩往往高度相关，因此说明有一个因子在起作用，他命名为**“g 因子”**，并认为 g 是天生的，g 决定着智商的高低。比如，如何把握“丰收”和“产量”之类词语的相关性，某一组数字之间的相关性，某几个图形之间的相关性等，就反映了 g 的水平。这个理论得到了全世界的广泛认同，被奉为经典。

但耶鲁大学教授斯腾伯格却提出了**三元理论**，认为智能是由实践智能（应对环境中人和事的能力）、分析性智能（分析问题寻求正确答案的能力即 g 因子）、创造性智能（发展新想法、新关系的能力）构成的，且三种能力相对独立，互不决定高低。三元理论对智商分值提出了挑战，拓宽了认识智能的范围。

哈佛大学教授加德纳进一步认为，智商测试的只是人类的小部分智能，提出了**多元智能理论**，包括语言智能（词汇和阅读理解），逻辑数学智能（类比、数字和逻辑题），空间智能（在头脑中形成事物景象和关系），音乐智能（表演、创作、欣赏音乐），身体动觉智能（控制运动、协调身体，如舞蹈家、外科医生），人际智能（理解他人意图、情绪、动机和行动），认知智能（认识自己、控制自己的能力）等，每种智能都来自于大脑中的一个独立模块。每个人都有这七种智能，但不同的人有不同的优势智能，长处不同而已。加德纳的理论，使人们认识到每个人的生命都可以超越平凡，升入更高的境界。

智能到底是由一个 g 因子构成的，还是多种能力的集合，或者兼而有之？研究还将继续下去。对于智能的来源**多半是遗传决定**，小部分受后天环境影响，则是比较一致的看法。学者们实验发现，同卵双胞胎在一起抚养与被分开抚养，智商分数的相关系数都是 0.86；亲兄弟姐妹在一起抚养相关系数为 0.47，被分开抚养则为 0.24；生父母与孩子的系数为 0.4，养父母则为 0.31；堂或表兄弟姐妹相关系数只有 0.15。这些实验数据证实了遗传因素对智能的决定性影响，即遗传基因越接近，相关系数越高；遗传差异越大，相关系数越低。

当然，后天的环境因素对于智能的影响也不容忽视。美国学者斯卡尔和温伯格进行了长期的”收养跟踪”研究：一批孩子的生父母的智商接近 100，收养他们的养父母们的智商平均 115，收养数年后测试，这批孩子的平均智商约 110，低于养父母却高于生父母；而且参与测试的黑人孩子组与白人孩子组，智商几乎没有差异。这说明后天的教育能部分干预和改变智能。

1994 年，赫恩斯坦和默里合著的《钟曲线：智力和美国生活中的阶层结构》引起巨大反响。作者认为：在普遍智商中，**遗传因素占 40% – 80%** 的比重；人口的智商结构分布大致是固定的，高智商和低智商占比少，中等智商最多，形成“钟曲线”（见下图）；智商与犯罪率、失业率、贫困等有显而易见的统计学上的相关性，即智商塑造的能力可以主宰人的命运；东亚裔的智商比白人略高，白人的智商明显高于黑人，黑人境遇差与其智商低相关。最后这个结论，被指为“种族主义”，引发许多冲突。但作者之一的默里后来继续撰文表示：有一半孩子的智商是在平均线以下，完成高中学业后再向上走非常困难，因为读大学智商低于 110 就很成问题，而达到 110 的人只占全部人口的 25%。他的结论是，这些低智商的人接受高等教育，是资源浪费，应该因材施教，进行实用技能培养。

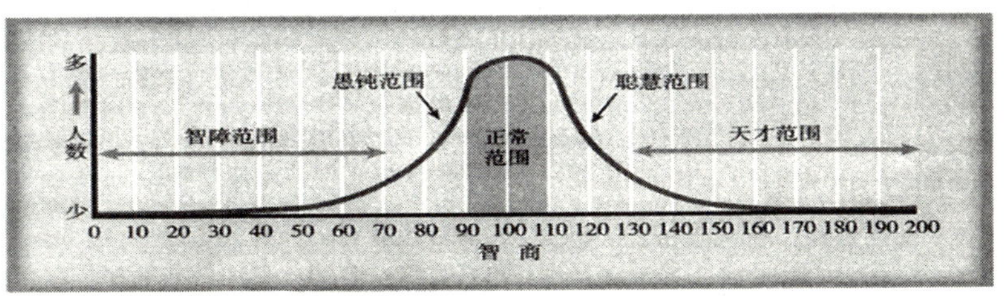

大样本下智商分值的正态分布

“钟曲线”理论因为涉及“种族”的政治问题，招致口诛笔伐，对其科学方法和逻辑推理皆有质疑。尽管它有不完善之处，但它所揭示的“智商不平等”的事实，“智商大部分是先天的”的论断，我们却可以从现实生活中找到诸多事例来加以印证，可以说勿庸置疑。但智商只是一种潜力，并不能单独决定成功与否，还必须与意志、品质、价值观等因素结合起来，才能发挥作用，这同样也勿庸置疑。

在我们熟知的三国故事中，诸葛亮是“未见先知”，周瑜是“一见便知”，司马懿是“事后方知”。谁的智商更高，一目了然，但结果却是司马氏统一天下，建立晋朝。这说明智商并不能决定一切。在这个较长期的竞争过程中，虽然诸葛孔明是天才，却未能笑到最后，因为天才恰恰不能复制；而司马氏智商虽不及人，其感悟到的智慧却可传承、复制、积累、整合，故积父子两代三人之力成就了统一大业。历史上、现实中未必都是“聪明”人领先的，这就是**“尺有所短，寸有所长”**的道理。

西方人讲，“上帝关上你一扇门，就会打开你另一扇窗户。”多元智能理论就是这个意思，好比在人生大舞台上增加了比赛项目，更全面、多角度来评判人的智能。课堂上不如你，咱们操场上跑步试试，舞台上唱歌比比；数理逻辑智能差些，人际智能则未必。每个人总能找到相对擅长的项目，总能找到“优势”智能，给人以“天生我材必有用”的信心，可谓意义非凡。

上述智商公式、g 因子理论、三元理论、多元智能理论、钟曲线理论，是国外近百年相关研究的重要成果。了解这些，有助于我们正确地“认识你自己”，科学抉择，提高**教育投资效率**，从而实现让孩子“做最好的自己”。

智力开发究竟有多大效果?

智力与智能的英文均为 intelligence，基本是同一概念，智能的含义略宽一些。什么是**智力**？通常认为智力是以逻辑推理能力为核心的多种认识能力的综合，包括观察能力、注意力、记忆力、思维力、想象力、创造力、动手能力和言语能力等。这些能力单独反应了智力的某个方面，合则构成了智力的整体。

智力开发则是通过后天的手段和方法，“发掘”头脑中的智力资源，以实现充分利用的人工干预活动。把孩子“发掘”成超常儿童，这大约是做父母的共同心愿。于是，许多父母心动导致行动，犹如“寻宝”一般，期盼着“芝麻开门”的惊喜。还有些父母抱着“有枣没枣打几杆子”的态度，加入这个队伍，心想总不会有害处。可是研究表明，“人造天才”的可能性并不存在，目前流行的许多智力开发的手段与方法有害无益。

我们已经知道，智力是由先天因素和后天因素决定的。先天与后天的关系，如同**种子和种植**的关系，无论种植的土壤、水、肥等条件多么优越，草种也是长不成树苗的。即使如袁隆平先生水稻杂交育种领先世界，也是每一代品种约增长 10%，从 1.1 到 1.21 到 1.331 这样逐代累积而实现高产的，决不可能从 1 到 10 的腾飞。因此，智力开发的效果是有限的；超出这个限度的努力，如同施以过量的水和肥，则会适得其反，产生危害。

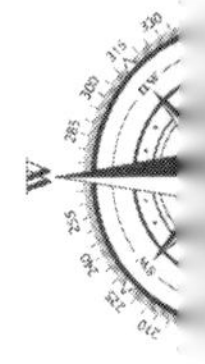

科学研究表明，智力是人脑的一种属性，每一方面的智力在大脑中都有相应的“根据地”，这些“根据地”还有可开发的空间。这个“空间”像什么呢？我觉得颇像未开发的黑暗的巨大的溶洞，你不知道它里面到底有多大的“空间”，有多少层“空间”，多少“房间”，多少“通道”，多少“洞中洞”……这是个人也是人类共同的难题。那么如何开发？只能是孩子自己爬进“洞”去寻找自己头脑里的“空间”，并不断打开新的“空间”；旁人进不去，只能提供“灯光”一类工具。孩子探索的情景，可以描绘为“烛照”与“洞见”两种状态，是一个“点亮”、“激活”与“顿悟”、“发现”的思维过程。

孙瑞雪在《爱和自由》中举例分析说：“比如语言，任何一个国度和民族的儿童，都能够在这充满声音的世界中听到和学会人类的语言，并在头三年中能掌握本民族的基本语言，学会语言中的各个细节。这种发展，绝没有人去专门给他上课。我们不难看出儿童的语言能力是他自己作用于环境的结果。所以心理学家才说，儿童三岁前掌握的东西，成人需要 60 年的努力才能完成。我们为什么不思考一下，这是怎么回事呢？人类已经发现了这个秘密——儿童是自我发展的。”所以，如果不能让孩子处于绝对主动的地位，不能调动孩子发现和打开新“空间”的强烈欲望，那么无论多么“先进”的开发手段都是无用的或有害的。

国外最新的研究成果可资证明。“在美国风行一时的《婴儿爱因斯坦》系列读物和光盘，销售额已经达到 2 亿美元，一度成了早期智力开发的经典。但是，华盛顿大学 2007 年 8 月公布的研究结果显示，这个系列产品对孩子的智力成长实际上有负面作用。在 8 — 16 个月之间的孩子，每天看 1 小时的这种光盘，其掌握词汇的能力就会相应降低 17%。”（薛涌《一岁就上常青藤》）前不久，全球媒体纷纷报道：“承认婴儿音像制品无‘教育性’，迪斯尼公司宣布在全美退款。”这是因为孩子是被动的接受信息，没有发现和打开“空间”，而是被“占满”、“堵塞”了“空间”，久而久之则消极迟钝了。

这从看小说和看改编的电视剧的不同体验，可以得到更加明白的理解和启示。比如，金庸的小说，我们在阅读时进行了**“再创造”**，其人物形象、故事情节、内心情感、外在环境，甚至一举一动、一草一木的细节，都在我们的头脑中活灵活现，有着鲜明的“我”的印记，有着“思接千载，视通万里”的想象空间。但在看小说改编的电视剧时，总觉得不大对劲，有点像又有点不像，不如自己头脑中的精彩。这就是因为失去了“我”的主体性，形象定型了，没有想象空间了。如果孩子从小接受的都是他人“改编”的影象，而不是讲故事、听故事那样自行改编并切磋研讨，于智力如何提高？这其实是当前数字化时代游戏泛滥、影视繁荣的一大隐忧，好比人的生活太舒适了，有些功能不用就退化了一样。

对于过早地阅读、过多的学习一类的**早教研究**，薛涌先生在书中也介绍了两项最新的研究成果。其一是儿童心理学家 Kathy Hirshpasek 对来自学术导向的学前班和社会导向（强调游戏和培养孩子之间的关系）的学前班的孩子的比较研究，结果发现：到了 5 岁时，学术导向的学前班出来的孩子认识的数字和字母明显要多；但是到了一年级（6 岁）时，这一优势消失了。同时，在学习的热情和创造力上，**社会导向**班的孩子明显要高。

另一项成果是塔夫脱大学教授 Maryanne Wolf 的新书《阅读大脑的故事和科学》。他认为：真正的阅读需要把大脑不同部位复杂的功能综合起来，包括视觉、听觉、语言、概念生成等。这些功能的整合要靠“髓鞘形成”。“髓鞘形成”的速度因人而异，关键部位一般在 5 到 7 岁之间完成，男孩还要偏晚一些。简言之，**生理机能**不支持过

早阅读，不要乱来。

但，最让父母放心不下的大约就是“潜能递减规律”了。这条所谓的规律认为，孩子过了6岁，大脑发育速度会急剧下降，因而教育开始得越晚则潜能发挥得越少，本来100分能力会降到80，再降到60.50……我看到三个比较典型的论据：

其一是永失语言能力的小司各特。英国伯爵司各特携新生婴儿出海旅行，在非洲海岸遇到大风暴，司各特带着儿子爬上荒岛后不久死了，孩子被大猩猩收养。20年后一艘商船发现了强壮的攀援的小司各特，带回英国，重返人间。科学家花了10年的时间，也无法让其说出连贯的句子，他习惯像大猩猩那样吼叫表达情感。可见，其语言潜能就递减为零了。（木村久一《早期教育与天才》）

其二，小鸡“追附母鸡的能力”的发展期是孵出后4天左右，“辨别母鸡声音的能力”的发展期是孵出后8天左右；有学者观察发现，过了这个时间段，有的小鸡这方面能力就消失了。（《早期教育与天才》）

其三，美国的Glenn Doman的小白鼠实验，一组在狭窄的被剥夺自由的环境中成长的小白鼠，大脑相对较小，发育不足；另一组在兴奋和刺激的良好环境中成长的小白鼠，大脑都比较大，且功能良好。（《一岁就上常青藤》）

这些研究能够证明“潜能递减规律”吗？小司各特是一个极端个案，已经“动物化”了，脱离了人间环境；小白鼠也是假定了一种“剥夺自由”的环境。这种完全不正常的环境与正常的儿童生长环境有什么可比性呢？这个比较与“递减”之间有必然关系吗？小鸡的能力问题就更喜剧了，为什么有的小鸡有这种能力而有的小鸡没有这种能力，是母鸡训练的吗？是如何训练的？为什么有的小鸡没被训练，是母鸡顾不过来还是小鸡逃课了？还有，小白鼠、小鸡的思维与人类完全一样吗？这些问题并不清楚。

早教则发掘潜力，迟教则损失潜力，那么，潜力值有没有测定的方法？搞了这么多年的开发了，是否进行过效果验证？有没有验证的方法呢？我反复想了又想，发现永远无法验证，因为每个人都是一个独特的个体，无法与别人比较；而同一个人又无法同时选择“早教”和“不早教”两种状态运行来进行比较，分身无术，验证则无望。我的结论是：这是一个高明的商业广告，**非科学规律**。这样的广告现实生活中有许多，比如“让一部分人先聪明起来”的营养品。

大部分的智力开发，可以概括为一个字：“学”。早学，多学，勤学，这种行为在发达国家已经被纠正，但在我国还在如火如荼地进行。父母的期望值高，则易急功近利，贪多求全，把孩子置于“被开发”的状态，赋予多项任务。智商不太好的孩子便不断受到否定，在心理上蒙上“我不行”的阴影。智商好的孩子也未必因此成才，在美国就有这样的实例。

上世纪50年代，有一个叫威廉·宾德的人，自一出世，其父亲就用各种手段开发其智力，3岁时就能用本国语言自由阅读和书写，4岁写出3篇500字的文章，6岁时写了1篇解剖学论文。小学入学的当天上午被编入一年级，中午母亲接他时，他已经是三年级的学生了。8岁上中学，11岁进入哈佛大学。由此可见，宾德智商之高。但他后来离家出走，在一家商店当店员，终身碌碌无为，郁郁寡欢。

这个人是真实存在的，并非杜撰。这个故事让我想起朋友的生物研究项目**“瓶花”**。兰花的稀缺品种石斛，一般需要3－5年方能开花。他通过培育，将胚胎放在人工的环境下，施以生长因素和开花素，

使其“生殖功能”超越其他功能优先发育，可以在半年之内开花！置于瓶中，供人观赏无碍，而放在大自然条件下与野生的石斛相较，则植株小、生命力弱的特征暴露无遗。宾德大约就被开发成了“瓶花”，可惜“人”不是用来观赏的。

正确的**智力开发方法不是“学”而是“玩”**。玩才能让孩子真正居于主体地位，具有主动性和创造性，这是智力开发的前提条件。玩什么，是出于兴趣，是个性的表现，也是智力露出来的“苗头”；顺藤摸瓜，才能发现潜力，打开“空间”。玩的过程是互动的、变化的，孩子会受到刺激，面临问题，会寻找答案，积极应对，这就是在调动潜力，开发智力。玩得开心尽兴，就会产生进一步的兴趣和愿望，就会思考、发问、拓展新的“空间”，逐渐融会贯通。玩，同时还是交流沟通，取长补短，竞争比赛，组织协调。因此，在孩子上中学以前，所有“学”的内容必须是“好玩”的，才具有智力开发的作用；“玩得开心”就是最好的智力开发。

情商对孩子是否非常重要？

加德纳的多元智能中的人际智能、自我认知智能，其实是情商的内容。但提出“情商”这个概念的是维恩·佩思1985年的博士论文《情感的研究：探索发展中的情商》。1990年，彼得·沙洛维和约翰·梅耶发表了标志性文章《情商》。1995年，丹尼尔·戈尔曼出版《情商：为什么它比智商更重要》，因为他发现了有一组品质跟个人的智商基本上没关系，且这种品质可以得到很好的培养，可以对个人的幸福和事业的成功产生惊人的效果。从此，**情商（EQ）**这个概念风行世界。

何谓情商？就是了解和管理自己情绪能力的度量指标，也叫情绪智慧。我们每一个人时时处处都在体验情绪，对接触到的人、事和世界产生愉快的或不愉快的反应。比如，喜悦、快乐、积极、兴奋、自豪、惊喜、满足、热忱、冷静、好奇、幽默、如释重负，或者失望、挫折、忧郁、困惑、尴尬、羞耻、自卑、愧疚、仇恨、愤怒、排斥、轻视等等。这些情绪充溢着我们的生活，影响我们的想法和决定，激起一连串的生理反应，我们必须加以管理。管理能力有差异，就是情商高低有不同。

戈尔曼在书中将情商包含的能力分为五项：

自我意识：知道自己当下的情感情绪以及产生的原因。

自我调节：在遇到挫折后能控制住自己的情绪。

自我激励：面对挫折能够调整情绪不懈努力。

有同理心：能够体会他人的情感需要及立场。

社交技能：能够倾听、理解和欣赏他人的感受，与人和睦相处。

那么，情商包含的这些能力在生活中是如何体现价值的？英国人克里斯丁·韦尔丁在所著《情商》一书中举了这样一个生活中常见的案例：

超市里等着结账的队伍越来越长。玛格丽特大概排在第8位，因此看不大清楚前面发生了什么事。只听到有人叫来主管，在开收款机检查，看来还得等很长时间。玛格丽特有点生气，但是理智告诉她现在什么也做不了，只能等，而且这肯定不是收银员的错。无奈中，她回头冲排在后面的人笑了笑，随手从旁边的架子上拿起一本杂志翻起来。过了几分钟，她听到队伍前面有个男子在骂收银员和主管："纯属无能，笨到家了。""你不会修好收款机啊？没看见队伍有多长吗？我还有一个约会呢，太可恶了。"收银员和主管只好道歉，说收款机出问题也不是他们所能控制的，他们已经在尽力修了。他们建议刚才那个骂人的男子换个收款台，这一说男子更来劲了："为什么我要换啊？换到别的收款台又得等那么长时间。今天把我晚上的约会都耽误了，以后再也不来这儿买东西了，我要给你们领导写信。"男子丢下满是物品的购物车，愤愤地离开了超市。

男子离开了一两分种后，又发生了三件事。为了不耽误这支队伍的顾客交款，超市在旁边又专门开了一个收款台；刚才坏了的收款机也修好了；为了表示道歉，主管给玛格丽特及这个队伍中的其他顾客每人5英磅的优惠券。玛格丽特挺高兴的，这次买东西不仅得了优惠，她还从刚才的杂志上看到两个新的菜谱，而且她跟后面的女士聊得也挺愉快。玛格丽特从谈话中得知，她和那位女士参加了同一个羽毛球俱乐部，说好下次一起去。玛格丽特谢了收银员，还收到一个感激的微笑。离开超市时，她心情愉快，觉得这次购物的收获真不错。

同时，那个愤怒的男子却没完成购物，没得到优惠券，还跟人生气发火，留下的是“不愉快”的经历，他会睡不好，起床后可能还会头痛……

在这个案例中，玛格丽特刚开始时“有点生气”（自我意识），她可以像那个男子一样发泄愤怒，但是她“理智”地站在别人的角度分析了情况（有同理心），用一本杂志（自我调节）和简单交流（社交技能），控制了情绪，最后觉得“收获真不错”（自我激励）。而那个愤怒的男子却完全没有“自我意识”，也没有“同理心”，没有“自我调节能力”，更缺乏“社交能力”，陷入了与“自我激励”相反的情绪失控状态。这样的实例在现实生活中比比皆是，足见情商于人的**快乐幸福**何其重要。

从**事业发展**来看，情商更有着不可替代的价值。戈尔曼说：“如果你没有情绪能力，没有自我意识，不能处理压力，没有同理心和很好的人际关系，不管你有多聪明，你都走不远。”事实的确如此。

1936 年 9 月 7 日，世界台球冠军赛在纽约举行。路易斯·福克斯的得分一路遥遥领先，只要再得几分便可稳拿冠军了。就在这时，他发现一只苍蝇落在主球上了，他挥手将苍蝇赶走了。可是，当他俯身击球的时候，那只苍蝇飞回到主球上，他在观众的笑声中再一次起身驱赶苍蝇。这只讨厌的苍蝇破坏了他的情绪，而且更为糟糕的是，苍蝇好像是有意跟他作对，他一回到球台，它就又飞回到主球上来，引得周围的观众哈哈大笑。

路易斯·福克斯的情绪恶劣到了极点，他终于失去了理智，愤怒地用球杆去击打苍蝇，球杆碰到了主球，裁判判他击球，他因此失去了一轮机会。路易斯·福克斯方寸大乱，连连失利，而他的对手约翰·迪瑞则愈战愈勇，终于赶上并超过了他，最后拿走了桂冠。第二

天早上，人们在河里发现了路易斯·福克斯的尸体，他投河自杀了！

这样的悲剧事例现在越来越多，比如见诸报端的多起领导干部突然自杀，上海某大学女研究生与母亲自缢于宿舍，最近几个月富士康公司即有 10 余名员工跳楼，还有杀父杀母杀死许多小学生的变态事件等，都与情商有关。情商低者，往往不能正确认识并控制自己的情绪，习惯性地带着悲观的思维方式；对于他人的认知也往往带着“有色眼镜”，难以沟通，容易失落；遇到挫折和困难时则缺乏调控情绪能力，易生放弃之念。所有这些，与事业发展的要求当然不能匹配，“走不远”是必然结果。

情商之说虽自国外，也就是近二三十年的事情，但情绪情感的存在却是与人类历史同步的，我们的祖先也早有“研究”。我们通常所谓的“修身养性”、“陶冶情操”的说法，便与情商接近。“学而时习之，不亦说（同‘悦’）乎？有朋自远方来，不亦乐乎？人不知而不愠，不亦君子乎？”这种“悦”的情感不就是“自我意识”吗？“乐”不就是“社交技能”吗？“不愠”（不恼怒、不怨恨）与“自我调节”何异？“君子坦荡荡，小人长戚戚”，戚戚即忧愁、烦恼，坦荡则心胸开阔能容忍，而以“小人”与“君子”界定之，不也包含了“自我激励”的意思吗？“先天下之忧而忧，后天下之乐而乐”的忧与乐的大情感，必然是“有同理心”而生发的。这些论述，不仅关乎“情绪”，而且与品行相连，成为道德修养的内容。

智商与智育相关，**情商与德育相连**。或许是这个原因，多数父母看重智商，忽视情商，这实在是不明智的选择。智商与情商好比人生的两个轮子，或者两只翅膀，情商太弱自然会导致人生倾覆夭折的。试想，从情商与智商的“分管职能”来比较，在人的一生中谁管的事务更多些？在我们每天的生活中，需要智商的时间多还是需要情商的时间多？情商可控的成分多还是智商可控的成分多？我们该在智商上花费多些还是该在情商上投入大些？答案应该是情商优先，因为情商多半是后天的。

现代科学研究表明，情感记忆记录在大脑内“中枢边缘系统”的大脑**杏仁核**中，这是一个扁桃形小结构，专管情感数据，如同看门狗一般审视每一条进入的信息。大脑杏仁核具有储存功能，当信息进入时，它迅速地将储存的经历与当前的事情进行比对，并立即启动已有经历中对应的情感，拉响警报——如同重复过去，把情感反应到现在。这就是情绪产生的机制。

那么情绪如何控制呢？这是由新大脑皮层来做的，它位于前额的正后方，是情感大脑的一部分，它负责重新评估情境，寻求更合适的反应。它因为“评估”而获得更加全面的信息，并产生理智的正确的判定，但是速度慢于前者。由于这两个系统可以互动，而使情况变得复杂，表现为情绪在“控制”和“失控”之间不断转换，“储存”都在发挥作用。

可见，提高情商的关键在于**改变“储存”**，当储存的都是优良的有序的情绪记忆时，情商自然就提高了。于是我们可做两件事，将不良情绪反应过程整理并“删除”，将优良情绪反应过程记录并“拷贝”下来，日积月累加以训练，杏仁核储存的都是“优良”经历了。在这个过程中，无论父母还是孩子，情商都会提高，家庭自然和谐，何乐而不为？让我们把家庭生活当成情感学习的学校吧！

第三章　父母观念

本章讨论怎样更新观念，成为民主的、科学的父母。

所论八种观念，可分三类：一是当破除的，父母普遍具有的君权和奴仆观念；二是当树立的，父母普遍没有的民主和私有观念；三是当调整的，父母普遍认识有偏差的孝顺、面子、人才和道德观念。

君权观念认为父母天然有权力、有功劳、孩子该绝对服从听话、不服从不听话就该镇压；奴仆观念则是“君心＋爱心”生出的怪胎，变相剥夺孩子自主权。二者皆反民主，故当“破”。

民主观念是让孩子自己作主，有决定权，有相应责任，有自由空间，父母逐步将权力下移；私有观念则明确家庭财富不是共有的而是私有的，父母创造的就是父母的，孩子不该坐享其成。这是社会趋势和方向，故当“立”。

孝顺观念当取“孝”舍“顺”；面子观念应转化为讲尊严、讲实效、讲宽容；人才观念当淘汰科举人才观，重在做“人”而非成“才”；道德观念混乱薄弱，需强化真善美，研修宗教。社会变了，父母必须与时俱进。

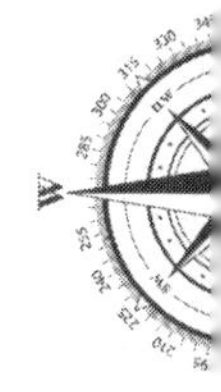

为什么要剔除君权观念?

父是家君，君是国父，家国一体，这些“中国特色”，前文已经大致说明。因此，我们中国父母潜意识或显意识中存有“君权”观念，是遗传，是基因，是不争的事实，不同的人只是有强弱多少的差异而已。这是我们做父母的群体水平低下的主要原因之一，必须“做手术”予以剔除。

那么“君权”有哪些特点呢？对应父权来看，主要有四：一是**君（父）权神授**，“天子受命于天，天下受命于天子”（《春秋繁露》），这是“天理”，“君为臣纲，父为子纲”，神圣不可冒犯。二是有功则归于君王（父母），有过则归于臣民（子女）；换句话说，君王（父母）之过错是臣民（子女）造成的，臣民（子女）之功劳则是君王（父母）领导得好。三是要求绝对服从、听话，无论对错，都不能打折扣。四是对不服从、不听话者堂而皇之予以镇压，绝不含糊。对照检查一下，我们头脑里有没有这些东西？我们在生活中是不是这样的？

一般来讲，君权观念农村比城市强，小城市比大城市强，落后地区比发达地区强，文化程度低者比文化程度高者强。也就是说，君权观念越强，现代文明程度越低。但也有例外，比如教师这个群体。

按理说，从事教师这个职业者文化程度、文明程度都是较高的，又是干“教书育人”这个活儿的，教育自己的子女理应得心应手，但**许多教师却教育不好自己的子女**，为什么？君权作怪。教师在面对子女时，已经不是“教师”了，子女也不是“学生”了，而类似于“君臣”

了；在施教过程中，“功”都归于自己，“过”都归于孩子；要求绝对“听话”，却居然听不进去，讲了半天还没听懂；再与自己手下的好学生比较一番后，气不打一处来，“镇压”之类的行为就接踵而至了。这是过程。从心理上看，教师常常处于**“领导”地位**，一呼百诺的，与“君”差不多，但受职业规范的约束，不敢太过分；面对自己的儿女时，“君”心无约束，则暴露无遗了！教师如此，领导干部也大体如此。这两个群体的君权观念与现代文明程度的高低也有关系，但受职业因素的影响较大。

还有一种情况比较典型。做父母的境遇不好，或者工作事业不顺，或者受了挫折、受了欺负，**拿孩子来出气**，仗恃的就是“君权”。其心理逻辑大约是这样的：对别人我没有办法，对你也没有办法吗？我生了你养了你（天理），辛辛苦苦还受人气（功劳），你还这么不懂事（过错），打你骂你（镇压），那是你活该！当然，过后思之，父母或有歉疚，但那是后话，“君权”已经用过了。

因为**君权观念**的存在，父母总觉得自己比孩子高明，看孩子总是不大顺眼，毛病多，问题多；父母总是不要求自己而是要求孩子，又总是觉得孩子不听话。于是父母的脾气就上来了，动不动就火冒三丈，大发雷霆，甚至大打出手。其实不是父母脾气不好，因为他们在担当其他社会角色时不会这样急躁，只是当“父母”时才这样的，是“君权”给他们撑了腰、鼓了气，所以才理直气壮、肆无忌惮的。在他们心灵深处，是没有把孩子当个平等的“人”看待的，而是当做“臣民”予以统治，更甚者当做“奴仆”随意鞭挞，严重缺乏对孩子生命的敬畏、个性的尊重。如此，还能进行卓有成效的家庭教育吗？

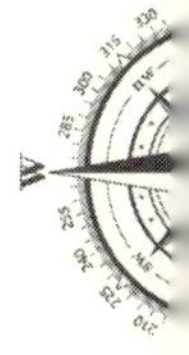

君权观念就这样奠定了父母的强势甚至强权，把父母之爱的阳光雨露变成了烈日和暴雨，给孩子这个幼苗带来“旱涝”灾害。我国明清之际的思想家黄宗羲在《原君》中写道：“为天下之大害者，君而

已矣。”其意是说君王是天下百姓的大害。现在，君权观念成为天下孩子的大害了。君权不除，父母不正常；剔除君权，父母才能还原为真父母，孩子才不会遭殃。如何剔除？我们提供三个“药方”：

第一，“国王二体论”，这是一个**认识问题**的“药方”。在中世纪的欧洲诞生的“二体论”，起源于耶稣基督，他的肉体被钉死在十字架上，但他的圣体却是不死的，与上帝同在，转入了教皇、大主教的肉体中，并不断转存，生生不息。神权如此，俗权自然也该如此。于是国王也有两个身体：一是他的凡体，与所有的人一样，有七情六欲，会生老病死，还会犯错误，故要受法律的制约；另一个是他所代表的人民、政体和法律，具有至高无上的权威。也就是说，一个身体是“人”，另一个身体是“君”。“人”非圣贤，孰能无过？为了避免“君”将“人”的过错扩大化，就必须把“君权”剥离一部分，由议会掌管，形成制约。这样，国王既可以自在地做“人”，行使“君权”也不会犯大错了。

用这个理论来看父母，即父母作为“人”是与子女一样的，会犯错误的，需要制约的。因而，做“父母”这个角色时，应当通过“议”来行权，从而减少犯错误。

第二，“君主立宪”，就是一个**解决问题**的“药方”。即通过制定宪法限制君主的权力，实现事实上的共和政治。1688 年，英国光荣革命之后，确立了君主立宪这一政治体制，君主名义上是国家元首，是国家的象征，可以任命首相等官员，实际上统而不治，一切由议会说了算，所以也称“虚君共和”。

在英国，宪法赋予国王三项权利：咨询、鼓励和警告政府，都非实权。所以王室一方面要“无为”，另一方面还要让人民觉得自己“有用”，这是考水平的。但历史上，这个“弱化”的王权却成了英国强大的资本。当年打仗时，议会不同意加税，国王只好借债；又因为立宪制约，国王不敢赖账，商人也才愿意借钱给国王。这样一来，仗打到后面，别国没钱了，英王还能借钱来继续打下去，大英帝国就这样打赢了，强大起来，成为“日不落”帝国——英联邦。

英国国王不靠绝对权力统治，而靠人民的认同，有效地调动了社会资源的做法，值得我们思考借鉴。作为父母，有咨询、鼓励和警告的权利，应该够用了；若能以**“弱化君权”**换来孩子的强大，为何不走“立宪”之路？

第三，“是谓玄德”，这是一个**关于境界**的“药方”。老子在《道德经》中有一段论述：“故道生之，德蓄之，长之育之，成之熟之，养之覆之。生而不有，为而不恃，长而不宰，是谓玄德。”这里讲的“道”与“德”，是孕育万物的“母体”，与父母有神似相通之处，故我认为可以引申为父母之道德。这段话的大意是：“道”产生了万物，“德”蓄养了万物，（道与德）使万物成长发育，使万物结果成熟，对万物加以抚养保护。（道与德）生养了万物却不据为己有，帮助了万物却不依赖它们，成就了万物却不主宰它们，这可以说是最高尚的品德。做父母能生养而不占有孩子，帮助而不依赖孩子，成就而不主宰孩子，能向这种境界去靠拢，剔除君权便是水到渠成的事。

王蒙先生在《老子的帮助》中写道：“母鸡对于雏鸡，从来就是生而不有，为而不恃，长而不宰的。母鸡对于雏鸡恩重于山，但雏鸡一旦长大，便与母鸡告别。为什么一只老母鸡都具有的玄德，对于人来说却是这样困难呢？这恰恰是由于人的自作聪明——自以为是——自我膨胀。人的万物之灵的地位使人产生了主观性、目的性、计划性、优越感、自负感，产生了贪欲、权欲、物欲、占有欲、收藏欲直到破

坏欲，产生了计谋产生了一切未必全部是积极的与真正有价值有利益的东西。人为什么不多想想大自然，想想‘天何言哉’，想想大江大河大海是怎样运作怎样行事的。人啊，你应该学习大自然，与大自然保持一致呀！”

因此，我在这里“放言”一回，提出一个符合自然与社会规律、反应父母无私奉献的爱心的标准，也是做父母的最高道德准则，那就是：**生而不有，为而不恃，长而不宰！**

为什么要取舍孝顺观念?

在家尽孝，在国尽忠，“忠臣孝子”是我们祖祖辈辈做人的准则；**“以孝治天下”**则是历朝历代的基本国策。汉武帝时，即建立了举孝廉的制度，每年考察举荐一次，２０万人口以上推荐１人，以此类推。选中之人，不必考试，就可以委任为官，足见“孝”之重要和显赫。所以，在我们“家国一体”的文化体系中，“孝”不仅是尊老的人生义务，是伦理道德的核心，还是政治道德的根本，是齐家治国平天下的灵魂。

于是，“百善孝为先”。如何孝？一是**服从权威**，以父母的意志为意志，以父母的是非为是非，以父母的好恶为好恶，“父母之所爱亦爱之，父母之所敬亦敬之”（《礼记·内则》）。二是**绝对听话**，父母的话就是真理，必须坚决照办，错了也不能埋怨，美名归于父母，过错自己承担，“善则称亲，过则称己”（《韩非子·忠孝》）。三是**侍奉赡养**，在日常生活中要尽心尽力，嘘寒问暖，关心体贴，甚至牺牲自己和自己的子女来满足父母的意愿；如果父母生病了要昼夜侍奉，汤药要亲口品尝后才能给父母喝；如果父母有生命危险，子女要舍身相救。四是父母去世后要**守孝三年**，日常祭祀；如果家贫，子女卖身为奴为妓，也要将父母遗体妥善安葬。孝的内容，大致如此。

具体来看，上述一二点侧重“顺”，体现了“君为臣纲，父为子纲”的统治思想，父母就是家中的君王。三四两点侧重“孝”，规定了回报养育之恩的伦理义务。两者相结合为“孝顺”，“顺”的分量更重些。

所以民间有个说法：对父母孝就是顺，顺就是孝了。这种孝顺的观念，是我们的国粹，有好的一面，也有不足取的一面。

“养儿防老”这个说法，应该是“孝”的最基本的内涵。在经济不发达、物质匮乏的古代，家家户户世世代代都必须自行解决养老的问题。作为父母，养儿育女付出了艰辛劳动，老了病了不能劳动了，谁来赡养？这个问题很现实、很功利，也很普遍，由子女来尽孝最合情合理，这就是付出与回报的关系，是上一代人和下一代人之间的互助互利，是一种**生存法则**，可谓天经地义。

在生存需要的基础上，孔子、孟子以“孝”为中心，构建了家庭伦理规范，并复制到整个社会，即“君惠臣忠，父慈子孝，兄友弟恭，夫义妇顺，朋友有信”。这套规范具有崇高的地位，得到了普遍的奉行，由此形成浓烈的家族亲情，对家庭关系及社会稳定起到了重要作用。后来，又由孝道延伸到尊高年（即敬老）、慈孤弱（即爱幼）、怜惜残疾鳏寡（同情弱者）等等，就形成了中华民族的**传统美德**。何谓“仁”？“仁者爱人”，仁爱之心，起根根发苗苗在于“孝”。

因此，无论从生存法则来看，还是从传统美德来讲，“孝”都是应当提倡并鼓励的。试想，一个人对养育自己的父母都不当回事，还怎么立身处世，怎么取信于人，怎么造福社会？中国人不能不“孝”，不能把自己的好东西丢了。同时，也不能再“顺”了，应该取“孝”舍“顺”，孝而不顺。

事实上，现在有几个做父母的对自己的父母还百依百顺的？大多数人都会认为父母“过时”了，许多事情都不懂，没法沟通，所以“顺”者寥寥。但这些人转过脸来，却会要求自己的子女百依百顺；而他们的子女稍大一点又同样认为他们已经“过时”了，谈不拢，矛盾冲突就出现了。所以，我们许多家庭的问题不是出在“孝”上，而是出在

“顺”上。那么到底该不该“顺”呢？古代先贤早有论述。

《荀子·子道》说：“入孝出悌，人之小行也；上顺下笃，人之中行也；从道不从君，从义不从父，人之大行也。”意思是说，在家孝敬父母，在外尊重兄长，是人的最低行为准则；对上恭顺，对下亲和，是人的中等行为准则；遵从道德而不遵从君主，遵从义理而不遵从父母，才是人的最高行为准则啊。可见，应该顺道义，而不是一味顺父母；父母与道义相同则顺之，不同则不该顺。

荀子又说：“孝子所以不从命有三：从命则亲危，不从命则亲安，孝子不从命乃衷；从命则亲辱，不从命则亲荣，孝子不从命乃义；从命则禽兽，不从命则修饰，孝子不从命乃敬。”大意为：孝子不从父母之命的情况有三种：如果从命了使亲人危险，不从命使亲人平安，那么不从命就是尽了心；如果从命使亲人蒙羞受辱，不从命亲人反而荣耀，那么不从命就合乎道义；如果从命则令其陷入禽兽之行，不从命则能修行向善，那么不从命就是恭敬的。

荀子还总结道：“故可以从而不从，是不子也；未可以从而从，是不衷也；明于从不从之义，而能致恭敬、忠信、端悫（què），以慎行之，则可谓大孝矣。”意思是：所以该从命而不从时，就没有尽孝子之道；不该从命而从了，则没有为父母尽到自己的心。如果理解了从与不从的道理，就能恭敬，忠信，正直，诚实；照此谨慎行事，就是大孝了。

荀子把父母的身份与道义分开了，很像前文所说的“国王二体论”。国王都是凡胎肉身，父母怎么可能总是正确的，“天下无不是的父母”这个说法是典型的“打肿脸充胖子”。而把顺不顺完全等同于孝不孝，则是打着孝的旗号干着“统治”的勾当，“孝”已经变质变味了。所以，我们主张孝而不一定顺。

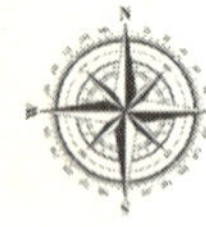

更进一步说，父母生活在“现在时”，孩子生活在“将来时”，父母的父母生活在“过去时”。如果要求孩子顺从父母，那么父母就该顺从他们的父母，一路顺从下去，岂不是“将来”顺从“现在”，“现在”顺从“过去”，这有道理吗？有可能吗？从这个角度看，父母反而应该在大原则上顺从孩子，这叫**顺应时势**。

父母要求孩子顺从自己，多半是为了孩子的将来考虑。但孩子是个不同的人，他有自己的个性、禀赋，只有彰扬其个性才能使他成为“最好的自己”。如果必须向父母看齐，难免产生扭曲。明智的父母，当然应该在大的原则上顺着孩子了，这叫**顺应天命**。

不顺应时势、不顺应天命的父母，可能将孩子导向两个歧途：一是因为父母的控制欲强，而使孩子失去自主意识，缺乏独立思考能力，影响其人生发展，形成性格缺陷；二是父母过多控制引起孩子叛逆、不服、反抗、报复的心理，故意做出过激行为，比如偷窃、早恋、同居甚至吸毒、自杀等等。前者是父母将孩子“扭曲”，后者是孩子将父母“推翻”。这样的案例在每个父母的亲朋好友、邻居同事中一定可以找得到，只要我们留心察看。难道他人的悲剧不能引起我们警醒，只有发生在自己身上了，痛定思痛后再来后悔吗？

因此，“父慈子孝”的说法应该改改了，“慈”有手下留情、下手不要太重、怜惜的含义，表明了父为统治者的不平等父子关系。这种关系对家庭未来的发展没什么益处，只能满足一下父母的“官瘾”。改为**“父母顺子女孝”**，则平等了。父母之“顺”，当然不是迁就姑息孩子的错误，也决不是娇惯助其跋扈，而是考虑问题向前看，从孩子的实际情况出发，不以父母为中心，不搞强迫服从那一套。如此，“顺”与“孝”中更多的都是发自内心的“爱”，阁下以为如何？

为什么要培植民主观念？

民主，即**“让民作主”**的意思，源自希腊语 demos，不是我国文言文中的民主之意。《资治通鉴》说“当有圣人出为民主”的意思是“民之主”，即“为民作主”。所以，我们要在家中讲民主，就是父母不再为孩子作主，让孩子自己作主，给孩子最终决定权。

这是一个巨变！习惯了为孩子作主的中国父母们，要完成这个华丽转身，无异于跨越万水千山！能否做得到先不谈，单从思想认识来说，就会顾虑重重。主要顾虑可能集中在五个问题上：讲民主适合我国国情吗？讲民主适合小孩子吗？对孩子不讲民主会怎样？对孩子讲民主又会怎样？如何与小孩子讲民主呀？下面分别予以说明。

第一，讲民主适合我国国情吗？

2007 年 3 月，温家宝总理答记者问说：“民主、法制、自由、人权、平等、博爱等不是资本主义所特有的，这是全世界的文明成果，也是人类共同追求的价值观。”这段话我们该怎么理解？

先看**世界史**。历史上，公元前的雅典民主是最早期的民主制度，公民、议会、投票、立法、演讲，有声有色，称为直接民主制。古罗马共和国的元老院则是代议制的民主形式。英国是在中世纪第一个迈向彻底民主制的国家，实行了君主立宪。美国则可以被视为第一个自由民主制的国家。进入 20 世纪后，因为世界大战、国内革命、去殖民化运动和经济发展等原因，全世界产生了一浪高过一浪的民主化浪

潮，如日本、德国、印度、南非、韩国、东欧国家、南美诸国及苏联解体等。因此，民主是一种世界潮流，是人类进步和发展的大趋势，“是全世界的文明成果”。

再看**中国史**。近百年的中国历史，可以说就是一部追求民主的历史。100 年前，孙中山领导推翻帝制，结束了两千多年的专制统治，实现民主共和，老百姓不必下跪磕头了。60 年前，毛泽东领导建立新中国，工人、农民这些劳苦大众当家作主了，多数人的权利得到伸张，真的是改天换地。30 年前，邓小平领导改革开放，从农村到城市，中国人有了更多更大的自主权；从国内到国外，中国人开始了融入世界的旅程。当前，我国正在构建和谐社会，首要的关键的问题就是“民主”与“法制”。可见，民主“不是资本主义所特有的”。

最后，让我们把目光放远点。虽然我国还存在许多不民主的问题，但民主本身必然是一个**渐进**的过程，也是一个**不可逆**的过程。当我们把思绪回放 100 年后，不妨再向未来看 10 年、20 年、30 年，到我们的孩子长大成人时，我国的民主进程将如何呢？从过去百年的进程看，应该呈**加速度**发展的态势。中山先生曾放言：“世界潮流，浩浩荡荡，顺之者昌，逆之者亡。”因此我们应坚信，五四运动举起的民主与科学的大旗，一定会高高飘扬！

第二，讲民主适合小孩子吗？

民众的文化素质低下，往往成为反对民主的借口。美国民主的奠基人杰弗逊总统说：“我认为除了人民自己以外，任何人都不是社会终极权力的保管者，而如果我们认为他们的知识还不足以用健全的判断力行使他们的控制权的话，补救之道不在于从他们手中夺走这个控制权，而在于靠教育来提高他们的判断力。”更何况，民主素质和能力只有在民主实践中才能形成和提高，就像游泳必须下水，不下水永远不会游泳的道理一样。

对民众当如此，对孩子更应如此。对孩子讲民主就是要讲平等，讲容忍，讲合作，讲妥协，这些就是民主观念。关于**讲平等**，前文已经谈及，不再赘言。**讲容忍**，是基于孩子是个不同的人，还是一个不够成熟的人，会时常无法达成共识，用圣雄甘地的话说："不宽容本身就是一种暴力，是妨碍真正民主精神发展的障碍。"因此，做父母需要宽容和忍让。

讲合作，就是把孩子作为一个平等的家庭成员看待，把家庭建成分担、分享与共建的生活共同体。杜威先生说："民主不仅是一种政治的形式，它首先是一种联合生活的方式，是一种共同交流经验的方式。"还说："共同参与的事业的范围扩大和个人各种能力的自由发展，这是民主的特征。"（《民主主义与教育》）

讲妥协，就是父母与子女的意见和需求，都应最大限度予以尊重和满足，谁都不能唯我独尊，谁也不能成为输家，要追求共赢。杜威先生说："询问他人喜欢什么，需要什么，有什么意见，这是民主观念的一个要素。"因此，"必须积极而不是消极地征询每个人的意见，使每个人本身成为权威过程和社会支配过程的一部分。"（《今日世界中的民主与教育》）

想想看，我们这样对孩子讲民主，不适合孩子健康成长吗？

第三，对孩子不讲民主会怎样？

薛涌先生在《一岁就上常青藤》中介绍了美国的两项相关研究，可以帮助我们认清这个问题。1983 年，人类学家 Shirley Brice Heath 指出：**中产阶层**父母在给孩子读故事时，鼓励孩子问问题，并通过问题帮助孩子探究故事的内在含义，这是典型的讨论班式的常青藤教育。劳动阶层的父母对孩子则很少提问和解释，而更多采用直接的命

令，比如“别碰那把刀子！”在小学头三年级，**劳动阶层**的孩子表现还相当不错，他们能完成阅读训练，能安静地坐在教室里很长时间。但是，一旦老师问他们：“你觉得这个故事怎么样？”“如果你是故事中的孩子，你会怎么做？”这些孩子经常会耸耸肩，说不知道。中产阶层的孩子面对同样的问题，不仅轻松自如，而且显示了更多的想象力和创造力。

前几年，社会学家 Annette Lareau 在《不平等的童年》一书中进一步指出：劳动阶层的家长对孩子指令比较多，干这个，不能干那个，简单明了，规矩严格。他们教育出来的孩子一般很懂礼貌，行为有一定之规，但**习惯于服从**，不善争辩。到了中产阶层的家庭，则是另外一番景象。家长对孩子要宠得多，对孩子绝不轻易说“不”。孩子如果要干一件家长所不容许的事情，家长会耐心启发、商量，说服他放弃，有时甚至“谈判”达成协议，注重让孩子理解行为背后的准则。孩子和家长的关系非常平等，这样养大的孩子，一般**比较自信**，习惯于提问题，独立思考、辩论。

这里所指的“中产阶层”和“劳动阶层”，除了经济收入指标外，还有的差别就是有无民主观念了。以此标准来衡量，我国的劳动阶层不必说了，中产阶层绝大部分也是要纳入“劳动阶层”的。我们愿意让孩子成为蓝领、成为“劳动阶层”吗？我们所做的一切不就是让孩子成长为白领、金领、精英人物吗？所以，我们不讲民主可能短期省事，长期费事，事与愿违，到头来达不到目的，竹篮打水一场空。

第四，对孩子讲民主又会怎样？

“民主父母”与“官父母”相比，没有那么威风、强势，但投入的时间和精力会逐步减少，亲情关系会更好些，管理和教育会更有序有效些，未来的“产出”可能更接近预期，甚至可能爆发式增长。而

“官父母”呢，过把“官瘾”而已，既捞不到别的贪污受贿之类好处，也不会有“升迁”的可能，还会影响孩子的发展，危及孩子的幸福。这样比较推论是否正确，需要一个长期的两两比较才能例证，故难以从家与家的比较中证明之；因此我们以国家为例，从**中国与日本**的发展历程中来加以证明。

中国的人口和资源远远胜过小小的日本岛国，但甲午战争以来，中国竟常无还手之力，差点被其蛇吞象而灭掉。二战后，日本的经济总量和中国不相上下，但三四十年后，日本又成了“西方列强”，而我国至今还是一个发展中国家，这是为什么呢？薛涌先生在《学而时习之》一书中作出了全新的解释：

> 这已经不是双方一届政府能力之高下的问题，甚至不是明治维新和洋务运动的成败问题。一个更深刻的原因，乃是日本历史是以地方**共同体的自治**为基本动力；中国则以官僚政治为根本，几乎用国家权力替代了基层共同体的功能。

他进一步分析道，日本在中世末期，贵族控制的庄园制度瓦解，农民结合成共同体自保，形成了惣村。“惣”就是“总”、“全体”的意思。村是以自然村落为单位的农民自治联盟，土地共有，赋税劳役共同负担。他们选举村长，组织农业生产；武装自卫，维持村内秩序；组织村民集会议政，村务公开；财政预算，决定税收如何分派等，推动了经济繁荣、政治觉醒和文化昌盛，充满生机与活力。到明治维新时，这种乡村民主传统，构成了“自由民权运动”的基础；到战败后的美军占领下的民主改革中，这一传统又有效地推动了日本的民主化。这才是日本胜出的根本原因。

我们通常以为日本接受的是我们祖先的文化，日本比我们的博大精深渺小多了，想不通为什么他们居然可以那样欺负我们，凭什么？

我们泱泱大国，也不乏志士仁人，也进行了变法维新、洋务运动、师夷长技、西学为用，为什么我们“用”不好他们就“用”好了？原来是我们缺乏**基层自治**的民主传统而他们具备，怪不得严复学成归来只能当翻译，伊藤博文留学回去很快就主政了；日本一跃而为西方列强之一，我们还是一东方古国，后来更是弱不禁风，人见人欺了。这就好比引进一个新品种，土壤适宜，才能引种成功；土壤不宜，效果等于零。

不仅日本，观察世界各发达国家，莫不是**权利下移**，基层民主自治。最典型的是南北朝鲜，同文同种，一为民主一为集权，结果一边富有发达，另一边常常饥荒饿肚。这个事实对我们有什么启发呢？国与家道理相通，孩子就是家中“基层”，让孩子民主自治，才有生机与活力，才有可能令父母梦想成真。

第五，如何与孩子讲民主？

结合民主国家建立与运行的情况看，父母树立民主观念并建设民主家庭，需要与孩子达成以下四点共识，并且不折不扣地贯彻执行。

其一，**有地盘**。现在的子女，犹如“殖民地”，大小事务皆由“母国”治理，所以首先要给孩子独立自治的地盘，在这块地盘上的大小事务皆由孩子做主，父母不予干涉。这个地盘可以随孩子年龄的增长而逐年扩大，父母则相应减少管辖范围。

其二，**有限制**。既要保障孩子的决策权能够正常行使，也要保障孩子不搞“极端自由主义”、“暴民政治”。国家靠宪法限制权力，家庭可以仿效，使孩子的权力“有限”，达成父母与子女的平衡。

其三，**有主权**。孩子在“限制”范围内，规定的“地盘”上，有充分的自主抉择的权力，如果有其他更高层的权威可以否定其主权，这样的民主就假了，就无甚意义了。

其四，**有责任**。行使权力与承担后果是一件事情的两个方面，强化责任意识并落到实处才是真正的民主。所以责任必须由孩子独立承担，父母决不能代为受过。

把握这四项基本原则，民主便可以在家庭落地生根了。

在家里讲民主，就是培育家庭的生产力、创造力、竞争力及综合实力，给家庭直接带来"资产增值"，减少"损耗"和"负债"。这样做，既不需要立项批准，也不需要大把资金，不需要托人情找关系，还不需要地位权力之类的条件，还没有任何风险，家家皆可实行，实在是一件很划算的好事情。

而且，我敢肯定地说，作为父母，能够与子女处成如兄弟姐妹一般平等随和，即"多年父子成兄弟"，皆可达到"及格"水平，甚至"中等水平"，而这只需要放开手，"让民作主"，非常简单。你愿意保持自己的"强势"，还是让孩子"强大"起来呢？

为什么要摒弃奴仆观念？

“儿孙自有儿孙福，勿为儿孙做马牛”。这是劝诫，实则反映了许多父母为儿孙**当牛做马**的现实；这种奴仆观念，也是我们父母文化的一大特色。

过去在农村，养儿育女之后，父母便背负了一个重大使命，那就是积攒钱物，为儿子修房子娶媳妇，为女儿准备一份嫁妆。为此，做父母的要省吃俭用、辛勤劳作十几年二十几年甚至一生。若不能做到做好，则会被人斜视，遭人议论，自己也会心中有愧，抬不起头。于是，我们一代接着一代都这样为下一代活着，繁衍着。

计划经济时代，城市父母这种意识不强烈，大约是国家或单位都会分配（如住房）之故。现在实行市场经济了，国家不包了，这个责任好像又落到父母头上了。加之，城市化使大量的农民进城了，于是在这方面的“城乡一体化”提前实现了，而且父母背负的内容也更多了，除了住房、嫁娶、上大学或留学这些“大件”外，还有吃喝拉撒这类“小件”，如前文《多少孩子在被圈养》所述，皆由父母代劳，真是无微不至。

前段时间，和朋友聊起这个话题，她讲了一件亲历之事：她与同为母亲的朋友带着孩子聚餐，说到另一位都熟识的母亲，其子已经上高中了，16 岁，早上起床上学迷迷瞪瞪，呵欠连天，当妈的甚是心疼，赶忙蹲下身为他穿袜子、鞋子……朋友的孩子听后立即对他妈说：“看看，人家妈妈多称职，你还有差距吧！”我推测那种情景和心态，想起一句电影台词 :“老子们在前线打仗，你们在后方享福，还不该……”

这种不正常的状态，因为我们身在其中，已经习惯麻木，见怪不怪了。似乎从来都是这样的，大家都是这样的，难道这样**“负责任”**的父母有什么不妥吗？沙拉的经历说明，这样做真的不对。

沙拉是出生在中国上海的犹太后裔，1992 年她带着三个未成年的孩子回到以色列定居。生活艰辛，沙拉无甚特长，只好摆了一个小摊，做春卷卖，从早到晚，辛辛苦苦。三个孩子放学后，便在春卷摊前等候妈妈抽空供应饭菜，袖手旁观，天天如此。邻居看不下去了，对他们一番训斥 :“你这个妈妈怎么这样养育孩子？你们这些孩子怎么这样等吃等喝不干活？在我们这里，孩子从小就要学会生存，就要承担家庭责任的。我们犹太人当父母不是你这样当的……”沙拉感到震惊，体验到了一种截然不同的价值观念，她原有的中国式母亲的行为和观念受到了挑战！后来，她与孩子“回归”了犹太传统，孩子参加做春卷计工资，孩子带春卷到学校去卖算销售额，在全家人共同努力下，沙拉从摆春卷摊发展到开了一家餐厅，孩子们也全靠自己挣学费上了大学。

沙拉作为**中国式母亲**，所有问题都自己扛，举步维艰；沙拉做了**犹太式母亲**，让孩子扛起自己的事，可谓满盘皆活。同样的人同样的事，观念变引起行为变，结果大相径庭，何其典型！很可惜，沙拉的故事虽经电视、书刊传播，却没有激起多少中国父母的反响，可见**“好父母 = 当奴仆”**的观念根深蒂固。为什么会这样呢？我觉得源头还是“君权”观念，“奴仆”是“君权”的一个流变。

当父母“君”临孩子时，往往会管得太多，管得太严，特别是“督学”苛刻。这样一来，就会产生**补偿**心理需求，父母和子女都迫切需

要“爱心”宣泄式体验来求得平衡。比如，暴打一顿之后，父母定会心中不忍，总要想法给孩子一些好处，给得越多心里越平衡；而孩子呢，也渴望抚慰，甚至认为父母亏欠了他，应该补偿的。于是，**“君心＋爱心”**就混合而为“奴仆”之心了。

除了补偿心理外，还有“预期”心理和“假定”心理在作怪。在**“预期”**驱动下，父母不仅认为“孩子是自己的好”，还会将“好”的因子用放大镜观察，从而形成一些不理智的判断和期望，以为孩子将如何如何不得了，于是将孩子当成“小皇帝”一样供着，自己则牺牲为奴仆了。而**“假定”**心理则凡事皆认为孩子还小，不能这样不能那样，父母则俨然为“君”，无所不能，常常觉得若离了自己孩子怎么得了！在这两种情况下，父母都是兴高采烈去当奴仆的，在其内心的体验则是“君”的感觉，很奉献的、很伟大的、很享受的、很陶醉的感觉。所以父母为奴为仆绝对是心甘情愿的，自我激励的，不是孩子能左右的，完完全全是父母自找的。

于是，父母天生的爱心，如同酵母一般，把我们头脑中的“君权”**观念发酵**成了这个怪胎：奴仆观念。照此办理，孩子便被培养成“君”或者成“奴”了，正如鲁迅所言：“中国中流的家庭，教孩子大抵只有两种法。其一，是任其跋扈，一点不管，骂人固可，打人亦无不可，在门内或门前是暴主，是霸王，但到外面，便如失了网的蜘蛛一般，立刻毫无能力。其二，是终日给予冷遇或呵斥，甚而至于打扑，使他畏葸退缩，仿佛一个奴才，一个傀儡，然而父母却美其名曰‘听话’，自以为是教育的成功，待到放他到外面来，即如暂出樊笼的小禽，不会飞鸣，也不会跳跃。”鲁迅时代如此，现在也差不多。

由于奴仆观念总是披着温情脉脉的面纱，即父母的爱心和牺牲精神，所以其危害往往为人忽视。剥开这层面纱，其毒素有四：

其一，**"预期"之毒**。希望越多越高，失望也会越大，父母之心容易失衡，父母的"回报"要求会越发强烈，对孩子的压力会越发沉重。孩子渐渐被扭曲，内心常生负疚感、惶恐感、挫败感。把"预期"与"奴仆"结合在一起，等于是把父母变成了债权人一般，孩子则成了被追债的对象，当孩子还不出这笔债时，真是"喊天天不应，叫地地不灵"的感觉，有些自杀悲剧就是这样造成的。

其二，**"假定"之害**。担心孩子负担不起自己的责任，这份好心、爱心和良苦用心，形成"假定"，形成对子女的暗示；这种暗示包含着"你不行"、"你无知"、"你有缺陷"之类的信息，久而久之就会变成孩子的"自我认知"，就会产生消极的思维定势，最后真的一语成谶，"假定"变成现实。

其三，**瓦解民主**。君权观念是以强权压制民主观念，奴仆观念则是以关爱瓦解民主观念，两者的共同之处都是剥夺孩子的民主权利。只是一为"恩"，一为"威"，形式不同；恩威并施，都是不"让民作主"，最终有碍孩子的成长发展。

其四，**代劳导致弱化**。有一个实验，两个学生把蛹茧带回家，观察蛹破茧成蝶的过程。一天、两天、三天，在稚嫩的蝴蝶吃力地破茧的时候，两个学生都急得满头是汗。其中一个不忍看着幼蝶吃力痛苦的样子，就用针把茧扎破了。在他的欢呼声中，这只蝴蝶很快出来了，身体胖胖的，翅膀也很大，很惹人喜爱。第二天，两个学生都把自己的小蝴蝶带到老师面前。这时，奇迹出现了：自己脱茧而出的蝴蝶在打开盒子的一霎那，飞走了；而那只在小针帮助下破茧而出的蝴蝶却是几番努力，飞不起来。——这就是"代劳"的结果。

前苏联著名教育家马卡连柯说："一切都让给子女，牺牲一切甚至牺牲自己的幸福，这是父母所能给予孩子的最可怕的礼物……如果你想毒死你们的孩子，你就给他喝饱你个人的幸福，他就可以被毒

死。”凡有奴仆观念的父母，都是在温水煮青蛙——在不知不觉、舒舒服服中，把青蛙（孩子）的生命力消磨殆尽！因此，我们应该坚决摒弃奴仆观念。

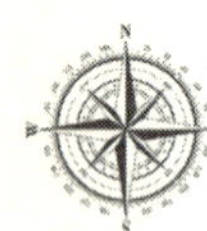

那么，具体如何操作呢？首先，从认识上，我们要明白“教育就是生活”，“教育就是生长”，进而作一次全面的审查，以**“该不该”**、**“能不能”**、**“需不需要”**为标准来衡量孩子生活学习的各项事务，分清各自“地盘”：哪些应该是父母做的，哪些该是孩子做的；哪些是孩子能做的，哪些是确实不能做的；哪些还需要父母帮助，哪些不需要或不该帮或帮不了。然后区别对待，协商处理。

其次，设定**“放手清单”**。根据孩子的年龄、发育情况等每周或每月或每学期，与孩子讨论确定：父母目前承担的某些任务是不是可以移交给孩子？孩子接受这项任务还需不需要更多的指导和示范？父母有哪些具体经验教训可供孩子参考？哪些事务父母控制过多了需要调整？哪些事务父母放手早了，需要弥补，怎么弥补？诸如此类，循序渐进，最终摒弃奴仆观念。

为什么要转化面子观念？

面子观念，是我们的又一个**“国粹”**。全国人民都讲面子，却至今没有一个关于“面子”的权威定义。什么是面子？大家都懂都明白，但谁也说不清楚。

在我看来，面子最多只能三**七开**，即三成是好的有益的，七成都是有害的糟糕的。古往今来，从国家大政到人际交往，为了挣这个面子并顾全他人的面子，不知道耗费了多少人力物力财力，把多少是非、曲直、优劣弄得不明不白，结果只是为了找一个“有面子”的感觉，多么奢侈浪费！

好的方面，如“人活一张脸，树活一张皮”，有爱惜羽毛、自尊自律的意思；进而演化为“打落牙齿肚里吞”、“家丑不可外扬”的羞耻之心；再由知耻而后勇，产生了光宗耀祖、为国争光之类激励作用。这些是挣面子的正面价值。还有，就是给人“留面子”，体现的忍让之德、良善之心，对于个人的品行修养和人际关系的和谐，有一定的润滑作用。

不好的方面，最典型的就是“打肿脸充胖子”，“死要面子活受罪”。面子和虚荣、虚假、“装”、“绷起”之类联系起来了，与做人的良知、做事的务实完全脱钩了，成为纯粹的没有“里子”的“面子”。在这个意义上挣面子和留面子，都是以牺牲公平正义等原则为代价，助长了自欺欺人、徇私舞弊这类劣行。

从**国家层面**上看，面子的影响就更巨大了！中国历史上最最风

光、最最有面子的事情就是郑和下西洋了。明成祖朱棣命郑和督造船队七下西洋，是一番雄才伟略的大业，当时我们的坚船利炮雄冠全球，无人能匹，可惜却被面子观念葬送了。这个投入很大、技术含量极高的“项目”，既没有带来开疆拓土的发展，如哥伦布之发现美洲大陆；也没有将专有技术转化为生产力，成为世界航运中心，如英国那样从蒸汽机迈进工业化，首先富强起来。仅仅是显摆了一回，交了些穷哥们儿朋友，挣足了“天朝大国”的面子，就昙花一现而过了。更令人黯然神伤的是，自那以后中国就像一只最牛的100元股票在顶部盘整之后就逐波下落，一跌再跌再再下跌，最后差不多跌到1毛钱的地板价了，何等惨烈！

当然，这中间还与一些国家级**“面子工程”**有关。比如，甲午战争之前，中国的海上能力虽落后于欧洲，但还是远胜于日本的。慈禧太后动用国库操办六十大寿，将买军舰的钱挪来扩建颐和园，主要目的也不是为自己享受的，而是让全世界看看中国的家底，以达到震慑之效，遏止其觊觎之心。哪知道，这个面子讲大了，把自己实力讲弱了；而战场上却讲实力不讲面子，打不赢便把北洋、南洋舰队先后葬送了，造成中国无海防。从这个角度看，我们这几百年的海域史就是一部讲面子的血泪史。

从辉煌到被宰割，从天大的面子到颜面尽失，这份惨痛不该忘记。面子观念**误国害人**，支撑不起个人及家国的命运。因此，面子观念必须转化才能变成“营养品”，才能真正成为“国粹”。这种转化可以从下列三个方面进行。

第一，从讲面子到讲尊严的转化

有面子与有尊严有些近似，但完全不同。从起因看，有面子往往是因为有钱、有权、有势、有地位之类社会化的**外在的**条件，而有尊严则往往是因为有本事、有才华、有实力、有抱负及真善美的情怀之类**内在的**品质，两者虽有交叉，但着眼点不同、侧重不同。从结果看，有面子与有所得、有所图相连，有尊严却与**得失**无关，比如对抗较量中输的一方也可能得到赢家的尊重，输家照样可以有尊严。因而，在表现形式上，有面子往往表现为有派头、有排场、有声有色，而有尊严则相反，**形式**可有可无。所以，可以这么说，有“里子”进而有面子则为有尊严，有面子则是一时一事的体面与“光荣”而已。

我们中国人为什么这么在乎面子呢？探究起来，还是与“君权”有关。在“君父”和“父君”的双重强权压迫之下，我们动辄就被责备、训斥、罚跪、殴打，饱受蹂躏，严重缺乏做人的自尊。而根据美国伟大的心理学家马斯洛的研究，人的需要可以分为五个层次，依次是生理需要、安全需要、归属需要、**自尊需要**、自我实现需要；而且前四个都是基本需要，不可或缺的。因而需要自尊而又无法自尊的我们，就用“面子”来进行似是而非地“自尊”了。

记得多年前看过流沙河先生的一篇文章，讲到抗战后期成都凤凰山机场驻有一队美国空军，附近天回镇上一农民揽下了挑潲水的活儿，他常趁美国大兵不注意，将鸡腿之类食物“顺”进潲水桶中，挑回家后捞起来，拿到街上去在人多的地方去啃，边啃边向人讲述他是怎么“拿”的，很得意很有面子地说：“美国人哪些瓜娃子，根本没发现东西少了……”其实，美国人只是睁一只眼闭一只眼罢了。半个多世纪过去了，类似这样变态“自尊”的人和事，现在依然俯拾即是，其实离自尊已经很遥远了。

2009 年，成都出了个“温柔一刀”的女交警，仅仅因为她执法面带笑容，引起了全国网民的热捧，被树为英模。这反映了我们自尊意识的觉醒，也说明我们多么缺乏自尊，绝大多数交警平时是多么作威作福，对于纳税人如训自家儿子孙子一般，毫无尊重可言的事实。

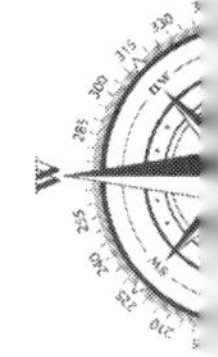

但换个地方，比如去医院，去学校，他们又难免当儿子当孙子被训斥的命运。我们就这样在互相践踏自尊中找面子，求“自尊”。针对此类现象，有位美籍华人朋友感慨万千，当他在大陆待一段时间、多次当孙子被训斥、已经麻木习惯后，回美国下飞机进海关时，海关女官员验了他的护照后，嫣然一笑，说：“欢迎您回家！”他听后顿时热泪盈眶！两相比较，相差多大；这种差距就是讲面子与讲尊严的差距。

西方人也讲面子，比如被人认为不诚实或不守信是最大的丢面子，他在社会上生存的基础都可能丧失，其面子的内涵与我们的完全不同，就是**人性的尊严**。我们却不以这些为面子，只要吃得开就有面子，怎么“吃”的不管，诚实与否、守信与否都无所谓。所以有华人在澳洲为省车钱，假装问路、假装找不到路一脸茫然，博得同情，骗人送他到目的地，还自以为得计，大约也会在心里说“澳洲人那些瓜娃子……”其实，澳洲人、美国人及各国人民，都不是“瓜娃子”，时间一长，就明白上当了，也不会再上当了，而以“劣等民族”视之，“面子”也就被剥得精光了。

康德在《论教育学》中告诫我们：“一个人要内在地具备一种特定的尊严，这种尊严使他比其他一切受造物都更高贵。人的义务在于，不要在他自己的人格内否认这种人性的尊严。”同时，还“应该让儿童自己注意到他所拥有的这种人的尊严，比如让他知道不干净的环境是与人性不相称的”。讲面子就是一种“不干净环境”，我们做父母的有义务予以净化，应从自身做起，讲尊严，并努力保护孩子的自尊。

第二，从讲面子到讲实效的转化

我们这个最讲面子的民族，也有一群面子淡薄、注重实效的人，那就是**温州人**。改革开放之初，全国各大中城市都能看到温州人的身影，他们走街串巷，贩卖小商品，修锅底，补鞋子，什么赚钱做什么，不怕丢人没面子。在他们看来，“面子事小，赚钱事大”。正是这种观念使他们抢占了先机，先富起来了，现在做大了，走向世界了，被称为“中国的犹太人”，挣足了面子。

温州人的发展历程说明一个道理，只有注重实效才能真有面子，只有**放下面子**才能挣足面子。回想三十年前，有多少人比温州人起点高、条件好、机会多，却为一点小小的面子所困，耽误了自己，错失良机，悔不当初！而现在，面子依然困扰着许多人、许多事、许多方面，家庭教育尤其突出。

我们许多父母所谓的家庭教育，基本上就是一“面子工程”，把孩子当成了挣面子的工具。他们基本不在乎孩子内心的愿望、需求和快乐、幸福，只关心孩子给不给自己长脸，所以对考试成绩特别在乎，孩子考得好则有脸面，成绩差则**丢脸了**，有的父母甚至说：“考不上大学你就别回家了！”名校热、留学热、状元热、钢琴热……背后都清楚地有个“面子”在作祟。

为了这个面子，父母不惜代价，甚至逼出人命，有一个女大学生就因此跳楼自杀了。偏远地区的她原本很优秀，成绩好，已被保送，但她父母非让她报考一流大学不可。她不愿意，父母苦苦相逼，要她为祖宗增光。她违心考进去了，结果入学后成绩不如人，落差很大，承受不了。妈妈到学校陪了她一个月，妈妈刚走她就跳楼了。妈妈哭干了眼泪，但悔之晚矣！

同样因为面子观念，欧美发达国家的青少年**打零工**很普遍，但在我们国家却很少，除非穷得顾不上了，做父母的丢不起那个脸面。而当今美国联邦储备银行的主席伯南克，上中学时两个夏天在餐厅跑堂，一个夏天在建筑工地干活儿，这番经历他们引以为豪。

还有人才观念、择业观念的差异，也与面子相关。我们奉行“万般皆下品，唯有读书高”，把大量读书无天赋的孩子弄得成天灰头土

脸的，还在苦苦相逼；而西方国家父母大多不会觉得当个园艺师、糕点师之类，便会矮人一截儿，多么没面子。

“面子”就像**浓雾**一般，掩盖了事物的真相，带给我们种种局限。所以，我们当如“放下屠刀，立地成佛”那样，放下“面子”，注重实效，摆脱局限。

第三，从给面子到讲宽容的转化

西方学者史黛娜·丁·图米教授认为：“面子即在人际关系中投射出的自我形象。”她进而提出了四种**保护面子**的方法：一是说话做事时给自己留出余地和空间，二是尊重他人并给他人留下回旋的余地以及脱离接触的自由，三是保护捍卫自己拥有的权利，四是考虑并支持他人的需要和拥有的权利。这四个方面都要考虑到，双方才可能互相给面子，最后大家都有面子；如果只考虑自己的权益，最终可能失去的比得到的更多。

上述理论运用于父母与子女关系，特别是**解决冲突**时，可以按下列步骤实施：

1、对出现的问题或争议不做黑白分明的判断，不先认定谁对谁错，不走极端。

2、努力倾听对方的意见，弄明白对方真实的意图，并清楚地表明自己的意见。

3、寻找双方的共同点和不同点。

4、协商不同点的解决方法。

5、妥协让步达成解决问题方案，即互相给面子。在这个过程中，因为父母更为成熟，应该发挥主导作用。

但并不是任何问题或冲突都是可以解决的。社会心理学研究冲突有一个规则，即“不可解决的冲突”，就是说矛盾双方的前提、出发点及预期目标，在本质上不可调和；那么，现实的做法是接纳、理解和宽容。如果不宽容，一味逼迫对方，不接受不同意见，最终不能解决问题，维持面子又有何用？而且一般来说，不宽容，面子也保不住。

所以，我们**提倡宽容**，宽容是一种美德，是“给面子”的升级版，对于处理父母与孩子以及各种人际关系，都有好处。做父母能把给面子导向讲宽容，则是修成正果了。

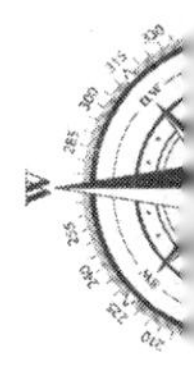

为什么要更新人才观念?

千百年来，我们信奉“万般皆下品，唯有读书高”，而读书之最高者乃是中秀才、中举人、中进士、点状元。这些人方为人才，可以入朝为官，飞黄腾达，光宗耀祖；其余的最多算是个“歪才”，不正宗不入流的。这种**“科举+官本位”**的人才观念，深深植根于一代又一代父母的头脑中，成为我国家庭教育的指导思想，直到今天。

为什么我们那么在意孩子的考试分数，不大在意孩子的自理自立的能力及品行操守问题，更不在乎孩子内心的感受愿望等，根子在于我们传统的人才观。我们普遍认为，做父母首要的最大的责任就是督促孩子通过“科举”而成才，为此不惜“风刀霜剑严相逼”；实在“科举”不中了，再考虑其他出路和方案。这样，父母便觉得完成了使命，对得起天地良心，死而无憾。其实呢，这种人才观已经陈腐过时，与现代文明不吻合，与社会发展不适应，所以越是这样认真严格管教孩子，越有可能把孩子耽误了、害了。

什么是人才？格林先生在《教育是没有用的》一书中有一段论述：“**‘人’与‘才’是两个概念**，培养‘人’和培养‘才’的关系，可以比喻成杯子和水，‘水’是各种知识、才华和技术，而杯子是盛水的；杯子的大小，决定它最终能容纳多少水。”人如杯子才如水，这个比喻很精彩。假如杯子只有酒杯大，能成为什么“才”？假如杯子如水桶大，又能成为什么“才”？由此就可以分出人才之差别了，也就很清楚人才的关键是做“人”而非成“才”了。

以“才”为本还是以“人”为本，这是人才观念的分界线。现代文明的出发点和终极目标是以人为本，人的全面发展，所以做人是第一位的。那么，如何做人？当然不是搞好人际关系之类，也不是读书考试之类，甚至不是知识——知识是不值钱的，很容易就忘掉了，过几年就更新了，死记硬背一肚子死知识可能比没有知识还糟糕，比如孔乙己。做人的关键是养成**健康人格**。

何谓人格？美国当代著名心理学家津巴多定义为：“让个人在不同情境中和不同时期都保持一贯的心理品质。”每个人的人格也就是“心理品质”，是由其天性和后天的经历共同塑造的。天性是谁也无能为力的，后天的环境却在于“人为”。观察发达国家富裕阶层收养贫困儿童的大量案例，可以比较肯定地说，一般情况下，人格的养成如同情商培育一样，多半是后天的因素起作用，所以家庭教育大有可为。养成健康人格，正是家庭教育的主要目的和任务。

孩子出生后长期生活在家庭中，家庭所处的经济和社会地位，所拥有的人脉资源和社会关系，父母的文化层次及教育观点、水平、态度和方法，家庭成员之间的关系状态，家庭成员与社会成员的关系状态，儿童在家中所扮演的角色等等，构成了儿童的后天环境，并向儿童传递着社会化的经验。这一切都**潜移默化**地作用于孩子的**心理品质**（人格），形成为健康的或者不健康的状态。这个过程是日复一日长年累月的，是“润物细无声”的，是父母有意无意甚至下意识的影响的结果，不是正儿八经的故意“教育”能够凑效的。所以，好的家庭教育并不是目光总盯在孩子身上，而是父母的修养和综合水平不断提高，恰如土壤肥沃了禾苗自然壮一样。

心理学家的研究还表明，**家庭教育方式**对人格形成影响巨大。有三种类型：一是**民主的或宽容的**方式，表现为关系和谐，相互尊重，讲原则，讲道理，讲协商，孩子幸福愉快，活泼开朗，谦虚有礼，待

人亲切诚恳。二是**权威的或独断的**方式，表现为一切按父母的标准行事，对孩子的一举一动都限制、斥责、横加干涉，甚至惩罚，孩子有恐惧心，无自信心，常说谎，无安全感，怯懦孤僻，严重的造成变态人格或神经症；也可能走另一极端，性情暴躁。三是**放纵的或溺爱的**方式，表现为百般宠爱，过分娇惯，衣来伸手，饭来张口，孩子生活不能自理，胆小怯懦，自我为中心，自制力和自信心差，遇事退缩依赖。显然，做父母民主宽容，才有利于孩子健康人格的形成。

那么，健康人格有哪些**特征**呢？马斯洛在《动机与人格》中描述为："健康的人的行为更多地由真理、逻辑、正义、现实、公正、合理、美和是非感等决定，而较少地由焦虑、恐惧、不安全感、内疚、惭愧等心理左右……如那些有安全感、有自信心、富有民主思想的、精神愉悦的、宁静、安稳、平和的、富有激情的、慷慨、善良的人，以及那些创造者、圣徒、英雄、强人、天才等。"舒尔兹的《成长心理学》介绍了更多学者的研究，提出了更具体的**标准**，比如健康人格能够承认自己的弱点和缺点，不认为其他的人或事全是坏的或者全是好的，能向前看、有长远的目标和计划，有宽广的胸怀和包容心，适应性很强，工作时全神贯注，有安全感自由感，信任自己，有高度的创造力等等。养成这样的健康人格，就像是做了一个大杯子（做人），才可以盛很多的水（才），合二为一方为人才。

因此，我们应该像家电升级换代"以旧换新"一样，把旧的人才观淘汰掉，把新的人才观"搬"回去，包括：

第一，人格健康的人才观

孩子首先必须是一个人格健康的人，然后才是成才问题。这是一个颠覆性的改变，却又是回归本来面目，如同"皮之不存，毛将焉附"。比如马加爵杀人事件、刘海洋硫酸泼熊事件、中国政法大学学生弑师事件等，都是考上了重点大学成“才”了，但未成“人”，其人格不健康，内心浮躁、冷漠、自私、恐惧、贪婪、残忍……如同泥胎“杯子”未经烧结，一经雨打风吹便散架了。所以我们倡言：人格健康者就是人才。

如何判断呢？许多心理学家对美国人、以色列人、加拿大人、中国人、日本人、韩国人等进行了广泛的研究，得出了相同的结论，即人格中存在着五种非常基本的东西，称为**“五因素理论”**。每一个因素都有两极，代表这一维度范围的两个端点；每个维度列出的第一个词语代表这一特质的“高端”。

- **开放**（也称为探求知识、好奇、独立，另一端则是思想封闭。）
- **责任感**（也称为可靠性、谨慎、坚定不移、超我力量、审慎或约束，另一端则是冲动、草率和不负责任。）
- **外倾**（也称为社会适应性、自信、善于社交、大胆，另一端则是内倾。）
- **友善**（也称为顺从、讨人喜欢、友善地遵从、温和，另一端则是冷漠或消极。）
- **情绪稳定**（也称为情绪受控，另一端则为焦虑或情绪化。）

根据这个理论，我们可以通过描述一个人在这五个维度上的具体位置，进而比较准确地描绘一个人的人格特征，从而判定其人格健康的程度。更重要的是，我们可以从这五个因素入手，培养孩子的人格，其作用类似于地图，给我们指出一些路径。同时，还应看到，人格是一个持续变化的过程，外部的压力和内部的认知都会不断地改变和塑造人格，因而人格健康不是一蹴而就的，是一个需要不断完善和更新的过程。

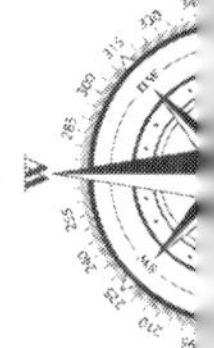

另外，据采访报道，我国心理学家王极盛教授对四万多个孩子进行了跟踪调查，发现 32% 的孩子存在心理问题，问题有十项：一是孩

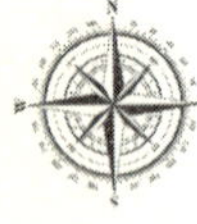

子存在强迫症，不该想的想，不该做的也做，无法控制自己；二是以自我为中心，不顾别人的感受；三是敌对情绪严重，摔东西、抬杠，伤害自己或别人；四是人际关系敏感，处理不好人与人的关系；五是抑郁，可能造成自杀；六是焦虑，坐立不安；七是学习压力，37% 的孩子压力大；八是适应不良，对社会、学习、家庭皆难适应；九是情绪不宁，控制力差，容易酿成悲剧；十是心理不平衡，比如自己没有别人漂亮，学习成绩没别人好。自己家孩子有没有这些问题，父母不妨对照看看。

第二，多层次多类型的人才观

传统的人才观是一元化的，其评价手段也是单一的，那就是考试成绩。发展到现在，出现**学历崇拜**，学士、硕士、博士、博士后一路扩招，俨然“学历 = 人才”。这种以“学历”为导向的人才观，已经很不正常。

高考恢复头几年，全国专科、本科年招生总数约 30 万至 50 万人，录取率不到 3%。现在全国硕士年招生数就有 40 多万人，高考录取率在 50% 以上。比较起来，当年那些大学生确是优中选优的，绝大多数是高智商的，但二十几年下来，许多人还是平庸平淡的，算不算人才很难说。何况现在，大学教育已经从精英教育到大众教育了，拿到文凭的太多了，找份工作都难，能不能算人才就更难说了。

相反，这二十几年中，各行各业涌现了许多有真才实学的人才，在政界、商界、学界出类拔萃，他们当年因为种种原因没有考上大学，却后来居上了。国家发改委主任张平的履历中赫然写着“中专”二字，便成了异类，成了新闻！现在有多少硕士、博士呀，他居然仅仅是个中专。但静下来一想，毛泽东也就是个中专嘛，邓小平也没有学位嘛。再想远点，中国历史上那么多状元，又有几个有多少“拿得上桌面”的业绩？可见，学历与人才不能划等号，特别是现在学历有太多的“水份”；我们应该从学历导向转为**能力导向**。

智商理论和多元智能理论告诉我们，人的能力有大小之分，也有长项短项之别。这是一种客观存在，古已有之。柏拉图在《理想国》中就论述过：人的资质和特长不同，有的适合当生产者，为城邦提供物资；有的勇敢适合当战士，保卫城邦安全；只有极少数一部分人，具有智慧和判断力，适合当城邦的监护人。大家须各精其业，共建理想国。所以，对孩子“求全”的想法，追求“高精尖”的想法，从总体上看，都是不切实际的。

2009 年，有报道说重庆有 2 万余农家子弟放弃高考；2010 年，新闻报道高考人数减少，招生人数还在增加。我认为，弃考是个好现象，好在这些家长理性了；多招是个不好的现象，是高校“产能”过剩、还贷压力过大、挣钱敛财牟利的反应，招生指标相当于“特许授权”的经营指标，一个指标就是一笔钱！而交这笔钱的农民，是一点一滴积攒的，靠远走他乡下苦力打工，相当不易，供出一个大学生至少要 5 万元；若孩子不上大学，去学徒打工四年，大约也能挣 5 万元。这一进一出，意味着这家人花掉了 10 万元。关键是花了这笔钱，这孩子找到好工作的可能性不大，这已经是事实；若将这笔钱投在其他方面，家庭效益会大得多。我相信这些弃考的人算过这笔简单的账，也对孩子有一个客观的评估，虽然是被迫的选择，却是觉悟的表现。

前文说过，有研究表明只有 25% 的人的智商达到了 110，能够胜任本科教育。这个比例或有争议，但智商不平等，并非人人能上大学确是不争的事实。有的孩子其他方面可以，读书就是不行，古今中外皆然，何必苦苦煎熬！上了大学未必有出息，不上大学也未必没有出息，这样的事例太多了。

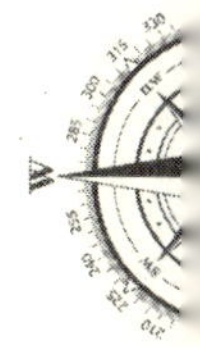

多层次多类型的人才观念，就是从实际出发，不拘一格“育”人

才。**“栋梁”**是人才，**“砖瓦”**也是人才；试想，“砖瓦”有用有益，为何不算人才？栋梁有栋梁的用途，砖瓦有砖瓦的用途，砖瓦固然不能代替栋梁，栋梁同样替代不了砖瓦。大千世界，植物千姿百态，动物形形色色，各擅胜长，交相辉映，相辅相成，谁好谁不好，全在于需求不同、角度不同而已。能成为最好的“自己”，活出精彩来，就会“天生我材必有用”。

第三，德才兼备的人才观

有德无才者无能无益，有才无德者危险有害。比如练武之人，仅有武功而无武德，则很容易招灾惹祸，所以古今中外无不注重德才兼备，这是人类共同的人才观。

德与才犹如人的两条腿，并行不悖，方能健步如飞。但近年来，“德”这条腿“瘸”了，做父母的尚未清醒认识到这个后患，后文再详细讨论。

为什么要强化道德观念?

在未来教育的四大支柱中，“学会认知”、“学会做事”重在智育，“学会生存，学会共同生活”侧重在道德培育。道德将实打实地占据教育内容的“半壁江山”，这是联合国牵头、当今世界顶尖专家团队研究的结论，是由全球化、民主化、多元化、现代化的世界发展大趋势所决定的，其权威性不容怀疑。

然而，我们大多数父母对道德培育都是轻视、忽视甚至藐视的，主要精力都放在智育上，道德几成被遗忘的“角落”。中国父母与世界顶尖专家团队的判断选择相差何远！为什么会有这么大的反差呢？梳理下来，有下述四种可能：

第一种，不清楚道德是什么不是什么

道德是人们共同生活及其行为的准则和规范，是解决如何“生存”和“共同生活”相关问题的学问。从**外延**看，包括家庭伦理道德、社会公道、国民公德、职业道德、个人品德修养等。从**内涵**来说，一面是个体的完善，另一面是处理个体与个体、与群体、与社会、与自然的关系。综合来看，又可将道德区分为三个层次：微观、中观与宏观。**微观**即个体层面，主要是修身养性、个体完善与发展问题；**中观**即群体层面，主要是处理各种关系、参与公共生活、促进社会稳定与发展问题；**宏观**即人类层面，是跨地域、跨文化、跨时空、普遍的、基本的道德价值的发展问题，比如公平正义、尊重人权、尊重生命、尊重

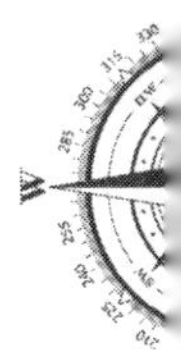

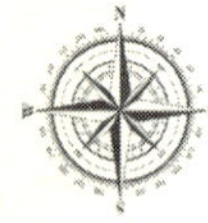

自由等。

道德不是政治态度和思想观念。它们都属于德育范畴，有内在联系并互有影响，但不是一回事。一个人缺少某种政治态度和思想观念，并不能说他就不道德；反之，也不能说一个人有某种政治态度和思想观念，就说他有道德。国外学者认为，道德关乎伤害、福祉、公正、权利等，体现好与坏的内在本质，具有**不可更改性**；政治态度之类则属于“社会习俗”，只要多数成员认可便可以更改。

第二种，反感道德教育的“假大空”

我们的道德教育只重视中观、忽视微观和宏观层面，造成道德教育政治化、意识形态化的后果，忽略了个体甚至抹杀个体，只强调群体，要求个体作牺牲讲奉献，做到“大公无私”。另一方面，群体利益却被转化成了少数人的利益，群体成了少数人捞取利益的借口与工具。这样，道德被掏空了，思想政治挂帅了，“假大空”横行了。“文革”时期最典型，有些流氓无赖就因为喊口号、举拳头、背语录、表忠心而成为先进分子，成为“道德楷模”，从而严重败坏了社会道德，引发了我国道德史上的大滑坡，为正直而有德者所不齿。

这类现象的深层原因，在于传统文化重家族轻个人、**重集体轻个体**的宗法集体主义特色。我们是由家庭而家族，再集合为宗族，组成社会，进而构成国家；这种社会结构决定了个人被重重包围在群体之中，因而总是强调个人在群体中的义务和责任，而忽略个人在群体中的权利，与“权利”相关的公平与法制观念也因此受到抑制。当部分个体不甘心、不愿意“牺牲”时，就会“暗渡陈仓”。这种行为一方面引起效法，另一方面严重**损害公平**，从而造成个体的两面性和“集体”被表面化，既损个体又害集体。这就是我们这个讲集体主义的国家却缺乏集体精神的根本原因。

于是，当讲道德成了“假大空”时，公平正义受到损害，道德本身的道德性都值得怀疑了。这也是道德建设的关键所在。

第三种，社会转型期的道德迷茫

我国正处于社会转型时期，以经济建设为中心、“一切向钱看”成了纲领指南。三十年下来，中国经济天翻地覆，长成了一个“巨人”，虽不强大，但个子已经伟岸了，俨然十六七岁的男孩，既不能当成人看，也不能当小孩看，躯体像成人，内心还不成熟，衣裤鞋帽也都不配套，举止神态也常现尴尬，不协调。道德就是这种不协调不配套的某个方面。

传统的道德规范，已经解决不了现实中许多问题；新的道德体系尚未建设成型。道德现状呈现真空状态、危机状态、模糊状态，道德常常成了幌子，成了遮羞布，成了面具，需要时拿来用用，平时都“揣”起来了，大家心照不宣、习以为常，恰如尹保云在《韩国的现代化道路》中描绘的旧韩国：

同旧中国的广大人口一样，他们习惯于儒教的传统的统治方式，重人情，讲关系，不重法律，不讲原则。老百姓习惯给官送礼，请官吃喝，搞好关系，遇到问题也可以通融。官也习惯于吃喝受贿，在酒席桌上变卖国家的原则。只要在官府找到靠山，日子就好过得多，税收也可以减免。即使触动了刑律，也可以买通官府而得到宽大处理。

记得上世纪八十年代末，国内兴起“公共关系热”，“公关”成了拉关系的代名词。其实，公共关系是关于市场经济条件下处理各种关系的理论和实务的学问，其核心观念是：当你获得利益的同时，应给他人留下足够的利益空间。这其中有相当多的道德规范成分。可惜，诸如此类的道德学问未能发展成型，根源大约在“转型”了。

第四种，对道德的个人完善的功能不甚了然

我们把道德对于维护社会稳定，促进社会发展的作用夸大了；却又把道德对于个体的完善和发展的价值看轻了。20 世纪初期，美国一批心理学者进行了一项长达 50 年的**跟踪调查**，他们从 25 万小学生中严格挑选了智商最高的 1528 名孩子，登记备案。50 年后发现，大部分人成了企业家、学者、设计师、国会议员等；也有不少人一事无成，穷困潦倒，有的成了流浪汉，有的成了罪犯。分析他们的档案材料发现，问题多出在个人品德上，比如冷漠、自私、懦弱、意志力薄弱等。这项调查说明，仅有智力就像鸟只有一只翅膀，是飞不起来的。

道德促进个体完善和发展，主要体现在价值判断意义上，具有确定正确方向、奠定成长基础、疏导心理问题的功能，在人的心理活动和行为表现中处于核心地位。因而，道德与情商培育有关系，与人格（心理品质）健康与否有关系，与智能发展、潜能开发有关系，与个体发展方向和目标有关系。

一般说来，一个有道德修养的人，往往也是一个与人为善的人，一个开朗豁达乐观的人，一个心理比较健康幸福感强的人，一个事业容易顺利成功的人，也会是一个比较长寿的人。相反，一个缺乏道德修养的人，往往比较狭隘、算计得失、与人交恶、心理不健康不幸福、事业不顺、容易折寿。

当然，并非所有心理不健康都与道德有关，也有些人纯粹是生理的，或突发事件引起的，或性格的原因；但道德有修身养性的作用，却是不争的事实。

道德对于个体发展的牵引力，从普京身上可以得到证明。小普京喜欢看《盾与剑》杂志，对其中描写的“克格勃”有浓厚兴趣，了解他们在二次大战和冷战时期，准确截取情报的特殊功勋及价值后，他在作文中写道：“我的理想是做一名间谍，尽管全世界的人们对这个名字都不会有任何好感，但是从国家利益、人民利益出发，我觉得间谍所作的贡献是十分巨大的……”普京对“国家利益”的**价值判断**和选择，造就了俄国这位杰出的政治家。

上述四种情况，反映了我国道德教育现状，概言之，一个发展中国家的水准。那么，发达国家的道德教育是如何的？从三个方面来看：

一是**政治教育**：美国也有政治教育，内容包括资本主义制度优越，是“理想的制度”，是“社会发展的顶峰”；反共产主义教育，如“共产主义：其方法及毁灭性后果”等。可见，政治教育乃国家意志，理所当然。

二是**思想教育**：主要是公民教育和国民精神培育。如日本的德育目标是“将尊重人的精神和对生命的敬畏观念贯彻于家庭、学校及社会的具体生活中，为创造有个性的文化及发展民主社会及国家而努力”。又如美国的“好公民”教育目标是“参加劳动、纳税、守法、投票、关心个人和家庭的事情”，强调“美国精神”，唤起“强烈的对国家的忠诚感”，绝大数美国中小学生都认为“美国是世界上最好的国家”。

三是**道德教育**：美国学校的道德教育包括六个方面：①尊重人的尊严。包括尊重所有人的价值和权利，避免欺骗与不老实，促进人与人之间的平等，尊重良心的自主权，能与不同观点的人共同工作，制止歧视行为。②关心他人的幸福。包括承认人与人之间的相互依存，关心国家，寻求社会的公正，助人为乐，努力帮助他人在道德上成熟。③将个人兴趣与社会职责联系起来。包括参加社会活动，完成社会赋予的合理工作，发扬自尊和尊重他人的美德，如自控、勤奋、公正、诚实、仁慈、礼貌、践行诺言等。④为人正直。包括工作勤奋，捍卫

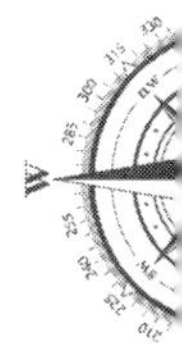

道德原则，具有道德勇气，能为大局达成和解或作证，为个人的选择承担责任。⑤认真考虑道德选择。包括正确认识具体环境中存在的道德问题，运用道德原则作出判断并考虑后果，努力了解社会和世界上的重大道德问题。⑥探索和平解决冲突的办法。包括力求顺利解决个人与社会的冲突，避免对人身体上和语言上的侵犯；认真倾听别人意见，鼓励他人敞开思想对话，为和平而工作等。

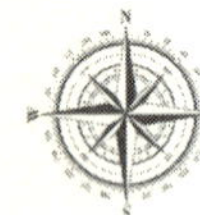

两相比较，从架构上及具体条款上，高低差别已有体现，但还不充分；最充分的差别在于**“信”与“行”**两个字。我们讲的道德，多数人不“信”，更少有人付之于“行”；美国人讲的道德，多数人是真的“信”而且付之于“行”。这是根本差别。这种差别体现在社会的各个角落，各个方面，比如美国人的“夜生活”比我们单调多了，美国人做义工当志愿者的时候比我们多多了。前几年，有个美国妇女在北京街头“管闲事”，把自行车一横，挡住乱闯人行道的汽车，引起阻塞围观，轰动一时，这样的道德勇气咱们真还少有！

“美国之所以伟大，不是因为它完美，而是因为我们可以不断让它变得更好，而让它变得更好的未竟工作，就落在我们每个人的身上。这是我们交给孩子们的责任，每过一代，美国就更接近我们的理想……”这是奥巴马当选总统后写给女儿的信。这封信体现了一个父亲的拳拳之心，也真实反映了美国道德教育的发达水平。

因此，我们这个“发展中国家”，在发展经济的同时，必须补上道德这一课，必须加快文化教育的发展，才能脱胎换骨从“发展”迈向“发达”。这是当代父母的必修课程，重点有三：

其一，尊崇并传承真善美的价值取向

爱因斯坦说：“我从来不把安逸的享乐看作生活目的的本身——这种伦理基础，我叫它猪栏的理想……照亮我的道路，并且不断地给我

新的勇气去愉快地正视生活的理想，是善、美和真。”

所谓“真”，就是真实、真相、真理的意思；求真，就是科学的精神，不迷信，不盲从，不人云亦云，“大胆假设，小心求证”，实事求是，不主观，不臆断，不妄想，孜孜以求“为什么”、“是什么”，追求新发现，始终尊重客观规律。

所谓“善”，就是善良、善心、善意的意思；求善，就是人道情怀，是一颗宽容的心、同情的心、慈悲的心、感恩的心，把自己当作别人，把别人当作自己，换位思考，体恤他人，珍惜生命，关爱自然，包容万物，尊重差异，同在一片天空下，同处一个地球上，追求和谐共生。

所谓“美”，就是美丽、美感、美好的意思；求美，就是加强艺术修养，“诗意地栖居于这个世界”：无论是高耸入云的山峰，蜿蜒曲折的江河，一年四季的更替，生命运动的节律，还是文学艺术，音乐舞蹈，物理运动，化学变化，绘画造型……都蕴涵着丰富的美感，可激发我们心中美好的情愫。

追求真善美的价值取向，是一个人道德品质的基础和核心，也是全人类共同的永恒的情怀。

其二，培养强化道德认识的能力

美国著名心理学家和道德教育家科尔伯格认为，道德发展主要指以道德判断和推理能力为核心的道德认识的发展，道德情感和道德行为是受道德认识支配的。道德认识又分为**六个阶段**，即服从与惩罚的道德定向阶段、相对的快乐（需要）的道德定向阶段、“好孩子”的道德定向阶段、遵从法律与秩序的道德定向阶段、契约性墨守成规的道德定向阶段、普遍的全人类道德原则的道德定向阶段。这六个阶段从低级到高级依次发展，**不能跨越**。这就是人的道德发展的基本模式。

这一以科尔伯格为代表的**道德认知发展理论**，是道德理论研究的

跨时代转变，表明了道德认知是发自内心的，变化是渐进的；把道德判断直接教给人的方法是不可取的。如果一个人没有达到第四阶段就教他做第五、第六阶段的事情，只能徒劳无益。这个理论切中了我们的时弊，我国道德教育的问题大部分出在跨阶段上。

其三，研修宗教，心存敬畏

相比发达国家的道德建设，我们有两个不足，一是法制，二是宗教。法制是道德的延伸和保障，却非道德范畴，故略去。宗教是人类共同的精神财富，可惜这笔财富尚未充分为我所用。解放后进行的无神论、破四旧、“人定胜天”等思想教育运动，导致敬畏之心烟消云散，就好比有的贪官将老婆孩子都送到国外定居了、无甚后顾之忧一样，道德还能有什么约束之力？“天打五雷轰”是迷信，因果报应转世轮回也是迷信，于是迷信的人少了，道德堕落的人和事就多多了。

震动世界的**三鹿事件**，可谓缺德至极！给牛奶添加有毒物质，生产销售管理却一路畅通无阻，明知毒害了千家万户的无辜孩子，还层层拖延掩盖抵赖，据说是外国政要介入才揭开锅盖的，真的是天良丧尽！还有毒大米、地沟油、人肉包子……我国自古以来的道德教育模式显然失效了、不灵了。我们强调自律、自省、修身，推崇“慎独”，启发内心觉悟，进而积累善行的**“内在超越”**模式，对于精英分子即“善养吾浩然之气”者，尚有可取之处，故历朝历代不乏仁人志士；但对于芸芸众生来说，强调内心觉悟是没用的，必须找到“外在超越”的途径。

传教士明思溥在与中国人接触30年后认为：“中国多方面的需要，归根到底就是一个迫切的需要——人格和良心。”他的对策是引进基督教，帮助中国人建立真诚品质和利他精神。基督教的向上帝忏悔原罪及感恩，佛教的烧香拜佛行善积德修来世，伊斯兰教的向真主祷告及各种戒律等，都是**“外在超越”**的道德培养模式。康德说：“什么是宗教呢？宗教就是我们心中的、通过一个高于我们的立法者或法官所颁布的法则；它是一种应用了对于上帝的认识的道德学。”他进一步解释说，我们内心的法则叫做良心，而良心就应该是上帝的代表；只有这样，良心谴责才会有效。因此，我们认为，借助宗教的力量，才有可能大面积提升国人的道德水准。

美国伟大总统林肯的母亲说：“与其留给子女百顷土地，不如留给子女一本《圣经》，因为《圣经》里有良善、有孝道；有痛改前非的教训；有借着圣灵使内心深处得到**净化**，使恐惧和焦虑得以平静安慰的力量；有使灰心绝望的人再一次鼓起勇气盼望的能力。”我国历史上许多优秀的母亲，比如毛泽东的母亲，不也是这样有宗教信仰，慈悲为怀，虽不识字却对子女影响深远吗？古今中外，概莫能外。

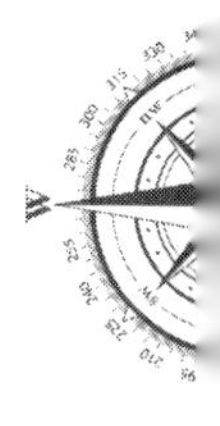

为什么要推崇私有观念？

艾琳在《美国式家庭教育》中，列出了9岁的“珍尼弗收支情况报告”：

某月某日，好开心啊！妈妈给我10美元，这是本周的零花钱。

某月某日，今天糟糕极了！前天妈妈给我的一支铅笔，让我不小心弄断了，没办法，只好再买一只新铅笔，这花去了我5美分。真令我心疼！

某月某日，中午太渴，我买了一杯可乐，花了10美分。下午，罗里向我借了50美分，说好下周还我，因为他这周的零花钱花光了。

某月某日，妈妈给了我这周的零花钱。老规矩，还是10美元，罗里和菲比也拿到了相应的钱。罗里拿到钱后，立即还了我50美分。

某月某日，我看上了商场中的一辆漂亮的山地自行车，但我的钱不够，还差80美元，我央请妈妈买下来，但妈妈只答应先替我垫上不够的钱。终于，我把这辆特酷的车弄回了家，但从此以后，我每周的零花钱得被扣下一半即5美元，直到扣满80美元为止。

某月某日，每周的零花钱被扣掉一半，我的经济顿时发生了危机。今天是周末，我不得不去牧场帮米其大叔割草。这个工作真的很辛苦，蚊子在我的胳膊肘儿上还咬了好几个大包哩！但事后，米其大叔付给我70美分！

某月某日，我和同学罗斯去买零食，她买了一个大汉堡，而我因为口袋紧张，只好买了一个小汉堡。

某月某日，今天是妈妈给我们发零花钱的日子。我央求妈妈多给我一些钱，但她不同意，依旧扣了我5美元，当然，我拿到手的还是可怜的5美元。

某月某日，克里斯狄姑妈来了，竟然不用我替她做什么，只是很亲热地亲吻了她并帮她把雨伞放好，我就得了20美元！真的好开心！

某月某日，真是个轻松的好差使，帮助爷爷整理书籍，他居然付给我75美分！

某月某日，我把闲置的玩具出售了一部分，得到了3美元！我发现我真的很聪明！！！

……

读这份“报告”，我们可得出下述判断：这个孩子钱不多，知道珍惜，精打细算，经常劳动挣钱，得到钱时很快乐；这家大人很抠门，原则性强，按协议管理孩子的零用钱，具体如何用，完全由孩子做主，但绝不多给。再看看这个家庭的背景，竟然是美国西雅图有名望的亿万富豪，我的感觉就不是生动而是震动了，是**振聋发聩**的感觉！要知道，从当地购买力来说，10美元就是10元人民币，除了零食，还有文具、玩具之类开销都含在其中，每天平均约1.5元，这在我们国家，一般的城市家庭，小学三四年级的学生远不止这点钱，何况富商！

比如，一个北京的小男孩，妈妈爸爸在国外工作，把他寄养在朋友家里，每月给他寄两三千元零用钱。一天，男孩子买了两瓶七八十元一瓶的香水，一瓶送给年轻的班主任女老师，一瓶由教学楼的一层洒到六层，又从六层洒到一层，说是为了“美化环境”。他平时不常写作业，谁帮他做一道数学题，他给人5毛钱；做一次语文作业，他给人1元钱。——看看，我们的孩子多“潇洒”，我们的家长多“大方”！

难道我们比美国人有钱吗？难道美国人不爱孩子吗？绝对不是，是我们的观念不同，我们对于钱的态度不同。我们认为，“再穷不能穷孩子”，父母赚钱就是为了给孩子花费的，给得越多父母才越有本事、越有爱心，所以从零花钱到学费、到购物、到结婚买房子，父母绝不吝惜；孩子也心安理得，对于父母所给只嫌少不嫌多，给得不多不够、或不如别人多往往心存芥蒂，看不起、鄙视甚至嫌弃父母。这是奴仆观念在家庭财富问题上的反映，体现出**财富“共有”**的特性，即父母的钱就是子女的钱，家中财富为父母与子女所共有，没有谁觉得不正常。

而美国人却不同，再富也不富孩子。他们认为：金钱很重要，得来不容易，必须倍加珍惜；父母无论多么富有，只有义务为孩子提供基本的生活条件，超出这个条件之外的需求必须自己通过劳动去挣钱。父母的钱就是父母的，子女的钱就是子女的，财富是**“私有”**的，不是“共有”的。

为什么我们奉行“共有”，美国人奉行“私有”呢？因为我们穷，我们世世代代都在为温饱而奋斗，绝大多数人家无余财，满足基本需求之后所剩无几，共有或者私有差别不大。比如计划经济时代，所谓富裕家庭，无非千把元存款而已。现在情况不同了，大部分人都有余财了，少部分人富得流油了，但我们的思维还惯性地运行在贫穷时候的轨道上，还没有意识到“共有”的危害。而美国人早就致富了，早就发现了问题并且有效地解决了问题，那就是家庭财产私有化。

共有和私有的差异，犹如**黄河与长江**在源头上相距不远，但一路流淌下来，距离就越来越宽阔，风土人情也完全不同了。“共有”如同历史上的黄河，时常泛滥成灾，造成水土流失，毁坏良田，制造贫瘠；“私有”则如长江，滋润千里沃野，孕育鱼米之乡，催生富饶，满目锦绣。“共有”制下，父母任由孩子坐享其成，财富如做**减法**，终至“没有”;“私有”制下，父母逼迫孩子发愤图强，财富如做**加法**，导致“更有”。

广州郊区有一初二男生，因为家中农用地被征、房屋出租及乡办企业分红，父母成了暴发户，他也“共有”钱了。他一个月跟三个女生谈恋爱，可谓花天酒地。老师找他谈心，他说：“老师，我说了你别生气。我想，你有这么多钱时，也会跟我一样享受的。”这个孩子道出了人性的弱点，已经“共有”而富了，干吗还不“歇”着呢？

富甲天下的洛克菲勒家中，因为“私有”，父母的钱不是子女的，孩子要靠做家务事挣零花钱。捉100只苍蝇能得10美分，逮住一只耗子得5美分，擦一双皮鞋5美分、长筒靴10美分。二儿子纳尔逊，因为表现突出，得到了擦皮鞋的“特许”经营权，后来他成为了美国的副总统！

真是差之毫厘，谬以千里！上世纪80年代初，我国进行了土地承包改革。承包之前，全国缺粮，家家紧张，实行限量供应，买粮凭票，买细粮配搭粗粮。承包之后，“忽如一夜春风来，千树万树梨花开”，粮食增产又增产，丰收又丰收，出现卖粮难！农民还是那些农民，土地还是那些土地，结果却天上地下。其中奥秘就在于搞“私有”，不搞“共有”了，偷懒者勤劳了，勤劳者潜力激发了，人人奋勇争先，财富源源不断。共有之弊、**私有之利**，可谓一目了然！

因此，私有化不是该不该实施，而是如何实施的问题。这方面，美国人、犹太人可以给我们许多有益启示，概括起来，主要有三：

第一，自力更生细则

我们以前也讲自力更生，那是穷得没办法了；而美国人讲自力更生，是他们很富有，却要求孩子白手起家，从头做起，与我们有本质不同。他们在孩子小时候，零用钱给得少，很“小气”，孩子要边打

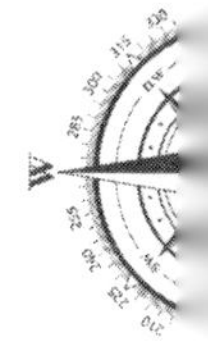

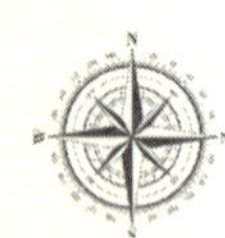

工边挣钱；到了上大学就基本上要自立，为自己的生计操心。更加**“绝情”**的是，多数父母积攒的钱财绝大部分都要捐赠出去，留给孩子的只有很少一点，这与我们中国人的观念相距何其远！

众所周知，巴菲特、比尔·盖茨这些首富人物，已经宣布把上百亿美元捐赠慈善事业。那么中产阶层是怎样的？据调查，拥有500万美元可投资性财富的美国人中，其财富仅有20%是继承来的；拥有50万美元资产的中产阶级中，62%认为每一代人都应该自己创造财富，其中，30%的人要求后代继承遗产时必须满足某种条件，14%的人对后代如何使用遗产进行了限制，17%的人认为把钱给慈善事业比把钱留给孩子更重要。可见，美国人在遗产问题上大部分是“绝情”的，正如我国一句古话所说：“子孙若如我，留钱做什么？子孙不如我，留钱做什么？”

美国孩子就这样生长在富贵人家，却一直过着“贫穷”的生活，而这是美国的主流价值观念。试想，美国人从小到大，除了自力更生还有别的选择吗？我们的孩子生长在贫穷人家，却过着“富贵”的生活，他们还需要自力更生吗？这不是说服教育能见效的，这是人性弱点，必须借力**制度安排**，制订硬性规定并付诸执行。

第二，延迟满足效应

科学家做过这样的实验和跟踪调查：有两盒巧克力糖，一盒2颗，一盒6颗。先拿出2颗的，告诉孩子，如果吃了2颗的就得不到6颗的了；如果能忍住不吃，过一会儿就能吃到6颗的。十几个4岁的孩子，在一个大玻璃屋子里，有的拿起来就吃了，有的千方百计忍住了，比如闭上眼睛，闻闻又放下，使劲咽口水。后来的跟踪调查显示，能够忍耐的孩子智商高，学业突出；忍不住的孩子智商偏低，学业差。

在这个延迟满足的实验中，包含了控制欲望，选择取舍，作长远考虑，自我约束，牺牲眼前利益等素质特征；这些特征又与一个人的智商、情商相关联，可以称之为**“成功的品格”**之类。如果反复进行这种延迟满足训练，就可以提升“成功的品格”和相应能力，有助于个人的成长与成功，这就是“延迟满足效应”。

这种效应相当于**饥饿效应**，每顿饭都延迟满足吃个半饱，几天下来逮什么想吃什么，欲望越来越强，胃口越来越好！凡是参加过旅游团的都有这种体验，没有这种体验的不妨参团试试。但孩子胃口虽好，父母却一直不给够美味佳肴，使其持续处在半饱状态；你想吃可以，自己去挣呀！孩子只有靠自己去努力这一条道了。

看来，洛克菲勒深谙此道，在他的“零用钱处理细则”中有这样两条：“至少20%的零用钱将用于公益事业，至少20%的零用钱将用于储蓄。”这等于把盛到孩子碗里的饭菜又舀去一部分，让他饥饿感更强，进一步延迟满足。同时又规定：“存进银行的零用钱，超过20%的部分，爸爸将补加同等数量的存款。”这又给了孩子未来的好处，鼓励孩子从长远考虑问题，将来收益更多更大。所以，零用钱管理，实质是延迟满足训练。

捐赠也是同样的道理。如果不捐，其子孙什么都可以满足了，他们还会有精彩人生吗？而捐赠了，等于让他们看到了“美味佳肴”，又吃不着，只好自己再去拼搏，开辟一块新天地。父母虽没留下财产，但留下了榜样示范，激发了孩子的欲望，腾挪出了延迟满足的宝贵空间。

与此相反，我们对于孩子从小到大全方位满足，孩子缺什么都找父母要，久而久之，孩子根本不知道珍惜。所以，才有父亲不断卖血供养儿子上大学，儿子竟然冒充富家子弟、挥霍钱物、荒废学业且毫无愧疚的悲惨故事。恰如古人所言：“贤而多财，则损其志；愚而多财，则益其过。”钱太多了，对好孩子有损志向，对较差的孩子则增加了

犯错的机会。

第三，无形资产取向

相对于财富而言，他们更在乎创造财富的能力；相对于资本而言，他们更珍视**“智本”**的价值，这就是无形资产取向。这在犹太民族中特别典型，他们告诉孩子：如果房子被烧，要带走的最重要的东西不是钻石不是钱，而是**学问和智慧**；学问和智慧与生命一样重要。正是因为这样的财富观念，犹太人虽然屡屡被“洗白”，却创造了一个又一个经济奇迹。据《福布斯》杂志排行榜，全球最富有的 40 大富豪中 45% 是犹太人；占美国人数不到 3% 的犹太人却掌控了美国 70% 以上的财富。从金融业到电脑世界，从零售业到时尚产业，到芭比娃娃、牛仔裤、胸罩、避孕药……都是犹太人在引领世界潮流。不仅如此，从 1901 年到 2001 年，共有 152 位犹太人获得了诺贝尔奖，占获奖总人数的 22.35%，而犹太人的总人口占全世界的比例不到 1/300。他们测出了光速，发现了人类四种血型及“夸克”、原子弹、氢弹、DNA 与 RNA 的生物合成机制，等等。马克思、爱因斯坦、弗洛伊德、普利策、斯皮尔伯格……这些耀眼的名字如繁星闪烁，对全世界做出了巨大的贡献。不可想象，如果没有犹太人，今天的世界会是什么样子。

马克·吐温说：“犹太人家庭在学问方面应当受到高度评价，在这方面非犹太人家庭相形见绌。这个因素，构成了其他一切差异的基础。”我觉得，“这个因素”可以表述为**“家庭传承”**，包括长期颠沛流离形成的忧患意识，尊崇学问和智慧等无形资产的**价值取向**，勤奋好学自我约束之类成功的品格，开拓进取的强烈愿望和拨云见日的创新能力。这些“财富”藏于头脑，生于心灵，“千磨万击还坚韧，任尔东西南北风”！

犹太人的经验告诉我们，真正可以“私有”、可以再生的资产是无形资产，有形资产如过眼云烟。由此也能明白，我们中国人为什么富不过三代，因为我们传给后人的是有形资产，没有转化成孩子的**“私有”财富**。其中奥秘，为人父母当审问之，慎思之，明辨之，笃行之。

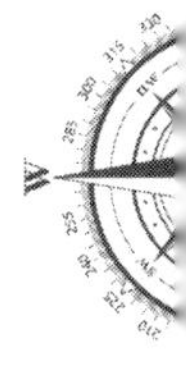

第四章　父母心态

本章导读

本章讨论如何调整心态，才能成为宽容的、幸福的父母。

父母都有爱心，这是天性。现在条件好了，爱心更多，所以担心、补偿心也随之多了。爱心太多会把孩子养成“宠物”，不会觅食了；担心太多实为反复心理暗示“你不行”，会把孩子变成“废物”；补偿心则如喂食鸦片，当时舒服，长期有毒，会把孩子引向歧途。

另一类源于社会文化的心态，如非凡心、虚荣心，严格说是父母把自己的包袱让孩子背上了。补偿心多半也是为了父母自己心理平衡。父母的伤心，则往往是付出太多、期望太高结出的苦果，大部分原因也是父母立足于自身看问题造成的。

所以，父母应从思想认识、文化观念上找原因，对症下药，调整心态。调整之法是，下狠心任凭孩子挣扎，用信心唤醒孩子心中的巨人，与孩子开心相处，怀抱一颗感恩心，恢复本真平常心，养成牡蛎一样的包容心。这样，我们就可成长为宽容、幸福的父母了。

只有爱心没有狠心可否？

因为物质的极大富有，两代父母强烈的补偿心理需求，及独生子女的宝贵，父母之爱可谓“滔滔江水绵绵不绝”。特别是富贵及中产家庭，爱太多了，爱过头了，父母之爱变成了下一代成长的障碍：一方面弱化了孩子的能力，有**“废武功”**之效；另一方面，养成了孩子以**自我为中心**的生活模式，后患无穷！

我国当前的这种情形与二次世界大战后的美国十分相似。战争结束后，美国经济大幅增长，美国父母压抑已久的感情倾泻而出，出现了战后婴儿潮，奉行对下一代“爱就是一切”，使这一化人享有了美国历史上从未有过的繁荣和最优越的教育机会。然而，到了60年代，嬉皮士、吸毒、早孕、酗酒、自杀、暴力犯罪等丑恶现象在这一代人中蔓延，造成精神颓废和风气败坏，带来了一场社会大动荡。原因何在呢？学者们研究指出，富裕的生活，娇惯的方法，养成了他们童年时期的放纵，缺少承担责任的意识，缺乏对他人的尊重，必然对老一代充满傲慢与蔑视。这个苦果，让从战争中走过来的美国人追悔莫及，也应引起我们的警惕：十余年后我们会不会重蹈覆辙呢？

从目前情况看，这种可能性相当大。我们有太多的孩子想要什么就能得到什么，所有的事情都有人为他们做好了；他们所犯的错误很容易被忽视，被大事化小、小事化了；他们常常处在家庭的中心位置上，成为两代人爱心争夺的对象；他们早早就学会了察言观色，寻找自己的保护伞，有恃无恐，自我为中心，分不清楚哪些是能做的，哪些是绝对不能做的；他们自出生以来，就习惯了“独享”，没有分享的兄弟姊妹，没有竞争排挤，不需克服困难……这一切可能应验前苏联教育家马卡连柯的论断：“独生子女是教育不好的。”这个论断是从苏联的问题儿童研究得出的，却可能成为我们的魔咒。

孙瑞雪在《爱和自由》中举例分析说：“在我们蒙特梭利幼儿园就发现有这样的孩子，下楼梯看都不看，直直往下走，这种孩子就是在父母或者老人的过分呵护中长起来的，他自己没有办法衡量自己的能力。这种所谓的爱，把儿童的辨别能力、自卫能力和自立能力给剥夺了。这种照顾实际上是成人对自我的心理和观念的一种照顾。”

其实，人就是一种高级动物。凡动物都有自己生存的“基本功”，比如蝴蝶，必须飞翔，这项“基本功”是蝴蝶在破茧而出的时候，经历千辛万苦的挣扎，形成翅膀上的肌肉而养成的。如果省却挣扎而割开茧，蝴蝶永远不会飞翔而会很快死去。所以，**“任其挣扎”**是动物的养育之道，**“省却挣扎”**是背道而驰的行为，是有害于动物生存发展的。而我们现在许多父母对孩子实行“圈养”，就是在养“宠物”而不是养野生动物了，可孩子能如宠物一般过一辈子吗？

在动物之中，最值得人学习的是**狼的育儿**方式。刚出生不久的幼狼，经常会被公狼叼到坑边沟边去，让幼狼自己想办法找路爬出来；公狼母狼皆远观而不帮助，只有在面临生命危险时才把它叼起来。为了训练幼狼辨识方向路径的能力，幼狼被由近及远叼离狼窝，反反复复任其自寻归途。为了训练幼狼奔跑跳跃捕食的能力，公狼或母狼会叼来半死不活的小动物，让幼狼去追捕，给它锻炼机会。于是，狼有了攻击力和忍耐力，狼具备了团队意识和责任感，这是它们能够生存千年的本钱。它们可以像箭一样射向马的腹部，用锋利的牙齿咬住马的皮肉，撕开一条口子，任马奔跑至力尽衰竭后，将数倍于己的高头大马分而食之；它们可以两三天守候埋伏跟踪，不吃不喝等待时机，

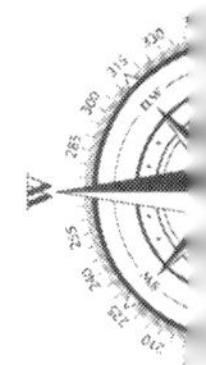

同时调兵遣将，一次围猎数十上百只黄羊，完全是打一场战役！这些能力是从小就“任其挣扎”养成的，若“省却挣扎”它们早就灭种了。

动物界**弱肉强食**，人类何尝不是如此？我们乃泱泱大国，却曾被小国日本侵略屠戮，为什么？1993年孙云晓所写《夏令营中的较量》隐含着部分答案。中日两国的孩子在8月的草原上走了3天，中国的孩子病了，马上哭了，父母接回去休息；日本孩子病了，送都送不回去，一定要坚持到底。中国孩子长得白白胖胖，野炊时啥活儿也不干，抄着手转悠；日本孩子人人动手自己搬椅子，拿桶打水，忙得不亦乐乎。这个夏令营的较量与当年战场上的较量有没有一些内在联系？我们的孩子为什么这样不堪呢？

日本母亲井上美智代的《母爱是什么》一书，间接给出了这个问题的答案，也阐明了一代**日本母亲**的追求。她的女儿井上美由纪是个早产盲女，她自己是个单身母亲，可想而知，生活多么不易。盲女儿学骑自行车她都不扶，看到女儿摔破膝盖和手臂，自行车摔得变了形，把手也摸不着了，美由纪趴在地上到处摸索，她都不扶一把。女儿愤怒地说她“太残忍”，恳求她：“妈妈，你跟着我，稍微帮我一下嘛！”妈妈却狠心说：“为什么要帮？帮了你就学不会了，自行车是一个人骑的。”这是我们中国父母想都不敢想的！这个狠心的母亲使一个盲女孩不但自己上学放学，还能熟练地做好饭菜，等妈妈下班回家。后来，美由纪写出了《在黑暗中拥抱希望》一书，成为日本十大畅销书之一。这个日本母亲的行为在我们眼里绝对够得上“残忍”了，难道说她不爱孩子吗？比较我们的母爱，比如前文中谈到的为上高中的儿子穿袜子的母亲，哪个母亲对孩子的未来更有帮助？我们的孩子不如日本的孩子，我们曾经险些被日本“兼并”了，做父母的差别是不是重要原因？“一个民族的未来是从摇篮开始的”，绝非夸张之言啊！

第一届全国十佳少先队员刘玉玲，12岁去美国参加世界儿童和平大会，归来后谈感受说："我们中国的爸爸妈妈管得太多了。"有一次，她看到一个刚学会走路的小孩，不到两岁，跟在爸爸妈妈后面走，路边有一条小溪，小孩不小心过小溪时摔倒了。她的父母察觉了但没有停下，这个小孩不哭不叫，自己爬起来，像个小水鸭子，一颠一颠地去追赶父母。（卢勤《给知心妈妈》）这要在我们国家还得了？怎么能让孩子一个人过小溪呢？爷爷奶奶姥姥姥爷还不吵翻天？说不定还会"责怪"小溪：都是这可恶的溪水，把我们宝宝吓着了，小溪坏坏，打它，打它……

看看，我们对孩子的爱多么肤浅，多么"小儿科"！而其不良影响却很大，犹如一江洪水决了堤，泛滥成灾。现在，必须筑一道理智的堤坝，建一座转化的电站，把这江洪水节制起来，使其有序流动，用于发电，产生效益。这道"堤坝"就是狠心，就是动物般"任其挣扎"；这座"电站"就是亚圣孟子所说的"苦其心志，劳其筋骨，饿其体肤"。只有这样，才能实现父母之爱的根本目标——**让孩子独立，让孩子有用！**

让我们记住卢梭的警告："当孩子生活在温暖舒适的环境中，实际上是在给他们积累未来的苦难。"所以，把我们百分百的爱心砍掉一半，变为狠心（狼心），是为当务之急。

如何减少担心树立信心?

过去,“儿行千里母担忧”;现在儿女一出世,父母就生活在忧虑之中了。我们处在社会转型时期,变化太多太快,有太多的**不确定**,令父母们忧心忡忡。据调查,有七成的父母认为,当父母比处理事业困难,有六成的父母为孩子的未来极度忧虑。

这种担心小到磕磕碰碰摔跟头,大到升学就业交朋友,涉及方方面面。比如,孩子会不会输在起跑线上?会不会上网学坏?会不会太老实吃亏上当?能不能考上重点?将来能不能找到工作?失业了咋办?房价又涨了,咋办?……此类问题,沉甸甸压在父母心头。

这种担心如同瘟疫一般互相传染,令父母们常常处在一级或二级**战备状态**,家庭生活完全扭曲变形了。有的父母成了监工,24 小时把孩子当犯人一般监管;有的父母成了侦探,搞窃听偷看日记,生怕漏了什么细节,酿成祸患;有的父母成了暴君,对孩子动辄打骂,迫其听话就范,不能越雷池半步。这些父母都不同程度患上了焦虑症,应该赶紧去看心理医生。

抽掉担心的具体内容,父母们所担心的就一点:**孩子不行**。这是一个要命的判断!这个判断可能是父母心疼孩子的假定,也可能是缘于某一次、两次的事实而作出的不完全归纳推理,这个判断可能是对的也可能是错的,但对于孩子的影响来说,绝对是错误的。在孩子成长过程中,父母在孩子心里的形象是高大的,当父母一次又一次不断通过担心告诉他们“你不行”这个判断,孩子会得出怎样的结论?这种心里暗示，是**摧毁孩子信心**的重武器！孩子成长壮大所必须的自信、独立和勇敢的精神，孩子面向未来生活必须的锻炼、探索和追求的自觉性，都将遭到致命的打击！除个别心理强大的孩子外，多数孩子在“担心”的重压下，都会减少或丧失信心勇气。

有两项科学研究可资证明。一个是关于黑猩猩的，女动物学家简·古德尔连续十几年，对一个居住在坦桑尼亚野生动物园里的黑猩猩群落进行观察研究。她目睹了这个类人猿家族数代的繁衍，特别关注了其中的母子关系。研究表明，雌性大猩猩对待幼崽的方式和她们自己当初被抚养成长的方式基本相同。如果猩猩妈妈胆怯，那么它的女儿也会成为胆怯的妈妈，这样培养出的幼崽往往对周围环境缺乏信任感，在群体中也处于从属的低等级地位。相反，母猩猩弗洛是个模范母亲，安静从容，只在孩子真正有危险时它才采取行动，通常与孩子们舒服地偎依在一起。它地位显赫，深受尊敬，其后代也一直担任头领。因此，古德尔的结论是：“**好母亲培养好母亲**，坏母亲培养坏母亲。”用这个原理来观察人类，我们的教育也如同一个从父母那里**拷贝**下来的程序。当我们有了自己的孩子之后，这个程序就会被激活，即使我们小时候赌咒发誓要做和父母完全不同的家长。当然我们可以反躬自省，努力战胜自己，毕竟人比猩猩更高明更理性。但这种延续的现象是存在的，不能否认。

另一项研究是S·格哈特在《母爱的力量——母爱如何塑造和促进婴儿的大脑发育》中提供的：“研究者发现，婴儿和母亲的**心率**是同步的，如果母亲的情绪处于放松和稳定的状态，婴儿也会如此。通过触摸和安抚，母亲的自主神经系统可以有效地和婴儿的神经系统进行交流。”因此，母亲的情绪若处于焦虑和担忧的状态，婴儿也会照单全收。这种**后天“遗传”**的特性，正是文化基因的内在原理。

所以，我们应该利用这种原理，去努力创建有利于孩子成长的文

化基因：信心。通过树立信心，把过去抛之脑后，专心迎接明天的太阳。只要每天坚持克服焦虑感，日复一日，激励自己，赞赏孩子，孩子们定会响应。这种响应意味着乐观主义的灵魂附体，意味着孩子心中的巨人被唤醒。

担心导致封闭，屏蔽视野；**信心带来开放**，八面来风。担心是弱者的叹息，信心是强者的抗争。有担心解决不了任何问题，徒增烦恼；有信心可以披荆斩棘，鼓舞斗志，迎接挑战！因此，当困难和问题降临时，担心者常持悲观态度，认为困难或问题会永远持续下去，会对各方面产生消极影响，而自己对此无能为力；有信心者常持乐观态度，认为自己能对结果施加影响力。我们应该何去何从？雄起！

作为父母，即使对孩子的某些行为并不欣赏，也必须对孩子本人永远保持信心，像藏民**磕长头**朝拜那样，不计得失，不顾左右，一直不懈地、虔诚地朝前面磕下去，再磕下去……父母有了这样的信心，孩子的生命力才会顽强，才有可能某一天“站”起来、“飞”起来。让我们一起来欣赏下面这篇《受伤的蜜蜂》，看看蜜蜂这个弱小的生命是何其坚强伟大，或许能有新的感悟？

某个夏日里，我在山间砍除灌木。几个钟头之后，决定停下来吃午餐了。我在一根木头上坐下，取出三明治，一面欣赏四周有粗犷之美的风景。两道湍急的溪流汇成一方清澈深潭，然后挟着雷鸣之声奔下葱郁的峡谷。

这种诗情画意本来是再美不过的——要不是一只蜜蜂开始锲而不舍地围绕着我嗡嗡飞。那是一种随处可见、喜欢骚扰游人的蜜蜂。我想也没想，一下就把它赶走。

但它毫不甘休，飞了回来，再嗡嗡骚扰我。我不耐烦了，一巴掌把这东西拍到地上，用靴子把它猛地踏进沙里去。

不一会儿，我脚下的沙爆开来，把我吓一跳，那折磨我的小东西竟然拼命地扑着两翅钻了出来！这回我可决不让它逃生，我站起来，使出我95公斤体重的全部力量，把它碾到沙里去。

我再坐下享受午餐。几分钟之后，我注意到脚旁的地上微有异动。一只受了伤但还活着的蜜蜂，竟又微弱地从沙里钻出来了。

它居然没死，令我十分迷惑，于是俯下身子，看看它究竟伤到什么程度。看来它右面的翅膀仍相当完好，但左翅已被皱折得像个小纸团。然而那蜜蜂仍慢慢地把翅膀扇动，好像在估量自己的伤势，同时开始清除胸部和腹部的沙粒。

然后蜜蜂把注意力集中在弯折的左翅上。它的脚上上下下地快速扫动，想把翅膀摩平。每摩一次，就把翅膀振动一番，好像试试看能不能飞。这只伤残得无可挽救的东西竟以为自己还可以再飞！我趴在地上，要把蜜蜂那徒劳无功的尝试看个仔细。经过更真切的观察，证实这只蜜蜂已经完了——它肯定完了。我是个经验丰富的飞机工程师，对于翼很有研究。

不过蜜蜂毫不理会我那优越的知识。它的体力似在增加，修补的速度也在加快。那薄纱般不能活动自如的弯折的左翅，这时已近挺直了。

最后蜜蜂觉得相当有把握可以来一次试飞了。它发出很响的嗡嗡声，振翼使身体离开大地——不过飞出沙面才七八厘米就坠落到沙堆上，猛打了一个滚。它再一次疯狂地摩平、屈伸翅膀。

蜜蜂又升空了，这一次升高了15厘米才跌下另一个沙堆。它的翅膀显然已能飞行了，只是还不能控制飞行方向。它像飞机工程师那样，慢慢地琢磨一架陌生飞机的特性，试行短跳，但每次都失败了。可是那只蜜蜂每次坠地后都积极再试，拼命要纠正新发现的结构缺点。

蜜蜂又一次起飞，这次终于飞越了沙面，直朝一个树桩冲过去。

险些要撞上时，蜜蜂放慢前进速度，打了个回转，飞到波平如镜的湖面上，慢慢飘行，似乎在欣赏自己的湖中倒影。蜜蜂在我眼前消失了，我才觉察自己一直跪在地上。

我继续跪着，跪了好长一段时间……

如何才能开心而不伤心？

做父母“伤心总是难免的”，因为父母“一往情深”，这一点，全世界皆然。但比较起来，西方人带着孩子，开心更多，总体上快乐；而我们中国人，好像不喜欢孩子，伤心更多，总体上悲苦，不耐烦，不快乐。这是为什么呢？

伤心有两种表现形式，一是暴跳如雷的**愤怒**，二是痛哭流涕的**悲哀**。考察这两种状态的起因，可以找出父母们伤心的理由如下：

1、孩子不听话：不遵照父母的意见行事，甚至公然反对，或者阳奉阴违。

2、孩子不领情：比如不吃、穿、用父母准备好的东西，对父母所做的一切缺乏感激之情，甚至表示反感。

3、孩子不争气：比亲戚朋友的孩子学习差、不懂事、没礼貌，给父母丢了面子，或者不思上进，不学好，不优秀。

4、孩子不如意：比如有某种生理缺陷，性格弱点，智商不够高，形象不够好，身体不够壮，有疾病等。

5、习惯性伤心：父母是半真半假的，将伤心作为强迫孩子的手段，或者为了引起孩子的重视，类似于“技术犯规”。

6、后悔性伤心：父母为自己的失误过错，真心后悔，比如孩子因为受不了严厉管教出走了、自杀了，没有照顾好孩子使其受伤了等。

7、惋惜性伤心：父母为孩子的重大过错惋惜不已，比如轰动全国的醉酒驾车撞死多人而被判死刑者孙伟铭的父亲，那副伤心的面容

通过媒体打动了无数人心。这种伤心饱含了父母养育的辛酸和希望的破灭，如同眼睁睁看着自己的孩子没入水中而无力搭救一般痛彻肺腑。孩子吸毒、抢劫、强奸、卖淫等堕落行为，都会令父母伤心欲绝。

进一步分析这些伤心的理由，透过现象看本质，我们是如何认识孩子存在的问题的？我们思维的内在逻辑是怎样的？伤心的“密码”能否破译？能否有效地减少伤心？带着这些问题，我进行了下面的思考和判断：

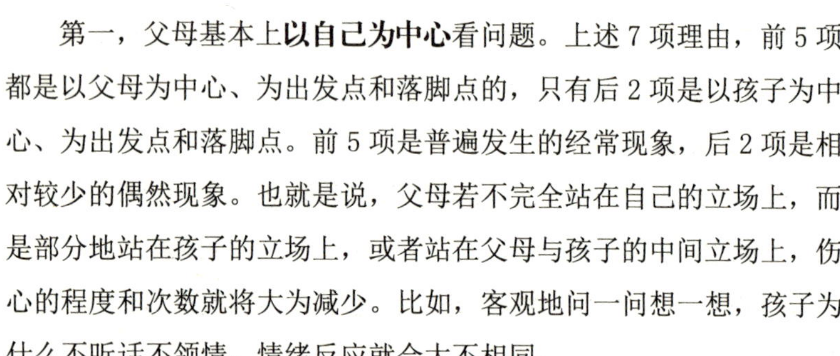

第一，父母基本上**以自己为中心**看问题。上述 7 项理由，前 5 项都是以父母为中心、为出发点和落脚点的，只有后 2 项是以孩子为中心、为出发点和落脚点。前 5 项是普遍发生的经常现象，后 2 项是相对较少的偶然现象。也就是说，父母若不完全站在自己的立场上，而是部分地站在孩子的立场上，或者站在父母与孩子的中间立场上，伤心的程度和次数就将大为减少。比如，客观地问一问想一想，孩子为什么不听话不领情，情绪反应就会大不相同。

第二，父母基本上是**局部地而非全面地**看问题。比如看待孩子分数高低时，只看分数这个局部之不如意，不会看到整体的全面的其他方面还有哪些可取之处。再比如，看待孩子听不听话，往往只看到不听话这一孤立事实，不会看到还有听话的事实存在，更不会思考自己的话是不是百分之百正确、孩子是不是每句话都该听这一类问题，陷于一隅而悲伤或愤怒去了。

第三，父母基本上是**悲观地而非乐观地**看问题。悲观的眼光看上去，不如意十之八九；乐观的眼光看上去，比上不足比下有余。比如看孩子智力平平，无甚过人之处，看到的是不如人处，看不到还有比自己更糟糕的情况存在，如残疾、智障等，于是悲观者伤心了；乐观者则觉得健康是福，心态平和。再比如，看待孩子的优劣长短，如果纵向地前后比较，看有无进步，便能看出希望和光明来，这是乐观的态度；悲观的态度则横向看，越看越唉声叹气，怨天尤人了。

第四，父母基本上是**期望值过高地**看问题。一个班的小孩一定只有几个是前几名，但每个父母都希望自己的小孩是前几名，所以必然地多数家长会失望。还有，父母就像跳高教练一样，如果孩子跳过 1 米，他马上把标杆提到 1.1 米，1.2 米，1.3 米。父母是不知足的，而且常把期望值当成事实，用来衡量孩子争不争气、听不听话之类，理所当然要伤心了。多数父母的期望值可以概括为“多、快、好、省”四个字，即优点要多，见效要快，成绩要超好，省力又省心。用这些标准来看，即使养了个爱迪生也会伤心的，养个爱因斯坦也不会开心的，因为他们小时候表现甚差，爱迪生小学就被劝退了，爱因斯坦读高中时除了数学外所有课程都糟透了。还有，富兰克林·罗斯福总统是小儿麻痹症患者，拿破仑是矮子，贝多芬是聋子，拜伦爵士长有畸形足……哪有十全十美的事？所以，期望值过高的伤心是父母“梦想浪漫”而不能实现的伤心。

第五，父母基本上是站在**教育者立场**上看问题。父母相对于子女来说应该有三重身份，一是与子女一样的、有血有肉、有个性、有优缺点的人，二是担负抚养责任提供生存、归属、安全条件的亲人角色，三是有引导、教育、培养之责的教育者角色。但我们常常把第一、第二个身份搞忘了，把第三个身份夸大了，高高在上，圣贤一般看问题，动辄就严词训诫，严师一样做父母，孩子未必买账，于是引发孩子“叛逆”，引起父母完美主义的伤心。关于这点，孟子有云：“古者易子而教之，父子之间不责善。责善则离，离则不祥莫大焉。”孟子的意思是，古人与他人交换子女进行教育，父母与子女不要因为要求行善而相互责备。如果要求行善而互相责备，就会彼此疏远；父母与子女疏远了，没有比这更不幸的了。孟子提供的这个**“易子而教”**的办法，也许有助于减少伤心。

这样梳理一番后我们不难发现，父母的伤心有相当一部分是“**自找的**”，是思维局限造成的。这种思维局限加上习惯于包办代替的操心劳神，使父母们常常处于重压之下，变得“弱不禁风”，像黛玉妹妹一样，很容易就伤心了，月残也伤心，花落也流泪。这大约是我国父母与西方父母苦乐两重天的根本原因之所在。解决之道，在于克服思维惯性，遇到问题多从孩子的角度、全面的高度、乐观的态度来看一看、想一想，把期望值降下来，多当亲爱的爸爸妈妈，少当冷冰冰严师官僚。持之以恒，慢慢地伤心就会减少，亲情和快乐就会滋生于我们心中，流淌在我们家里。

有一部电影《美丽人生》，获得了奥斯卡金象奖，塑造了一个在严酷环境里、死亡边缘上**寻求开心**的伟大父亲形象，让人泪流满面，值得我们尊崇：

故事发生在二战时的德国。主人公是个积极向上的犹太人，有一位美丽的妻子。儿子三岁时，全家被关进集中营。三岁孩子不懂为什么要来到这里，周围还有握枪的士兵在巡逻。

爸爸说：“太好了！孩子，我们现在正在玩一个游戏，一个真刀真枪的游戏。”

儿子兴奋了：“什么游戏呵？”

爸爸说：“看谁的生命承受力强谁就能得分，积分到了1000分，就可以得到一辆坦克。”

集中营每天都有犹太人被拉出去枪决，爸爸就说：“他们积分不够，被淘汰了，我们一定要坚持下来。”

在这样的漫长的令人窒息的煎熬中，爸爸和儿子玩呵，闹呵，好像什么都没发生一样。

终于轮到爸爸了，他算准了时间，把儿子藏在垃圾桶里，对孩子说：“等会儿不管看到什么都不要吱声，我们的积分已达到了900分，过了这一关，你就可以拥有一辆坦克了。”儿子听懂了。

不久，被押解的爸爸经过垃圾桶，他从垃圾桶的洞里看到了儿子的眼睛。爸爸一边走，一边向垃圾桶做鬼脸……

过了好长时间，儿子听到轰隆隆的声音传来，掀开桶盖，看到许多坦克开来，他高兴得又叫又跳：“我有坦克了，我有坦克了！”

盟军的坦克救走了这个小孩，但他的爸爸已被杀害了。后来，长大成人的儿子旁白道：“我是多么幸福的人，因为我有一个伟大的父亲。在那个黑暗的岁月里，是他让我的心灵没有阴影，让我觉得人生美丽！”

非凡心好还是感恩心好?

中国公民前往任何发达国家都需要申请签证，而且手续繁杂，担保、邀请、证明之类务必齐全。这说明，中国人在世界上的声誉不佳，别人不仅没把我们当回事儿，还对我们颇有微词，心存戒备。假如将世界各国公民分为三六九等，中华民族能排列在第几等，我们的看法与别人可能相差十万八千里。

自古以来，我们就骄傲地认为中国居于**世界中央**，乃“天朝上国”，自己的文明比周围的四夷高明，我们是天然的世界“老大”；而其他民族则是“犬羊之性，饮血茹毛”，类同牲口，尚未教化。这种观念在近代被列强粉碎之后，我们也没有在事实面前猛醒，还是视而不见充耳不闻，继续“睁着眼睛说瞎话”，关起门来自得其乐，夸耀祖先“伟大”，证明自己“非凡”，强化并享受着这种文化心态。

鲁迅笔下的**“满月酒”**场面，是这种非凡心的一个典型。某大户人家生育一子，满月摆酒，贺客盈门。酒过三巡，抱出小孩转一圈，算是点明主题。有人赞其天庭饱满有官运，将来会中状元光宗耀祖的；有人叹其鼻梁高挺，财源滚滚，将会富甲一方的；还有人说这大胖小子肯定是个大孝子，将会儿孙满堂……总之，什么好听说什么，说得主人乐陶陶。却有一人不识趣，轮到他时说道：“这孩子将来会死的。”顿时，全场哑然。主人回过神来，勃然大怒，令下人将此君乱棒打出。

其实，有生必有死，谁能不死？这个孩子不仅会死，还可能升不了官发不了财，反而成为败家子，或成为一个罪人，或者仅仅是一个凡夫俗子而已，这些都是正常的。但我们却不会这样想，100 个父母中 99 个都不会这样想，都会像上述主人那样怀抱**“非凡”**的希望。

现在，这种非凡心因“独生子女”更夸张了。生活上的“圈养”，学业上的“大跃进”，都是非凡心引发的现象；许多父母的伤心也是非凡心（期望值高）在作怪。具体到一个孩子，总有一点点“异动”，父母往往便产生星宿下凡般的非凡感觉，自鸣得意，炫耀人前。卢梭认为：“孩子的思想中还没有建立明确的理念，尽管他的头脑里可能有一些美妙的思想，也可能说出惊世的语句，我们千万不要为此惊奇。他可能一会儿是天才，过一会儿又成了一个傻瓜。一个孩子好像是一只雏鹰，偶尔高飞入云，过一会儿总要回到巢穴中。大多数孩子是平庸的……”

父母一旦有了非凡心，就会像小孩子**吹泡泡**，一口气便吹出一串，五颜六色很漂亮，却很容易破灭，从而导致心理失衡，举措失度，影响亲子关系，并可能造成孩子心理不健康。

孩子有了非凡心，则如同树叶被风卷起，飞到半空中，上不沾天下不着地，总会掉下来摔个鼻青脸肿，严重的摔成残疾或者一命呜乎。前几年，留学美国的某博士，枪杀同学和导师数人，仅仅因为其同学比他早一点拿到了学位，挫伤了他非凡的自尊心。现实中，许多人怀才不遇郁郁寡欢，说穿了就是觉得自己非同凡响，而别人又不以为然，岂不郁闷？

非凡之心未必能造就非凡之人，却一定会**泯灭感恩心**，因为它们的取向完全相反。我们中国人普遍缺乏感恩心，实质是因为我们的骨子里充满了虚妄的非凡心——我们是这么不寻常了不起，还有什么做不到的？还要感什么恩，岂不可笑！于是，我们常常自大，又常常自卑，常常在自大与自卑之间跳来跳去，内心深处缺乏自信，**把非凡心**

当成了自信心，把感恩心作为对立面、当成不自信而丢弃了。还有一种原因类似于**“逃单”**，感恩则要回报，回报当然要付出，付出必减少自己的利益，吝啬之心顿生，感恩之心休矣！

因此，我们急需养育一颗感恩心，来治愈非凡心的毛病。这两种心态其实是两种不同的人生态度，两条不同的人生道路，两番不同的人生体验。这些不同，概括起来主要有下述四点：

第一，比上与比下

非凡心取向“比上”，常生不足之忧；感恩心取向“比下”，常生有余之乐。有感恩心者，如果孩子成绩中等，也谢天谢地，因为还有那么多比他差的孩子；如果孩子成绩差但身体好，也感恩知足，因为还有那么多残疾的孩子啊；如果孩子身体有毛病，也不会痛苦，想想有的孩子更惨，已经死了，自己和孩子都还有希望。倡导赏识教育的周弘先生不就是为了治疗双耳失聪的女儿，闯出了一条道路，把女儿培养成了留美硕士吗？过去有句话：“苦不苦想想长征两万五，累不累想想革命老前辈。”这句话的道理并不过时。这样向下比较，心生感激，知足常乐；相反，向上比较，心生怨愤，对谁有益？

第二，拒绝与接纳

非凡心是“硬”要把孩子塑造成自己心目中的样子，拒绝接纳其现状；感恩心则顺其自然，尊重并欣然接纳孩子的个体差异。

原外交部长李肇星在网上接受采访时，有网友说：“对于您的才华，我们十分敬佩；但对于您的长相，我们实在不敢恭维。”李先生幽默地说：“是吗？可我的母亲不会同意你的看法。”这句话包含的坦然和达观，真是父母应该具有的。所有的孩子都是被上帝咬了一口的苹果，没有十全十美，都有这样那样的缺失，拒绝徒增烦恼，我们应该欣然接纳：我们的孩子已经是美好的了。

第三，攫取与付出

存非凡心者看重所得，以自我为中心，故父母常埋怨指责孩子，引起孩子反抗，家里乌烟瘴气；有感恩心者常念他人好处，而且不吝付出，父母与孩子相互心存感激，家中其乐融融。其中差异可谓天上地下，如同下面这个故事：

上帝领一人到地狱参观，地狱里的人都瘦骨嶙峋。他们用一个特制的勺子喝粥，勺子的把特别长，勺子的头很小，舀出的粥都洒在地上了，喝不到嘴里。最后桶里没粥了，大家互相埋怨憎恨。上帝又把这个人领到天堂，天堂里的人都长得胖乎乎的，笑逐颜开，红光满面。他们用的是同样的勺子，喝的是同样的粥，但他们把粥舀出来喂别人，你喂我我喂你，结果大家都喝到粥了，大家互相感恩：因为有了你，我才能有粥喝，谢谢你啊！

第四，消极与积极

非凡心者不如意十之八九，久而久之抱怨牢骚不断，心态消极；感恩心者每天太阳都是新的，虽然也有风风雨雨，却能乐观面对，心态积极。鲁稚在《让孩子做最好的自己》里分析道：“抱怨和牢骚让孩子产生压抑的心态，总感觉父母是弱者，没有地位，没有权力，也得不到任何好处。但孩子除了愤怒和屈辱，一点也帮不了父母，这又容易让孩子对社会产生一种敌视和对抗，对他人产生一种距离感，这对他们将来融入社会无疑是有消极影响的。”

通过上面的分析，足见非凡心的狭隘与肤浅，真正非凡之人断不会存此“妄念”的。古罗马帝国皇帝兼哲学家马可·奥勒留在《沉思

录》中说："总之，牢牢记住吧：人生是何等短促，何等卑微。昨天像是一滩黏液，明天也不过是一具木乃伊、一堆灰尘。所以，在这短暂的有生之年，让自己过得合乎自然吧，怡然地走向人生的终点，就像一枚熟透之后即将坠地的橄榄，感激承托它的大地，感激生养它的枝干。"

要虚荣心还是要平常心？

虚荣心注重表面上的光彩，平常心回归人的本真。按理说，孰轻孰重不难把握，但事实却是，活得**本真**的人不多，活得**表面**的人不少；政界、商界、学界，少有人不装腔作势，理由是“人在江湖身不由己”，其实虽未必，但已成风气。

法国哲学家、诺贝尔文学奖获得者柏格森说：“虚荣心很难说是一种恶行，然而一切恶行都围绕虚荣心而生，都不过是满足虚荣的手段。”足见虚荣心其他国家也有，虚荣心真不是个好东西，可视为人性之一弱点。过去，我们把它归结为资产阶级思想，要批倒批臭，踏上一只脚。现在看，在资本主义社会好像真“臭”了，虚荣心强的人和事比较少见，大家更真实更人性了；我们国家则相反，“弄虚作假而表面光荣”的人与事太多，太多。

这显然与文明程度高低有关，也与我们的面子观念有关。不讲“里子”的面子观念与虚荣心是孪生儿，使我们的虚荣心大大膨胀了。比如为官一方，盲目攀比，好大喜功，弄虚作假搞些“政绩”，结果为害一方，苦了百姓，可称为**“政治虚荣心”**。同理，还有奢侈品、高档车之类**“经济虚荣心”**，弄个博士硕士头衔之类**“文化虚荣心”**，上名校、留学热之类**“教育虚荣心”**，玩小蜜、包二奶之类**“情爱虚荣心”**等等，已经充斥社会，形成风气，以致许多人因此走上贪腐路，一去不回头了。

做父母也一样，虚荣心强则会本末倒置，把孩子工具化，偏离正

确的教育方向，走上不归路。试想，孩子成了“长脸”或“丢脸”的工具，父母必会看重并强调外在的功利得失，把孩子内在的“人”性因素放到犄角旮旯去了，孩子作为人的心理如何能够健康？其个性如何能够得到尊重和培养？还有，孩子必然会过早社会化，结果又会如何？康德在《论教育学》中说：“这样一种早熟的孩子决不会长成一个真正有见地的、具有开明知性的成年人。”王安石写的《伤仲永》证明了这个论断，说是有个神童智力超群，能诗善文闻名四乡，父母常带孩子显耀于人前，引人羡慕不已；父母虚荣心满足了，孩子成年后却变成了庸人一个。这是虚荣心把神童**整平庸了**。

还有一种情况是把平庸的孩子**整“神”**了。有个孩子叫芳芳，小学毕业后，其父母千方百计要让她上当地最好的中学。经过考试，学校老师劝她父母放弃，因为差距较大。但她父母说，左邻右舍的孩子都上了重点，如果我们不上，怎么见人，脸面何在？父母有办法也有钱，孩子终于被录取了。但孩子很压抑很痛苦，每次都是倒数第一，连倒数第二也没有得过。一年下来，孩子“神”了，被送到精神病医院治疗。——典型的因小失大。

因此，我们应该抛弃虚荣心，养育平常心，坦坦荡荡、自自在在、从从容容地做人、做父母，回到正道上来。具体做法如下：

第一，不要把自己看得太重

大千世界，芸芸众生。如果我们能将灵魂飞升天空，俯瞰世间万象，看那些形形色色的人是如何出世、生活，然后死去，就会看出人之渺小短暂，就会少些自我膨胀。做好父母先要明白这些关于“人”的道理，不要把自己看得太重。

有一则寓言讲，一只骆驼从沙漠一端，辛辛苦苦走到另一端，没想到一只苍蝇趴在骆驼背上，一点力气也没花，也过了沙漠。苍蝇飞过来奚落骆驼说：“你辛苦了，谢谢你把我驮过来，我走了，再见！”骆驼斜眼看了一眼苍蝇，说：“你在我身上的时候我根本就不知道，你走了也没必要跟我打招呼，你根本就没什么份量，别把自己看得太重！”相对于整个世界、宇宙来说，一个人有多少份量？

第二，淡化角色意识

人在社会上，为领导、为下属、为同事；人在家中，为父母、为子女、为夫妇。每个人都有多个角色，都要面对各种关系，既不能没有角色责任意识，又不能有太多的角色权利意识，只有这样才能做好角色，也才能成为一个有趣的人。否则，生活就会像演戏，处处都在“装”，角色做不好，活得也没啥意思。

做父母也一样，除了尽责以外，更多的应该努力做一个有意思、有意义的人，让孩子**喜欢和敬佩**；而不是像我们祖先那样做“角色”，成天板个面孔，动辄拿出父母的架势训人，不管对不对都要求听话，生活在“角色”中，孩子心里既不喜欢也不敬重。

其实，天下父母千千万万，能力有大小，学识有高低，能被孩子喜欢又终身敬佩者不多，能做到这两条，就是**成功的父母**。其次是被孩子喜欢或者敬佩的父母，二者居其一，算是**合格的父母**。孩子既不喜欢又不敬佩的父母，无疑是**不合格**的，如果父母可以选择的话，只会被淘汰出局，只是因为父母不能选择才勉强“留任”，如果还骑在孩子头上作威作福，那是多么地不识趣！学识不多不要紧，能力不大也没关系，只要本真朴实，自然为人，与孩子平等相处，淡化角色意识，还原父母慈爱天性，也能做个合格父母。

第三，倒空心中“茶杯”

有这么一个故事：

一位很有学问的人向南隐老禅师问禅。他喋喋不休，老禅师则默默无语，以茶相待。老禅师将茶水注入这位宾客的杯子，满了也不停下来，而是继续往里面倒。眼睁睁看着茶水不停地溢出杯外，这位有学问的人着急地说："已经满出来了，不要再倒了。"

老禅师说："您既然知道杯子中装满了东西无法再倒水了，那么你应该明白：您现在就像这只杯子一样，里面装满了自己的看法和想法。如果您不先把杯子倒空掉，您又怎么能学到更多的东西呢？"

为人父母者何尝不是如此，拥有几十年人生阅历，一定有些经验教训和心得感悟，装满了心中的"茶杯"。这些东西有正确的，也有错误的、过时的。如果不能倒空杯子，怎么装新东西；如果不能更新，如何能够适应社会变化；如果不能应变，又如何能够做好父母呢？所以每过一段时间，父母需要把心中的"茶杯"倒一倒。

换个比喻，父母的头脑，就好比一个**"粮仓"**。储存粮食，必须三五年更换；存储十年二十年三十年，势必腐烂变质。再用这种"粮食"喂养孩子，提供的是营养还是"毒药"？许多父母脑中装的都是些"陈谷子烂芝麻"，比如前文讲到的君权观念、奴仆观念、孝顺观念、面子观念等，与当今时代相距甚远，必须清空归零，虚怀若谷，把自己变成一个"空仓"，才能接纳新东西。

第四，体验生命过程

所有的鲜花都会凋谢，所有的生命都要老化死亡。人生一世，草木一秋，注重结果，难免心灰意冷；享受过程，则会精彩纷呈。父母也好，孩子也罢，都是一个平凡的生命，都是一段人生的旅程。有位85岁的老人，得知自己将不久于人世，写下了下面这段话：

如果我能重活这一生，我要尝试犯更多的错误。我不会那么刻意追求完美。我要多休息，随遇而安，我处世不会像这次那么精明。其实世间值得去斤斤计较的事少得可怜。我会多冒几次险、多旅行几次、多爬几座山、多在几条河中游泳，到更多不曾到过的地方去。

如果一切能重来，我要在春天赤足走到户外，在深秋整夜不眠。我要多坐几趟旋转木马，多看几次日出，跟更多的儿童玩耍，只要人生能够重来。

但是我知道，不能了……

多么可惜，如果一个人到了生命的尽头才会觉悟。多么美好，从一个孩子呱呱坠地到咿呀学语到蹒跚学步，一举手一投足，一声爸爸妈妈，多少快乐幸福！当我们用一颗平常心，面对自己的生活，面对孩子的生命，生活就会精彩，生命就能茁壮！

应该补偿还是应该包容？

补偿心大面积存在于当代父母之爱中，是一个显著的时代特色。其来源主要有四个方面：

一是老一代父母。年轻时没条件，稀里糊涂就当了一回父母；现在有条件了，没有发挥出来的父母之爱补偿给了孙儿孙女。

二是年轻一代父母。小时候得到的父母之爱太少了，心里上有严重缺失，下决心不让子女再像自己那样“野生”了，所以不遗余力、关怀备至，实则是补偿自己内心的欠缺。

三是离异父母。生活水平提高了，对婚姻质量的要求也提高了，离婚的越来越多。离异的父母在追求自己的幸福时，对于子女却难免内疚，这份亏欠只有通过大量补偿，才能求得心安。

四是特别忙碌的父母。比如在异地工作谋生者，太多加班应酬者，东奔西跑出差者……总之无暇顾及子女学习与生活，常存亏欠孩子之心，必须加大补偿力度方能平衡。

这样粗略算下来，大约三分之二的父母都有补偿的心理需求。如何补偿？要么是物质满足，要么是生活代劳，让孩子过得奢侈安逸，父母心里便轻松踏实，犹如**还清了债务**的感觉。所以，父母的补偿心实为利己之心，不是从孩子的角度考虑。补偿心太多，包容心又淡薄了，因为已经补偿过了嘛，还要咋的，还不该考个好分数，还不该为父母长长脸？父母补偿之后，苛责就有理由了。因此，无论从哪个角度看，补偿心都有点像给孩子**吸鸦片**，当时安逸，过后则是毒害了。

在孩子的成长过程中，免不了有些沟沟坎坎一时迈不过去，少不了张皇失措要摔几个跟头。当他们遇到挫折的时候，真的需要父母的包容，就像一只受损的航船需要港湾停泊、修理、补充给养，才能继续扬帆启航、驶向远方一样。父母的包容之心，就是孩子的避风港、修理厂、加油站，是孩子们必不可少的基地，没有基地就会有“翻船”之忧。但许多父母不明此理，严重缺乏**包容心**。有这样一个事例：

幼儿园做游戏时，小朋友A和小男孩B一队，但是被排挤出来；他又想和女孩C一队，又被排挤出来；女孩D想和A一队，但看老师没有反应，D没有敢这么做。A只好尴尬地一人站在最后。小朋友A的遭遇恰好被他爸爸看见，回家之后，爸爸不是安慰、开导，不是想法子和老师交流，而是对孩子说：“你这个不争气的东西，没人理你，活该！明儿我就把你扔到垃圾桶里。”

试想想，这个父亲是什么心态？长此以往，这个孩子将会怎么样？换一个有包容心的父亲会怎样做？得到父亲帮助的孩子又将会长成什么样？对这些问题的回答可能因人而异千差万别，但有一点可以肯定，小朋友A的父亲是不合格的！这样做父母，会不会养出一个马加爵来？大学生**马加爵**因为和寝室同学打牌发生争执，结果就杀了寝室的几个同学、亡命天涯，引起全国震动。他的不包容，与他的家庭、父母难道没有联系？想到这些，不由得心惊！

为人父母，肩负另一个生命的养育之责，必须培育自己的包容之心。如何培育？**第一是有同理心**。孔子说：“己所不欲，勿施于人。”自己不喜欢的不要施加给别人，《圣经》上也有同样的教诲，这就是同理心，是中西方文化共同的“黄金定律”。上述父亲只要稍微设身处地想想，假如自己遇到这种困境，愿意受到这样的呵斥吗？难道这位父亲一生中都没有、也不会遭遇困境吗？当然不可能。即使是陌生

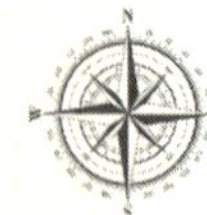

人，我们也会有同情心，何况对于自己的孩子！我们只能说，这样做父母太缺乏同理心。

第二是耐心。每个孩子的生命都是独特的，神秘的，与众不同的，可能早熟也可能晚熟，有强项也有弱项，有时候灵光闪现，有时候混沌一片。因此，做父母的只有耐心守候着，即使守不到云开日出那一天，也只有守下去。除了耐心守候，还要耐心引导，耐心发现。缺乏耐心，就会拔苗助长。上述父亲就是急迫地在"拔苗"。

第三，放下功利心。孩子可能成大器，也可能成小器，还可能不成器，做父母要随缘，要淡泊，要放得下，要顺其自然，勿为功利心困扰。把孩子当私有财产，功利心太强，父母就会像耍猴儿卖钱者训练猴子那样强加于孩子，如何能够包容？上述父亲也是被功利心搞昏了头。

没有包容心的父母，往往对孩子过多干涉，横挑鼻子竖挑眼，这也不对那也不好，令孩子反感讨厌，做的都是无用功，还常常气个半死！**有包容心**的父母，对孩子充满慈爱悲悯之心，常思孩子不易，常看孩子好处，关系亲密融洽，这一切又成了孩子的养分。这就像沙子变成珍珠一样，当沙子进入牡蛎壳内，牡蛎以包容之心接纳了它，用养分把它包裹起来，使它与自己融为一体。天长日久，牡蛎不断给予沙子养分，沙子就越来越成为牡蛎的精华，直到成为美丽的珍珠。做父母就要有牡蛎包容沙子的胸怀，特别是离异父母。

离异对于孩子来说是一场灾难，他们的世界变得乱七八糟。孩子必然要失去一位父母亲，还可能搬家、转学、承担想与父母双方维持亲密关系的压力，还会处在再婚家庭中区分各种关系导致的紧张状态。在这样一个巨变的过程中，孩子会严重缺乏安全感，如同悬吊在半空中，充满了痛苦、失落、被抛弃的感觉。因此，如果再让孩子卷入大人的战争里，便是不折不扣的虐待孩子了。维姬·兰斯基女士在《写给离婚父母亲的书》建议道：

当心你所说的，注意你的身体语言。你的威胁、挖苦及轻蔑的话，对于一个已经活在不安全和害怕被抛弃生活中的小孩是有害的，长久下来，这些将会伤害你和小孩之间的关系。毕竟，不管你的前夫（妻）过去或现在有多粗俗、多卑鄙、多没大脑、多懒惰、多会骂人，或是多低贱，小孩仍然会想要另一位父母亲的爱。当小孩长大成人时，他或她就能不在你的影响之下，自己决定是不是继续这份爱或崇拜。

明白了这些道理，离异父母不管冲突有多严重，为了孩子必须立下君子协议：绝不在孩子面前说对方的坏话。否则，就是会使小孩沦为牺牲品。离异父母不仅要对孩子有包容心（非补偿心），还要对自己不满意的前夫（妻）有包容的胸怀。这不容易，但别无选择。

包容是一种情怀，也是一种智慧，是一种**生存之道**。包容意味着平和，妥协，变通，退让，吃亏是福，睁只眼闭只眼，多元化共存，“海纳百川，有容乃大”。有包容心不仅于孩子成长是必须的，实际也是在锤炼自己，通过养育孩子而使自己更加成熟，世事洞明，人情练达，也对我们自己立身处世谋发展大有裨益。因此，录台湾星云大师“心药方”于下，与天下父母共勉之：

好心肠一条，慈悲意一片，道理三分，敬人十分，道德一块，信行要紧，老实一个，中直十成，豁达全用，方便不拘多少。此十味药，用包容锅炒，用宽心炉炖，不要焦，不要躁，去火性三分（脾气不要大），于整体盆中研碎（同心协力），三思为本，鼓励做药丸，每日进三服，不限时，用关爱汤服下。

第五章　父母思维

本章讨论如何思维，才能成为科学的、智慧的父母。

战略思维即对孩子有前瞻的眼光，全面的视野，长期的意识，辩证的观点，向未来看三十年。

种子思维即精心分辨思想、习惯之类“种子”的优劣，形成氛围“风播”正确的思想种子，并适时“点播”良好习惯的种子。

差异思维即研究孩子的个体差异，致力于扬长、补（避）短，形成比较优势；还要特别注意父母及子女的性别差异。

团体思维即引导孩子融入群团及社会，如水流江海形成势能，必须要有差异、利他、妥协、从属、共赢观念。

创新思维即对孩子的“破坏”、“失败”要重新审视，应支持孩子大胆进行可能性假设，想象力比金子还宝贵。

策略思维即想方设法激发孩子向往之心、奋斗之志、自信之豪情，形成孩子正向心理循环。

好父母为何应有战略思维？

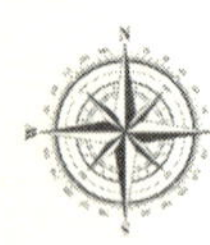

战略是关于全局的谋划和策略。具体到做父母的使命，就是要有前瞻的眼光、全面的视野、长期的意识、辩证的观点，并以此来面对孩子的成长，看待和处理孩子生活、学习各方面的情况和问题，这就是战略思维。

前瞻的眼光是关于思维高度的问题，即通常所谓站得高看得远。“远”就是“要面向现代化，面向世界，面向来来”，就要向前看，看历史潮流，看世界大趋势，看十年、二十年、三十年……之后可能会怎样。努力思考这些问题，提高自己的思想水平，力求有一定的思想高度，或者跟随有高度的人，这是做好父母所必须的。因为，在相当长的一个阶段，父母都是孩子的导航者，如果父母连大方向都不清楚，或者把方向搞错了，那就是孩子最大的祸害！

康德在《论教育学》中说：“教育艺术的一个原理就是：孩子们应该不是以人类的当前状况，而是以**人类将来可能**的更佳状况，即合乎人性的理念及其完整规定为准进行教育。这一原理有极大的重要性。父母在教育孩子时，通常只是让他们能适应当前的世界——即使它是个堕落的世界。但实际上他们应该把孩子教育得更好，这样才可能在将来出现一个更佳的状态。”康德所论的教育原理，指明了教育的大方向，不愧为一代宗师。

特别是目前，我们的社会处在巨变转型已经过半的阶段，如果做父母的缺乏这种方向意识，仍然习惯“向过去看齐”，拒绝“向将来看齐”，所作所为则难免有缘木求鱼、刻舟求剑之嫌。胡适先生在论述物质文明和精神文明的关系时指出：凡是一种文明必有物质的和精神的“两个因子”，没有一种文明单是精神的，也没有一种文明单是物质的。“一部摩托车所代表的人类心思智慧决不亚于一首诗所代表的心思智慧”，“精神的文明必须建筑在物质的基础之上”，我们的传统文明是建筑在传统的农业社会的物质基础上的，西方现代文明是建筑在工业社会的物质基础上的，我们可以只要西方的物质文明，而不要其精神文明，仿效其“机械”而不仿效其“政治社会道德”吗？胡适先生因此提出了“充分世界化”的主张，值得我们深思。

改革开放三十年，我们在物质文明的发展上是这样**“向将来看齐”**的：农村看城市，小城市看大城市，内陆地区看沿海地区，沿海地区看发达国家。我们常说“跨越式发展”，这个说法包含了一个共识：世界各国发展的方向和阶段是差不多的，路径虽然不同，但都要经历差不多相同的历史阶段，都要“一江春水向东流”般走向同一方向。国与国如此，家与家亦然。现在，我们需要将这种共识移植到做父母这项事业上来，在精神文明的发展上寻找“向将来看齐”的参照物，确定自己的目标，培养前瞻的眼光，追求教育文化的“跨越式发展”。

全面的视野是关于思维宽度的问题。宋代文豪苏轼有诗云：“横看成岭侧成峰，远近高低各不同；不识庐山真面目，只缘身在此山中。”从教育角度看，做父母的对孩子不仅要“横看”、“侧看”，还要退出来看；看其“岭”，看其“峰”，看其“高低不同”，才能把握其“真面目”。这样，才不会把孩子“看扁”或者“高看”。这是一个思维能力问题，也是一个观念问题。

我们多数父母面对孩子，只看学业成绩，不看其他，比如情感好不好，个性好不好，品德好不好，人际关系好不好，心态好不好……

都不入“法眼”。成绩好则“高看”之，成绩不好则“看扁”之，其实质乃瞎子摸象。还有的父母 只看到孩子的优点，看不到缺点，溺爱娇惯，实为“捧杀”；或者只看到缺点，看不到优点，指责打压，实为“棒杀”。所有这些行为上的偏差，都是缺乏全面视野造成的，对孩子都是有害的。

更进一步说，缺乏全面视野的父母，自然也分不清主次，抓不到重点要点，容易流于琐碎唠叨，弄得生活中**一地鸡毛**。英·甘地夫人说：“一个人要做一件事，不管这事多么小也得斗争。所以我把事情分为三类：最重要的、次重要的和不很重要的。我只为头一类事而奋斗。如果我身体好，还有潜力，也去张罗第二类事。”做父母可是大事，如不能把握全貌，明确各阶段最重要的事情而全力以赴，眉毛胡子一把抓，费力不讨好免不了，严重的还会舍本逐末，捡了芝麻丢了西瓜。

长期的意识是关于思维长度的问题。每个人从出生到死亡都是一个短暂而又漫长的过程，幼儿园、小学、初中、高中、大学，到中年、老年，一个个阶段犹如一段接一段长长的山路，起起伏伏，曲曲弯弯，每段有每段的景观，每段有每段的艰险。一个人的一生，则像是马拉松比赛，同时出发却有先有后有变化，前面跑得快的却未必最先到达终点，前面跑得慢的也未必不能最终领先，一时一事的成败得失何足道哉！

西方人讲，三代人方能培养一个贵族。这是一个理性务实的说法，“贵族”需要点点滴滴方方面面的积累沉淀，非暴发户也。这个说法启示我们，做父母不仅应从个体生命的长度来看问题，还应该从家族传承延续的长度来看问题。或许我们缺乏这样的思维长度，所以我国缺乏真正的贵族？曾国藩位极人臣、权倾朝野，对子女教育却能从长计议，鼓励诗书传家，力戒骄奢，后人多有出息，或可视为“贵族精神”。而今天，即使我们不想当贵族，也必须树立“终身教育”观，无论对自己还是对孩子；否则就会被淘汰。

辩证的观点是关于思维的多角度问题。祸福相倚，居安思危，优劣转换，好事变坏事，坏事变好事，这些闪耀着灵光的思想认识，是我们做好父母必须具备的。比如贫富问题，父母有钱，能给孩子更好的生活条件，更好的教育机会，那么一定能让孩子顺利成才吗？不一定。孩子完全可能因为这种优越条件而丧失动力，贪图享乐，最终无所作为。这种可能性比顺利成才的可能性要大得多，因此发达国家的有钱人千方百计藏富甚至捐赠，以免孩子被钱多坑害了。而贫穷呢，薛涌先生说：“从培养孩子的角度看，穷是该露而不该藏的。藏穷就等于挥霍了自己最大的财富。”

再从孩子的角度看，每个孩子一定有长有短，有优势有劣势，如何能够化劣势为优势？下面这个故事说明了辩证观点的神奇力量，耐人寻思：

有个10岁的男孩，在车祸中失去了左臂，但他想学柔道。他拜了一位大师做师傅，学了三个月，师傅却只教了他一招。

男孩问：“我是不是应该再学学其他招术？”

师傅说：“你只要学精这一招就够了。”

男孩不明白，但他相信师傅，于是继续苦练。几个月后，师傅带他参加比赛，他轻轻松松赢了前两轮。第三轮稍微有点难，但他又靠那一招赢了，糊里糊涂就进了决赛。

决赛的对手比男孩高大强壮，经验也更丰富。刚开始，男孩招架不住，裁判担心他会受伤，叫了暂停，打算终止比赛。但师傅不同意，坚持比赛。重新开赛后，对手放松了戒备，男孩抓住机会使出那一招，制服了对手，赢了，得了冠军。

回去的路上，男孩很不解："师傅，我怎么能就凭一招赢得了冠军？"

师傅说："有两个原因：第一，你几乎完全掌握了柔道中最难的一招；第二，就我所知，对付这一招的唯一办法就是抓住你的左臂。这样，你左臂的缺失反而成了你最大的优势。"

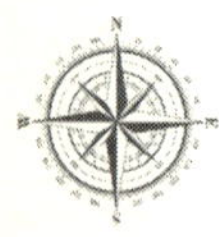

总而言之，父母思维有高度，有宽度，有长度，还能多角度，其子女可谓三生有幸！

好父母为何应有种子思维？

孩子的心灵是一片神奇的土地，播撒**思想的种子**，就能得到行为的收获；播撒行**为的种子**，就能得到习惯的收获；播撒**习惯的种子**，就能得到品德的收获；播撒**品德的种子**，就能得到命运的收获。父母这样想问题，思考这类问题，就是种子思维。

在自然界，同样的土壤、阳光、雨露、肥料，种子不同，三十年后有天壤之别：若是乔木，高大巍峨，能为人遮风挡雨，也能伐作栋梁；若是灌木是野草，则永远长不高，只有绿化之效。树木如此，树人亦然。一批同学，起点完全相同，三十年后也会像树与木一样，差异巨大。差异的原因何在？在于当时所播的“种子”不同，也就是想法、习惯之类，想什么不想什么及如何想问题，做什么不做什么以及如何做事情，都是一粒粒的“种子”。这些种子，是良种还是孬种，就是**命运的“密码”**，决定着一个人命运的轨迹。

在美国，有位心理学家为了研究母亲对孩子的影响力，发出了大量问卷，从回复中发现了两个母亲分苹果的故事，很典型地说明了“种子”思维问题。一个是在监狱服刑的犯人，他写道：

小时候，有一天妈妈拿来几个苹果，红红的，大小各不同。我一眼就看见中间的一个又红又大，十分喜欢，非常想要。这时，妈妈把苹果放在桌上，问我和弟弟：“你们想要哪个？”我刚要说想要最大最红的一个，这时弟弟已抢先说出了我想说的话。妈妈听了，瞪了弟弟一眼，责备他说：“你不能总想着自己，这样不是一个好孩子。好

孩子要学会把好东西让给别人。”

于是，我灵机一动，改口说：“妈妈，我想要那个最小的，把大的留给弟弟吧，他比我小。”妈妈听了非常高兴，在我的脸上亲了一下，夸奖我是一个乖巧懂事的好孩子，并把那个又红又大的苹果奖励给了我。我得到了我想要的东西。从此，我学会了说谎。以后，我又学会了打架、偷盗、抢劫，为了得到想要得到的东西，我不择手段。直到现在，我犯了罪，被送进监狱。

另一位是来自白宫的某著名人士，他写道：

小时候，有一天妈妈拿来几个苹果，红红的，大小各不同。我和弟弟们都争着要大的，妈妈把那个最大最红的苹果举在手中，对我们说：“这个苹果最大最红最好吃，谁都想要得到它。现在，让我们来做个比赛，我把门前的草坪分成三块，你们三人一人一块，负责修剪好，谁干得最快最好，谁就有权得到它！”

我们三人比赛锄草，为了得到最好的苹果，我尽我最大的力量去工作，力争比弟弟们做得更好，结果，我赢得了那个最大的苹果。

我非常感谢母亲，她让我明白了一个最简单也最重要的道理：想要得到最好的，就必须努力争第一。

这是件分苹果的小事，仅仅是母亲如何分配的想法有点差异，这一念之差就是不同的“种子”，结出了完全不同的果实——一个是囚犯，一个是国家领导人。囚犯的母亲与我国父母的做法相当一致，鼓励谦让，提倡先人后己，听起来并没有错，挺好的，我国的道德教育就是这种模式。但仔细分析起来，却违背了人的自利的本性，没有一种公平公正的方法来保证当事人的正当权益，造成了说谎、伪善反而有利可图的结果，初衷本为扬善，实际却“助恶”了。白宫人士的母亲承认自利的合理性，讲公平公正，鼓励公开竞争，明确能者优先，把孩子导向了全力“争第一”的发展道路。两者之间，差之毫厘，谬以千里，让人想起来心惊肉跳：父母播撒什么种子，岂能等闲视之！

因此，做好父母至少要从下述三个方面，思考“种子”问题：

第一，如何选“种”

在人的生命中，哪些东西具有“种子”的特性？概言之，思想和习惯。每个人的环境经历不同，形成的思想和习惯也不同；思想和习惯一旦形成，就具有“种子”的作用，大部分决定了一个人往后的命运轨迹。所以，选“种”的关键在于找准并抓住好思想、好习惯。

思想是一个复杂的概念，我们这里所谈的思想就是一个想法、一个念头、一种倾向，也包括理想志向之类，统称为思想。柯勒律治在《方法论》中说：“思想可能像几何学家心中的圆，有着明确、清晰的形式；或者它仅是一种本能，一种模糊的倾向……，就像让诗人热泪盈眶的冲动，连他自己也说不出原因。”还说：“一系列的思想，是从第一个或最初的想法，像种子发芽一样发展生长出来的。”许多人活到中老年后回头一看，为什么自己是这样的人生轨迹？原来是二十年、三十年前，“曾经有一个想法打动了我。”

英国著名教育家夏洛特·梅森认为，在教育中唯一重要的是思想而不是训练。她说：“父母采取教育就是填容器、涂画板、塑雕像的做法，还是树立教育是养育生命的态度，这些在孩子的幼年时期或许不会造成明显的差异，但是最终我们会发现，真正融入孩子生命里的东西只有那些**滋润过他的思想**，其他一切东西都被丢弃了。或者更为糟糕的是，就像一部机器中的尘埃，它们对重要的生产过程构成妨碍和危害。”

思想虽然十分重要，其产生却是不显眼的，可能就是一闪念、一

句话，一旦落地生根、演变发展下来，影响就巨大了。在南美洲的丛林里，有只蝴蝶扇动了几下翅膀，引起气流振动，可能会在世界的某个角落引发一场风暴；思想的能量及形成完全就是这种**“蝴蝶效应”**。

如何辨析思想的优劣好坏，是一个复杂的课题。比如前述的囚犯母亲的想法，出发点是好的，道理也是成立的，但在孩子的心田里却生出了“伪善”的想法，成了一颗“劣种”。可见，我们头脑中的许多想法，包括某些天经地义的想法，说不定都是错误的，需要我们重新思考。

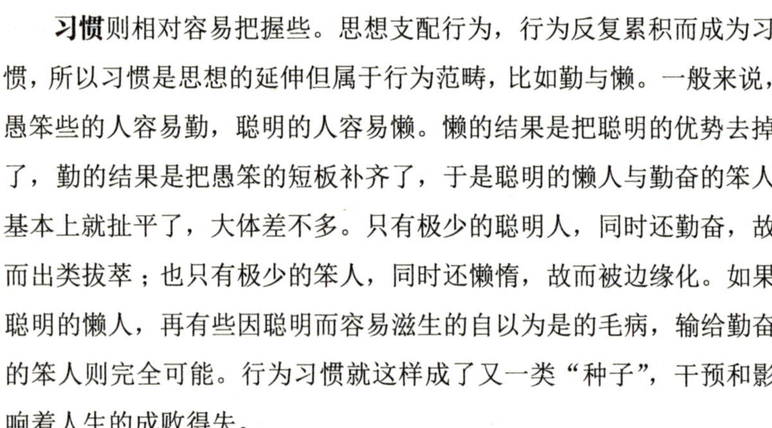

习惯则相对容易把握些。思想支配行为，行为反复累积而成为习惯，所以习惯是思想的延伸但属于行为范畴，比如勤与懒。一般来说，愚笨些的人容易勤，聪明的人容易懒。懒的结果是把聪明的优势去掉了，勤的结果是把愚笨的短板补齐了，于是聪明的懒人与勤奋的笨人基本上就扯平了，大体差不多。只有极少的聪明人，同时还勤奋，故而出类拔萃；也只有极少的笨人，同时还懒惰，故而被边缘化。如果聪明的懒人，再有些因聪明而容易滋生的自以为是的毛病，输给勤奋的笨人则完全可能。行为习惯就这样成了又一类“种子”，干预和影响着人生的成败得失。

第二，如何育“种”

夏洛特·梅森认为：“父母的责任就是像用食物营养孩子的身体那样，用思想去充实孩子的内心世界。”如何灌输传递这些思想呢？她说：“不应当有固定的目的，也不应当选择固定的时间，而是要在孩子的周围营造一种思想的氛围，让孩子像呼吸空气一样感受这种氛围。这种激发孩子树立正确的生活观念的环境是父母亲手创造的。每一个温柔的表情和敬畏的语调，每一句友善的话语和一个助人的举动，都一一渗透到这个思想的氛围和孩子生存的环境；他不会而且也许永远不会想到这些事情，但是这些事情会在他的生命中激活那个决定他一切行为的模糊的本能倾向。啊，小孩子能够生活在这样的环境中真是妙极了！”

梅森女士描绘的**“氛围”**，让我想起**“风播”**这个概念。在原始森林里，常有一大片一大片的同一种树木，树龄几百年甚至上千年，显然不是人工造林，而是自然生成的，是靠“风播”而繁衍成片成林的。“风播”能够育种，关键是土壤气候构成了优良的环境氛围，适宜树种生长。人世间也一样，所谓的**马太效应**——好的愈来愈好，差的愈来愈差，比如罗斯柴尔德家族兴盛数百年不衰，人才辈出，成群结队，也是同样的道理：形成了思想的氛围，“风播”也能传承了。

“风播”育种效果最好，但也不可忽视“点播”的作用。父母养育子女与农夫种植庄稼有相同之处，到了时令节气，该**“点播”**什么种子，就要耕耘土壤，锄去杂草，施以水分肥料，进行科学育种。特别是培养孩子的良好习惯，就主要靠“点播”育种。

第三，本能倾向问题

每个人的本能倾向是有差异的，所以，播撒同样的“种子”往往会产生不同的结果。再看前述囚犯的母亲，播撒了看似良种实为劣种的“种子”，但囚犯的弟弟是不是也成了囚犯呢？资料没有提供答案，但我们却可以肯定，他的弟弟不一定成为囚犯；如果他弟弟本能向善，完全可能正面理解母亲的善心，从分苹果中得到教益，进而养成谦让之德。囚犯之所以成为囚犯，不仅是“种子”有问题，还在于他本能向恶之故。

梅森所说的“激活本能倾向”，是指向真、向善、向美的倾向，但事实上却可能激活向假、向恶、向丑的倾向，比如前述囚犯。因此，认知孩子的本能倾向是做父母的一件重要工作，即“认识你自己”。

在此基础上，当千方百计激活其人性中真善美的倾向，有针对性地抑制其人性中假恶丑的倾向，如农民种水稻要拔稗子、洒农药一般，除“恶”务尽，方能力保丰收。

教育能否影响干预本能倾向，能在多大的程度和范围发生作用，是一个复杂的理论问题。洛克先生提倡从源头上入手，给我们提供了一个有用的行动指南，他说：“我们童稚时所得到的印象，哪怕极其微小，乃至无法察觉，都有极重大、极久远的影响，犹如江河的源头，水性异常柔弱，一点点人力便可以影响河流的流向，乃至使河流的方向根本改变；总之，**从源头上加以引导**，河流就接受了不同的趋向，最后流向十分遥远的地方。”

好父母为何应有差异思维?

差异思维就是在观察认知孩子的个体差异的基础上，研究思考如何扬长、如何补短或避短，培育比较优势的思维活动。其中，个体差异是“前提”，比较优势是“中心”，扬长与补短则是“两个基本点”。抓住这四个要点，就具备了差异思维的意识和能力，分述于后。

一、个体差异

每一个孩子的智商、情商、本能倾向等天资禀赋，还有性情、兴趣爱好及后天环境等，各方面都存在着明显差异，这是一个客观存在的事实。如果父母不能认识到，这个世界的孩子有着无穷无尽的差异，他们未来的生活也完全不同；如果父母按照自己的意愿，**想当然**地设计和安排孩子的发展道路，或把自己的孩子与别的孩子，机械类比，要求看齐，最终后果几乎不可避免地是挫败和危害。

尊重孩子的个性差异，观察了解孩子的差异何在，进而发现认知孩子的长处短处，是父母养育孩子的首要工作。如果少了这个前提，对孩子的情况没有把握，最好什么也不要做，无为而治。无为，就是不妄为，不胡来，好比身在黑暗之中，周围情况不熟悉，最好原地待着不动，莽撞行走势必碰壁摔跤，跌个鼻青脸肿。

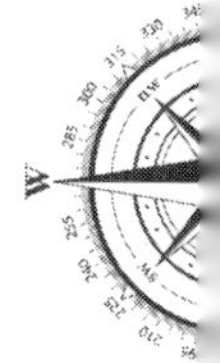

其次，对孩子的短处要坦然面对。日本“经营之神”松下幸之助说：“我的人生经验只有四个字‘**抱残守缺**’，正是因为我的三个明显缺陷，让我获得了成功。”其缺陷一是出身贫寒，所以更努力更坚忍不拔；二是小学未毕业，学历低，所以只能从实践中学习感悟，于是更接近真实；三是身体差，常卧病在床，需借力于他人，故学会了管理。可见，有短处不一定是坏事。

二、如何扬长

孩子的长处大多“藏”在兴趣爱好之中。一个人对什么感兴趣，对什么不感兴趣，喜欢什么不喜欢什么，应该有一半是先天“定”了的，这里面有**“密码”**。孩子兴趣爱好所在，往往得心应手，如鱼得水，如饥似渴，精力专注，心情愉悦，思想活跃，久而久之自然成为长处。所以，扬长之道首先在于顺势而为，因势利导，因材施教，从其兴趣爱好入手；其次则是优化资源配置，将孩子的时间精力智力，父母的人力财力物力，更多地集中到兴趣点上来，通过强化训练，把兴趣爱好变成特长专长。

扬长之极致的个案如丁俊晖。其父让其辍学专攻台球，全家所有的人力物力财力都集中到这个“点”上，走南闯北，十年磨一剑。他们成功了，闯出了一条路。丁父为什么这样选择取舍，就是差异思维在起作用。试想，以他们家庭所拥有的资源，以丁俊晖的资质天赋等条件，如果不出奇兵，循常规发展，效果肯定不如现在好，甚至几代人都到达不了现在的平台高度。至于说**风险**，干什么没有风险呢？走读书升学之路，能不能考上大学，大学毕业能不能找到工作，工作了能不能养活自己，都是问题，都要十多年的投入，同样有风险。

其实，一个人不管做什么，只要能发挥所长，在某领域某方面超越多数人，自然就有了立足之地和发展空间，风险已经最小化了。相反，不走扬长之道而随大流，或许也能中不溜秋，但损失却是看不见的，隐蔽的风险更大，只是人不能同时走两条路，无法比较权衡而已。当然，对于孩子是不是那块料，判断错了，那是另一种风险，非“扬长”之过。

三、如何补短

木桶理论认为，决定木桶容量的不是其长板而是其短板。假定箍木桶的有 10 块板，9 块都是 1 米长的，只有 1 块是 0.5 米长的，那么这只桶只能装 0.5 米高的水。因此，人要成才必须补短，否则“水”将溢出。这个说法对不对呢？关键看“板”的内容。

比如高考中考要高分，几门课最好平均用力，总分才能上去；若偏科，即使有一两门课很好，也上不去，完全与木桶理论相合。再比如德育、智育、体育该不该全面发展？有专家说：“智育不好是次品，体育不好是废品，德育不好则是危险品。”少了其中任何一块板，都是“问题儿童”，这样的短板必须尽力补，能补多少算多少。另外一种短板则不一定，比如，工程师不识简谱，画家背不全乘法九九表，园艺师不懂微积分等，补不补无伤大雅。因此，关系到立身之本的“短板”必须补，尽量补；其他的则可“有所不为”，回避短处，用另外的长处弥“补”。

四、比较优势

长处与短处是相对而言，相比较而存在的。父母引导孩子扬其所长，使孩子在某些方面与他人相比较具有一些优势，这就是比较优势。比较优势相当于单项冠亚军，能够给人以信心和勇气，能够更好地整合发展资源，步入良性循环。

我国成了全球制造中心，靠的就是比较优势：我们的人力资源丰富而且价廉。所以，经济学家把这些年的发展称之为“人口红利”。比如格兰仕微波炉，横扫全球，成为价格屠夫，市场占有率 80% 以上，凭借的就是人力资源。同样的机器设备在别国每天生产 8 小时，放在

我国可以三班倒，24 小时不停生产，效率大大提高；同样一个工人，在别国需要 10 元钱，在我国只需要 2 元钱，成本大大降低。这一高一低下来，销售价格的竞争力何等强大！我们人口多的劣势转化成了比较优势，经济就这样日渐强大起来了。

美国著名作家马克·吐温，早年投资开发打字机，赔掉了 5 万美元，一无所获。后来他又开办了一家出版公司，又一次陷入困境，以负债累累而了结。马克·吐温告别了经商，专心写作并在全国巡回演讲，这时的他风趣幽默，才思敏捷，完全没有了商场中的狼狈。最终，他靠写作和演讲还清了债务，名扬四海。

周国平先生说："每个人的长处和短处是同一枚钱币的两面，就看你把哪一面翻了出来。换一种说法，就每一个人的潜质而言，本无所谓短长，短长是运用的结果，用得好就是长处，用得不好就成了短处。"这段话既可与马克·吐温的成败相映证，也是对比较优势的恰当诠释和说明。

除了通常的个体差异外，还有**性别差异**问题需要专门加以讨论。从差异思维的立场来看，"男女都一样"的观点是错误的。**传统男性**的特点和长处是独立、有主见、有进取心、坚强、有竞争心，对专业生涯的追求及对家庭的责任等；**传统女性**的特点和长处是温柔、善良、有耐心、善解人意、有亲和力、善于烹调、抚养孩子、清洁等家庭事务，忍耐力强等。"男女都一样"便是男人"女人化"、女人"男人化"，这不是"扬长"而是"抑长"了，这不是培育比较优势而是培育"比较劣势"了。对这种不承认性别差异的思想应该进行清算，因为这关系到父亲与母亲的**角色定位**问题，也关系到子与女培育方向的问题，可谓关系重大。

历史上，我国的女性没有地位，没有受教育的权利，既不公平，也不利于养育后代、强大种族。对此，清末才女曾懿著《女学篇》，倡兴女学，以期“外而爱国，内而齐家”；论及结婚、夫妇、胎产、哺育、襁褓教育、幼稚教育、养老、家庭经济学、卫生等方面。梁启超在《倡设女学堂启》中说：“上可相夫，下可教子，近可宜家，远**可善种**。妇道既昌，千室良善，岂不然哉？”“故治天下之大本二：曰正人心，广人才。而二者之本，必自蒙养始。蒙养之本，必自母教始。母教之本，必自妇学始。故妇学实天下存亡强弱之大原也。”可惜，我国的“女学”未能兴盛起来，在养育子女上我们存在“先天”不足，恰如美国教育家斯特娜夫人所言：“中国大多数妇女是文盲，也不进行家庭教育。受不到母亲教育的国民决不能成为伟大的国民。”

解放后，我国大陆地区女性地位扶遥直上，领先亚洲，比肩欧美了。但过犹不及，“女学”依然不发达，忽视性别差异的倾向明显，只是女权主义占据了一片市场。据报道，京沪地区数十万优秀女性，不为人妻不为人母，成了一个特殊群落。她们希望男性比自己强大但不接受“男权”，她们主张“女权”却又不能接受比自己差的男性，于是不尴不尬地“单”着。

比她们略逊一筹的**强势**妻子和母亲就更多了，她们遇事针锋相对，寸土必争，每天一小吵，三天一大吵，家中经常战火纷飞。这类比较“阳刚”的女性，不仅大城市多，在中小城市里也很常见了。这其实是一种文化断裂现象，使女性“扬短避长”，自己不能幸福生活，子女也受到不良影响。如养男孩，其阳刚之气自小便受到抑制；如养女孩，阴柔之美从何处学习？故现实生活中，强势母亲的孩子，心里不健康者居多。

有捷克学者指出：“我们当今世界，极其缺乏的是我们称之为女人或者说是母亲的天性。解放运动的消极后果之一是，母亲的作用在现代妇女眼中急剧下降。”“洗餐具这种琐事，虽然单调，看来又很简

单，但它却要求女人的手所具有的那种对物体脆弱性的细致感和特殊敏感。”而“一个男人如果围着女人围裙站在洗衣机旁或马马虎虎地洗着脏茶杯和脏碟子，他的心情很快变坏，因为他有一种自我压抑感”。（引自王东华《发现母亲》）这段话出自当年东欧社会主义国家的学者之口，或许可以说明这个问题与意识形态无关。

那么，我们应该如何面对性别差异呢？我想起了清华大学的校训：**“自强不息，厚德载物。”**对此我的解读是，像**男性**那样阳刚、雄起、坚强不屈，像**女性**那样温厚、包容、德润万物。这其实就是人类社会男人阳刚、女人温柔、相得益彰、融洽和谐的生动写照。做父母，当明确自己的优势所在，并以此作用于子女，这也是差异思维的重要方面；切忌阴阳颠倒，“女鸡打鸣，男鸡下蛋”。

好父母为何应有团体思维？

差异思维也是个体思维，是关于个体扬长补短的问题；团体思维则是关于个体与个体、个体与群体之间如何和谐共处、合作互补、追求共赢结果的思维活动。人是群居动物，是社会化动物，处理不好这个问题，人生不易幸福，发展也不会顺利，特别是在今天这个全球化时代。因此，要从下述四个方面入手：

首先，是与人和谐共处

孩子的成长过程同时也是一个不断融合的过程，从融入家庭到融入班级学校，到融入社区乡村，融入团队单位，融入城市环境，融入社会生活，融入世界潮流，处处都是课题；孩子要与家人，与老师同学，与亲戚朋友邻居，与领导同事，与竞争对手，与各民族各种族各色人等打交道，人人都需研究。这条融合之路该如何走，做父母的态度和认识至关重要。融合得好，孩子一生多顺利少曲折；融合不好，各种问题会层出不穷，甚至引发恶性事故，比如马加爵。

概括起来，有三个观点最重要。一是**差异观**，现在是一个全球化、多元化时代，尊重个性差异乃历史潮流；唯我独尊，只知有“我”不知有“他”，用“我”代替、抹煞“他”的做法肯定行不通。所以，互不干涉主权，互相尊重差异，世界上白种人、黄种人、黑种人，各种文化形态和生活方式，才能和谐共处，才不会你争我夺、你死我活。家里也一样，相互尊重差异，家庭生活才能和谐，也才会有助于孩子

学会融合。

二是利他观，不能给别人带来价值，自己当然也得不到好处。时时处处想着占人便宜，或许得逞一时，但很难得逞一世，而且往往因小失大，引人提防警惕。故利己必先利人，如孔子所说“己欲立而立人，己欲达而达人”，自己想站起来，先帮别人站起来，先让他人达到目的了，自己就能达到目的。美国也有句名言：“所得使人维生，所予方能实现生命”。生命的价值在于奉献，只有奉献于人的多，他人的回报才会多，自己的收益才会多起来。这是社会的公平法则，不是唱高调。

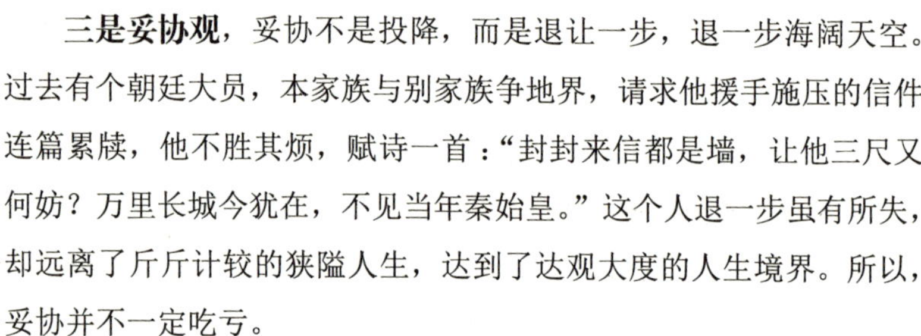

三是妥协观，妥协不是投降，而是退让一步，退一步海阔天空。过去有个朝廷大员，本家族与别家族争地界，请求他援手施压的信件连篇累牍，他不胜其烦，赋诗一首：“封封来信都是墙，让他三尺又何妨？万里长城今犹在，不见当年秦始皇。”这个人退一步虽有所失，却远离了斤斤计较的狭隘人生，达到了达观大度的人生境界。所以，妥协并不一定吃亏。

做到上述三点，与人和谐共处才能落到实处。

其次，是个人从属团体

这个团体可以是家庭、是班级、是社区、是单位、是国家、是全人类，可以是一种组织形式，也可以是一种共同关系。爱家爱校爱国，就是个人从属团体。同处一个地球，同享一片蓝天，也是从属意识的表现。没有从属意识，人如无“根”之浮萍；有了从属意识，做人才能根深叶茂。

所以，父母要强化孩子的**从属意识**，强调个人从属团体，明确角色意识，找准自己的位置，尽到自己的职责，与他人协调配合，还要守望相助，对他人负有责任。如果说团体是身体的话，个人就是细胞。

当身体某处破裂时，其他细胞就要迅速驰援，向伤口处聚集，使之弥合。2008年四川汶川大地震后，举国上下共赴国难，志愿者成千上万，络绎不绝，就是团体思维的充分体现。

此外，结伴联盟是动物的基本特性，也是人类社会的**基本形态**。比如联合国、欧盟、东盟、西方七国、G20等国际组织，联邦制、邦联制等国家形态，还有家族、村落等群居方式，个人的伙伴玩伴同伴、学友球友棋友等等。所以，父母应鼓励孩子结伴交友，特别是独生子女，因为："那种孤零零立在田野中的树，会长得歪歪扭扭，枝蔓旁生；相反，树林中的树由于有邻近树木的阻碍，就会长得高耸挺拔，以求获得其上方的空气和阳光。"（康德《论教育学》）

其三，是合作互补共赢

科学家研究发现，大雁之所以能够长途飞行，就是因为群体协作，成群的大雁以V字型飞行，比一只大雁单独飞行能多飞出12%的距离。动物如此，人类如何呢？

美国"发现号"航天飞机在完成了第四次太空飞行使命后，在机组人员与小学生的见面会上，有人问："你们在太空飞行中获得的最有价值的经验是什么？"女机长艾琳说："最有价值的经验就是人与人的合作。作为机长，我对航天飞机负有许多责任，但这必须通过与机组人员的合作来实现。只有相互合作，各展所长，才能形成团队的合力，完成这次飞行。"

华人首富李嘉诚先生也说："成就事业最关键的是要有人能够帮助你，乐意跟你工作，这就是我做生意成功的秘诀。"哲学家威廉·詹姆士更进一步说："如果你能够使别人乐意和你合作，不论做任何事情，你都可以无往而不胜。"可见，合作的力量有多强大。这种强大来源于资源整合，优势互补。

《山海经》里有一则故事说，长臂人和长腿人各有所长，也各有短处。下海捉鱼时，长腿人能到深水有鱼的地方去，看到了鱼手却够不着；长臂人手能够得着，但腿短不能到深水区。于是两人合作了，长臂人骑到长腿人的脖子上，一个负责走到深水有鱼处，一个负责伸手捉鱼。这就是优势互补，实现共赢。

其四，是提倡良性竞争

竞争有利于发展能力，激发潜力，但恶性竞争则会两败俱伤，因为恶性竞争是以消灭对手为目标的，所以不讲规则，不择手段。这时竞争对手面临绝境，必然孤注一掷，在他掉下去时也要拉个“垫背”的，其结果不言自明。

所以，父母既要鼓励孩子积极竞争，又要提倡良性竞争，适可而止。大型跨国公司对一个新兴市场的占领，往往不会超过一个正常的比例，因为它一旦占得太多，势必招来各方面的压力，它自己在这个市场上就可能失败。处理人际关系也是这个道理。

上述四点，构成了团体思维的基本框架。而要培养孩子团体思维的意识和能力，父母还需要在**体育比赛**和**社会活动**上下功夫。特别是体育比赛，既能强健体魄，又能文明精神，强化团体意识。即使不能参加比赛，只是观看比赛，也能愉悦身心。西方自古以来就十分重视体育，把体育作为培养精英和领袖才能的必修课，因为体育运动中的规则意识、合作意识、竞争意识、公正意识，以及决胜的信心、正确面对失败的体验等等，对于孩子的成长都是宝贵的营养，绝不仅是“四肢发达”那么简单。美国东北部著名的大学如哈佛、耶鲁、普林斯顿等的联盟称“常青藤”，常青藤的本意即是体育联赛。而我们却普遍忽视体育，不当回事，对“四体不勤”习以为常，甚至把孩子参加体育运动，斥为贪玩，担心影响学习，实在大错特错也。

记得我上大学时，有个美女同学，“系花”一朵，引多位同学“蝶恋花”，结果却被体育系的猛男“摘”走了，这让许多同学都愤愤不平，不仅是失落，还有鲜花插在牛粪上的感觉。中文系的美女怎么能落入体育系的怀抱呢，搞体育的头脑简单四肢发达，莽夫一个，何来诗情画意，怎么配得上中文系女子？……这件小事折射出我们中国人的观念认识，这些认识其实来源于科举考试，即以文化考试成绩来衡量体育，由此判定体育没有考试价值，于是搞体育的也就低人一个档次。这样的认识与西方传统完全相反，导致体育处于教育的边缘地带，甚至在家长眼里就是个可有可无的课程。所以，考试分数成了我们的思想包袱，把我们引入了歧途，我们当放下这个包袱。

除了体育外，父母还应多鼓励支持孩子参加各种社会活动。在国外学生都要做义工，为社会尽一份义务，也经受一些锻炼，学会一些本领。我国的教育改革也将“义工”列入了规划之中，可见这是大趋势，是世界潮流。单从个人得失上说，参加各种社会活动也是大有益处的。一个人如同一杯水，往大了说，也就是一盆水、一桶水、一缸水，必须汇入小溪，汇入河流，汇入大江，最终汇入大海，才会不被蒸发消耗掉，才能具有翻波涌浪的势能。薛涌先生说：“那些自我中心，只关心自己下一张工资单的人，很可能会在下一张工资单的忧虑中消磨掉平平的一生。而一个关心别人、对社会有责任感的人，则更容易理解别人，更有兴趣探索解决社会问题的路径，因而也更可能成为社会的领袖，从社会中获得更多的报偿，享受辉煌的一生。”这段话值得父母三思，“考试成绩”与“工资单”是不是一回事？

好父母为何应有创新思维?

被尊为“创新思维之父”的爱德华·德·博诺，在《六顶思考帽》中说：“两千多年前，中国的技术远远超过西方的技术。但后来中国的进步似乎就停止了。通常的解释是，**中国人不喜欢假设**。没有可能性假设这一关键因素，进步就是不可能的。”

这个看法是不是正确呢？我们先看看西方的教育理念：

1968 年的一天，美国一位 3 岁女孩跟妈妈逛超市。突然，她指着一个礼品盒上的“open”，对妈妈说她认识第一个字母“O”。这位妈妈非常吃惊，问她是怎么认识的，女孩说是幼儿园老师教的。这位妈妈在表扬了女儿之后，一纸诉状把幼儿园告上了法庭，理由是该幼儿园剥夺了她孩子**想象的权力**。因为她女儿在认识“O”之前，能把“O”说成苹果、太阳、足球、鸟蛋等等圆形的东西。但是，自从幼儿园教她认识了字母之后，孩子就失去了这种想象的能力。她要求幼儿园进行精神赔偿。

此案在法院开庭时，这位妈妈作了如下申诉：“我曾在一个公园里见到两只天鹅，一只被剪去了左边的翅膀，放在较大的水塘里；另一只完好无损，放在很小的水塘里。管理人员说，这样能防止它们逃跑，剪去左边翅膀的因无法保持身体平衡而无法飞行；在小水塘里的因没有足够的滑翔路程，也只能在水里。现在，我女儿就犹如一只幼儿园的天鹅，他们剪掉了她一只**想象的翅膀**，过早地把她投进了那片只有 ABC 的小水塘。”

陪审团的全体成员都被感动了。幼儿园败诉！

这位妈妈所说的“想象”与博诺先生所说的“可能性假设”，所指的基本是同一回事，即创新，这是他们看重的、崇尚的。那么，我们的教育理念如何呢？

事例一：在某个学校的一次考试中，有这么一个问题：“雪化了是什么？”有个孩子的答案是：“雪化了是春天。”这是多么新颖的答案，包含了多么丰富的内涵！但不符合标准答案——“水”，而被打上了一个鲜红的“叉”号。

事例二：美国的小学美术教师达琳来中国云南任教，作学术交流，给学生出题“快乐的节日”。结果发现，很多孩子都在画圣诞树，而且画得一模一样！原来教室墙上的一幅画里有棵圣诞树。达琳把画遮起来，要孩子们自己创作构思一幅画来表现这个主题，孩子们抓耳挠腮，一脸茫然……

事例一的核心是**“标准答案”**，排斥“想象”；事例二的核心是**“模仿”**，缺乏“可能性假设”，都是鼓励并习惯于“复制”，而非“创新”。这是我们的评判标准，也成了孩子们的学习习惯，所以差不多就是我国教育的基本面貌。比较来看，中国人“没有可能性假设”而落后于人，这个判断完全属实。钱学森、任继愈等大师也看到了这些弊病。数十年几代人没有培育出世界级顶尖的人才，更是明证。因此，做父母迫切需要创新思维。

所谓**创新思维**，就是父母突破思维定势，对孩子反权威，搞“破坏”，不守常规，别出心裁的新想法、新观念、新思路、新方式、新途径、新选择等，予以保护和鼓励的思维活动。其中关键在于突破思维定势，即不按过去的、常规的、现成的模式思考问题，不排斥不合

"模式"的可能性假设。比如孩子问："天上会不会有两个太阳？"父母若答："瞎说。国无二君，天无二日，怎么会有两个太阳。"这就是思维定势。如果父母说："天上可能有两个太阳，或是三五个更多也不一定，宇宙无限，银河系、太阳系之外还有许多未知世界。"那么，这个孩子的创新思维就被激活了，在他的头脑里就会生出想象的翅膀，就会"飞"，就会神往，完全可能因此而成长为航天科学家或天文学家。

爱因斯坦说："想象力远比知识更重要，因为知识是有限的，而想象力概括着世界上的一切并推动着进步。想象力是知识进步的源泉。"事实上，瓦特因为把"蒸汽顶起壶盖"与"机器"联系起来想象，才推动了蒸汽机的诞生；莱特兄弟因为想象"人能否长上翅膀，像鸟儿一样在天空中飞翔"，才会有飞行器的发明创造。这些震惊世界的划时代进步，无不源于"异想天开"的想象；这些想象就是突破了常规模式的可能性假设，这样的假设比金子还要宝贵。特别是今天，世界日新月异，知识已不再是力量，如果不能突破常规、不能想象假设、不能创新，几乎没有领先于人的可能性。

但**打破常规**非常不易。父母们奉行的"常规"、形成的思维定势是几十年反复体验而沉淀形成的，有些甚至是上千年"祖传"的，其形成过程颇象下述实验：

研究人员将小虎鲨养在鱼池中，定时投放食物——大大小小的鱼儿，供其猎食。一段时间后，研究人员用玻璃将鱼池隔成两半，小虎鲨看不出来。这天，研究人员把活鱼放到玻璃的另一边，小虎鲨照常冲了上去，撞到玻璃上，撞得头晕眼花，什么也没吃到。过了几分钟，它看准了一条鱼，又冲过去，撞得更疼，差点没昏倒。休息十分钟后，小虎鲨饿坏了，这次看得更准，更猛地冲过去，撞得嘴角流血瘫在池子里。最后，小虎鲨拼了最后一口气，再冲，还是被玻璃挡着，鱼吃不到还撞了个全身翻转。小虎鲨彻底放弃了。接着，研究人员把玻璃拿走了，鱼儿在池中游来游去，游到小虎鲨面前，它竟不敢去猎食了。

小虎鲨因为反复碰“壁”，形成了“不敢”猎食的思维定势，与多数父母人到中老年、丧失进取心何其相似！打破常规要冒风险，可能失败，有几个父母愿意子女冒失败之险呢？这是多数父母不能打破常规的根本原因。因此，父母要真正具有创新思维，必须克服**“害怕失败”**的心理，必须对“失败”有一个新的认识角度。

前些年，有个调侃的说法，一个人一生平平顺顺，到退休了发现平生未犯过任何错误，大为遗憾！在我看来，这个半开玩笑的说法包含着**生命意识的觉醒**。试想，一个人一生无错意味着处处遵循常规，人云亦云，缺乏自我意识，没有个性只有共性，当然不会犯错失败，也不可能有什么真正的成功经历，生命的体验同白开水一般寡淡无味，这难道不是另一种失败吗？千百年来，我们多数中国人就这样重复浪费着生命，并要求下一代遵循常规，胆怯、乖巧，寡淡地为活着而活着，我们生命的意义何在？我们这样的要求，是将孩子的生命引向成功还是引向失败？

艾琳在《美国式家庭教育》中，写一个美国孩子满墙满脸、乱涂乱画搞破坏之后，他爷爷却极尽赞美之辞：“很有创造性，很有想象力！达·芬奇当年也不过如此！”还开导“我”：“对待孩子，我们更需要博大的胸怀！也许，他在走路的过程中会踩坏路边的一些花草，但是，他毕竟是在向前走，当他到达目的地时，他一定能灌溉出一大片你无法想象的美丽的花园来。这比起他在路上踩坏的那些花草，价值可就要大多啰！**破坏与创造永远是成正比的。**”

以老外为鉴，可以明得失矣。

好父母为何应有策略思维?

策略思维有三个要点：一是为了实现某个目的，二是基于现实中存在的某种困难或问题，三是制定并实行相应的行动方案，或者是一个计谋，一些措施，或者是某种方式方法。总之，有技巧有艺术地克服困难、达到目的的思维活动，就是策略思维。

做父母的策略思维有三个指向：一是诱导孩子向往某个目标，形成**牵引力**；二是推动孩子努力奋斗，不达目的不罢休，形成**推动力**；三是为孩子排忧解难，帮助孩子走出困境，形成**转化力**。打个比方来说，孩子的成长如同爬坡登山，父母的策略思维就是起前拉、后推、中间搬路障的作用。具体如何运用策略，才能产生牵引、推动和转化的效果，现结合实例，分别说明如下：

第一，希望就是力量

有这么一个故事：

一天，一个5岁的小男孩在大街上玩耍时，被迎面而来的汽车撞倒了。由于抢救不及时，他的双手和胳膊都被截掉了。

两年过去了，小男孩到了上学读书的年龄。但是，由于不能像其他同学那样灵活地翻书写字，因此被学校拒之门外。

每天早晨，男孩看着伙伴们兴高采烈地从他家门前经过去学校时，便十分伤心地问妈妈：“我没有胳膊，没有手，怎么办呀？”妈妈爱怜地抚摸着孩子的头说：“孩子，不要紧的，只要你坚持锻炼，你的胳膊和手还会再长出来的。”小男孩听后，绽出了灿烂的笑靥。

于是，在妈妈的帮助和指导下，他天天刻苦锻炼，学着用脚洗脸、吃饭、写字，并争取做一些力所能及的事情。男孩心中满怀憧憬，他坚信只要努力练习，胳膊和手是会再长出来的，妈妈还会骗自己吗?

好几年过去了，小男孩的胳膊和手还是没有长出来。他不解地问：“妈妈，我的胳膊和手怎么还没有长出来呢?是不是我练得不够刻苦?”

这一次，妈妈很认真地看着孩子的眼睛说：“傻孩子，现在你看看，别人用胳膊和手做的事情，你哪一样不会做呀!”

“是的，我的脚都会做，而且，有的事情比伙伴们的手做得还要好呢!”小男孩自豪地说。

“那你说，你的胳膊和手长出来没有?记着，孩子，只要你心里有坚定的信念，你就拥有了坚强的臂膀和强有力的手，这臂膀和手长在你心里!”

男孩明白了，从此更加刻苦，那“再生”的胳膊和双手帮助他克服了各种困难，最终考上了大学，并建立了自己美满的家庭。

这个感人的故事告诉我们，希望就是力量。妈妈的“谎言”策略，激发了孩子的强烈向往，成为一种强大的牵引力，使这个孩子虽然肢体残缺但意志坚强，令人击节赞赏!

第二，为难于其易，为大于其细

这是老子《道德经》中的两句话，意思是做困难的事情从容易处入手，做大事情从小的地方切入。做父母运用这种策略，通过“分解”使事情变容易，让孩子容易完成，从而产生成就感和自信心，激发出继续前进的动力，并不断进步，积小胜为大胜，最终实现目的。日本

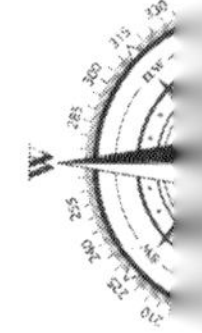

马拉松冠军山田本一的故事，可以准确诠释其中的道理。

1984年，在东京举办的国际马拉松邀请赛中，山田本一出人意料夺得世界冠军。两年后，在意大利邀请赛上他又夺得了冠军。他个子矮小，名不见经传，记者采访他，他将成功经验总结为："用智慧战胜对手。"马拉松是考验体力和耐力的运动，如何用"智慧"呢？大家迷惑不解。

十年后，山田本一出版了自传，他说："每次比赛前，我都要乘车把比赛的线路仔细看一遍，并把沿途比较醒目的标志画下来，比如第一个标志是银行，第二个标志是一棵大树，第三个标志是一座红房子……这样一直画到赛程的终点。比赛开始后，我就以百米的速度奋力地向第一个目标冲去，等到达第一个目标后，就又以同样的速度向第二个目标冲去，四十多公里的赛程，就被我分解成这么几个小目标轻松地跑过去了。起初，我并不懂这样的道理，我把我的目标定在四十公里外终点线上的那面旗帜上，结果我跑到十几公里时就疲惫不堪了，我被前面那段遥远的路程给吓倒了。"

第三，换个角度看问题

在孩子的成长历程中，不可能总是一帆风顺。孩子总会遇到这样或那样的问题，怎么办？下面这位妈妈非常有智慧：

第一次参加家长会，幼儿园的老师对这位母亲说："你的儿子有多动症，在板凳上连三分钟都坐不了，你最好带他去医院看一看。"母亲不忍心伤害孩子，告诉儿子说："老师表扬你了，说宝宝原来在板凳上坐不了一分钟，现在能坐三分钟了。其他妈妈都非常羡慕我这位妈妈，因为全班只有宝宝你进步了。"

儿子上小学了，家长会上老师对这位母亲说："全班50名同学，你儿子的数学考试排名49。我怀疑他智力上有障碍，你最好能带他去医院查一查。”这位母亲悄悄流下了眼泪。但看着儿子，她又和颜悦色地说：“老师对你充满了信心，说你并不是一个笨孩子，只要细心点，会超过你的同桌，这次你同桌排名第21。”儿子紧皱的额头顿时舒展开了，学习积极性也提高了。

儿子上初中，这位母亲开始害怕开家长会，紧张地等着老师点她儿子的名字。但是这次却出乎意料，老师没有找她。当她问老师时，老师告诉她：“你儿子现在的学习成绩，考重点高中有点危险。”她心中暗喜，对儿子说：“儿子，班主任对你非常满意，说只要你努力了，很有希望考上重点高中。”……

最后，这位一度被老师看作有“多动症”、“智力障碍”的孩子，顺利考入清华大学。

这个故事中的妈妈，**换个角度**看问题，一下子就把问题看开了，看出了转机，看出了希望，看出了孩子的积极性。设想一下，通常我们会怎样做呢？着急免不了，责备也难免，甚至可能打一顿，弄得鸡飞狗跳，孩子好起来的可能性有多大说不清楚，可能好起来也可能就整“疲”了。效果姑且不论，单就克服问题的方式来说，这位妈妈轻描淡写，攻心为上，堪称“智取”；打骂之法则属“强攻”，攻城为下也。而事实上，教育问题采取“强攻硬取”的方法往往适得其反，只宜“智取”，不宜“强攻”。

这位妈妈的智慧不仅在于为儿子化解压力，并将压力转变成了动力；还在于她始终保持清醒头脑，并不以为策略等于结果。她“害怕开家长会”，看到孩子有点进步便“暗喜”，这就说明，她对策略的效果是“不可不信，亦不可全信”。这一点很重要，策略可能有效，也可能无效；可能现在见效，也可能将来见效，因人因事而异。有的父母不作具体分析，以为策略可以“药到病除”，立竿见影，常常急于

求成，结果欲速则不达。

策略思维的根本功效在于养成孩子的**正向心理循环**。何谓正向心理循环？快乐的、成功的、我能行这些信念，制造出相应的快乐的、成功的、我能行的事实；这些事实又反过来强化相应的信念，如此循环往复下去，久而久之便成为正向心理循环。在既定的智商条件下，能否发挥最大的潜力，正向心理循环至关重要。

而**负向心理循环**则是沮丧的、失败的、我不行这些信念，制造出相应的沮丧的、失败的、我不行的事实；这些事实也反过来强化相应的信念，循环往复，便成为负向心理循环。这不仅是孩子智力发展的最大障碍，还会影响孩子的心理健康，形成自卑、怯懦、说谎等性格特点。所以，策略思维，马虎不得。

第六章　父母行为

本章导读

本章讨论如何做人做事，才能成为民主的、高尚的父母。

前三篇针对父母行为的共同问题提出：做好父母要向后退，让孩子自由生长发育，并交接相关事务，促进孩子独立自主；做好父母不能老盯着孩子，而要做好自己、改变自己，当前主要问题出在父母身上，父母要检讨；做好父母还需要“重新做人”，让自己再从小长大一回，体验生命和亲情，多做“无用功”，淡化功利心。

后四篇比较了我们与犹太民族在家庭教育上的差异，找出我们的重大缺失。犹太人常常从零开始，我们则常常自满；我们不是爱学习的民族，只是监督孩子学习应试，使我们每代人的学习时间不到犹太人的一半；我们缺乏信仰、缺乏约束、没有敬畏之心，如杂草与庄稼共生，使我们不能像犹太人那样有所不为有所为；我们哄（骗）孩子是家常便饭，没有契约意识，使我们防人也被人防，不像犹太人拥有诚信这个巨大的无形资产。这些养育上的差异，造成了结果的悬殊。

逐步后退还是步步紧逼？

我准备写这一章时，抽空读了周国平先生的自传《岁月与性情》。读到他在广西农村的体验时，我突然产生一个联想：我们养育孩子与当年人民公社管理农民是否相通相似？这是一个让我自己都吃惊的想法，但仔细对照想想，发现真的如出一辙，这理应风马牛不相及的两件事，本质上竟然完全相同！这又是一个“官父母”的例证，也证明了我们的文化“家国一体”的特性，我们之所以这样做父母都是这种**文化支配**的。他写道：

经常在农村，我对农民的艰难也就有了切身的感知。他们的艰难，很大一部分是干部的强迫命令造成的，突出地表现在两件事情上。一是所谓科学种田，强制推广双季稻和相应的水稻矮秆品种。地委书记兼军分区政委来到某大队，下令把已经播下的七千斤高秆种子全部犁掉，大队干部要求放鸭子吃，不致完全浪费，这位地区最高长官耍威风道：“不行，就是要全部犁掉，让你们得点教训！”一股风吹下去，定了调子，层层贯彻：“有收无收都得给我种！”另一是大刹副业，一律判为资本主义倾向。县农办主任带队进驻一个生产大队，我也在其列，被派到一个生产队。正值冬日农闲，有些生产队搭窑烧石灰，烧出的石灰出售，这原是当地农民常用的增加收入的办法，但主任宣布是严重的资本主义倾向，下令制止。……农村问题的解决说简单也简单，第一步是解除加于农民的种种无理束缚，使他们真正获得经济上的自由和平等的公民地位。

比一比，看一看，父母像不像干部（官）？抓学习成绩与抓“科学种田”，禁止业余爱好与“大刹副业”，家长意志与长官意志，在本质上有什么差异？孩子像不像被束缚的农民，可怜巴巴地没有自主权？土地承包到户后，长官退后了，农民有了自主权，天也没塌地也没陷，反而粮食大丰收，这个深刻的变化说明了什么？我们要做好父母，是不是也该退后一步，**让孩子独立自主?**

现在的孩子得到了“史无前例”的关爱，也承受着空前严厉的学习重压。两代父母环侍左右，一手拿胡萝卜一手执大棒，期望之高，督学之严，关爱之细，无以复加，如同篮球场上全场紧逼人盯人，还是几个人盯一个人，没有一刻松懈。孩子没有自己的空间、自己的梦想、自己的喜好、自己的体验，被指使、被驱赶、被要求、被塑造，完全是被动的。卢梭在《爱弥儿》中问：“什么是最好的教育？”他自答道：“最好的教育就是什么也不去做。”这话说绝对了，但我国现阶段的大多数父母，确实需要后退一步甚至两三步，给孩子留出生长发育的空间来，则肯定无疑。

仍以农事比喻。过去插秧，是人在水田中，边插边往后退，退到田埂上，则一幅一幅的秧苗绿绿地铺满田园。养育孩子也是一样，随着孩子的长大，父母也应逐步后退，直至退到“田埂”上。该施肥了，才下田；要拔稗子，才下田；有病虫害该喷药，才下田。其余时候，则任其生长。没有哪个农民蠢得因为盼望丰收而天天下田去折腾，那样做只会适得其反；养孩子何尝不是这个理儿?

唐朝布袋和尚的《插秧诗》，意境优美，寓意深刻，值得父母认真玩味。诗云：

手把青秧插满田，低头便见水中天。

六根清净方为道，退步原来是向前。

父母的退步就是要**“知止”**，懂得适可而止，适度而为，过犹不及。老子说：“知止不殆，可以长久。”意为知道适可而止才不会失败，才能可持续发展。这是一种智慧，是以退为进。因为父母对孩子的爱的终极目标是“分离”，是子女独立自主，父母逐步后退也正是这样一种智慧的反应。

美国人本主义心理学家托马斯·戈登在《父母效能训练手册》中说得更透彻：“很多父母把他们的孩子视为‘自己的延伸’。这常常导致父母非常努力地对孩子施加影响，使其成为父母所定义的好孩子或实现父母没有实现的理想。越来越多的证据显示，在健康的人际关系中，每个人都应允许对方与自己‘分离’。这种分离的态度越强烈，这个人就越不需要改变另一个人，不会无法容忍他的独特性，也不会无法接受他行为的特殊性。”

父母退一步，孩子进一步，如此良性循环，孩子的独立思考能力、自主选择能力、承担责任能力等，才能逐步得到锻炼和发展。而强势的父母、代劳的父母，往往造成孩子的生活自理能力差、处理人际关系能力差、自我教育能力差，进入社会还有较严重的不适应感和焦虑感。

因此，把**自主权**还给孩子是做好父母的前提条件。西方的有关理论认为：每个人都有做自己愿意做的事情的权利，每个人都必须为自己的行为后果承担责任，每个人的自由都不能以妨碍和侵犯他人的自由为前提。只要明确这三条，完全可以“天高任鸟飞，海阔凭鱼跃”。其中关键是承担责任，后果自负。

美国总统里根 11 岁时，一次踢球把邻居家的窗玻璃打碎了，邻居要他赔 12.5 美元，他只好回去找爸爸。爸爸认为该赔，让里根自己想法解决。里根很为难，说自己没钱赔，爸爸便借给他 12.5 美元，要求他一年后偿还。此后，里根艰苦打工，历经半年努力，终于挣够了这笔钱，还给了爸爸。后来，里根回忆说，通过这件事，他懂得了什么是责任，一个人该为自己的过失负责。里根的爸爸成功地“退了一步”，推动里根进了一大步。而我国的父母通常会怎样做呢？可能掏钱赔偿再批评孩子一通了事，也可能赖账“要钱没有要命一条”，还可能暴打孩子一顿算是给邻居道了歉……总之，让孩子后果自负者寥寥无几，因而真正独立自主的孩子也寥寥无几。

我们习惯了替孩子把一切都想好，把生活安排得井井有条，省却了孩子疏忽和失误带来的麻烦，但同时也剥夺了孩子独立思考的机会，使他们既无法享受自己作决定的快乐，也不知道自己该承担什么责任。结果，父母时时处处事事“操碎了心”，孩子还没什么长进。更有甚者，父母求着孩子上学，求着孩子吃饭穿衣，孩子反而以此要挟，提条件谈要求，把事情完全整反了。这些都是父母不“退步”带来的恶果。

还有，许多学校布置家庭作业都要求**家长检查签字**，我认为这是极为不妥的。家庭作业多是应试教育的产物，本身需要改革，这且不谈。即使家庭作业是合理的，也是孩子自己的事情，父母总是监督或检查，等于分担了属于孩子自己的责任。作业正确与否，更是“教学”问题，是教师的责任，不应该“摊派”给家长。三者关系如同运动员、教练员、领队，各有职责，不该混淆。

最后需说明的是，“留守儿童”的父母不在该“退”之列，反而急需“向前一步走”。

改变自己还是改变孩子？

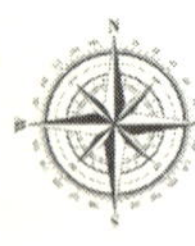

多年前，看过莫应丰的小说《驼背的竹乡》，说这个竹乡的人皆驼背，突然有一天来了个不驼背的人，大家觉得很奇怪，一致认为这个人不正常、有病，于是群起而攻之。大家讥讽、嘲笑、辱骂后，又商议如何纠“正”他，把他改造成与大家一样的驼背……这个故事很像一则寓言。联系教育现状来看，这个故事包含了许多象征意义，值得我们深思。

如果把父母比作驼背之人，把孩子看成新来的不驼背者，就会出现一个问题，到底应该改造的是父母还是孩子呢？进一步说，父母如何能保证按自己的模式去改变孩子就一定正确呢？如果父母是个“驼背”而不自知呢，岂不是生生将孩子扭曲了吗？所以，父母动辄“纠正”孩子的做法是需要慎重考虑的，父母自己是不是“驼背”倒是应该经常考量的，这是做好父母的又一个行为准则：改变自己。

父母是孩子的第一任老师，孩子能从父母那里学到哪些学问？古罗马帝国皇帝马可·奥勒留在《沉思录》开篇就说：“从我的祖父维勒斯那里，我学到了高尚的品德和平和的性情。从我父亲的名声和我能记得的他的言行中，我懂得了什么是谦虚和男子气概。从我的母亲那里，我学会了敬畏神明和慷慨仁爱，懂得了不仅要戒除恶行，也不要起邪念；她简朴的生活方式还教会我不事奢侈。”这些做人的大学问都应该是父母开设的课程。

那么，父母又是如何进行传授的呢？苏联著名教育家马卡连柯说："不要以为只有你们同儿童谈话的时候，才在进行教育儿童的工作。在你们生活的每一瞬间，都教育着儿童，甚至当你们不在家里的时候。你们如何穿衣服，如何同别人谈话，如何谈论其他的人，你们如何欢乐和不快，如何对待朋友和仇敌，如何笑，如何读报纸——所有这一切对孩子都具有重要意义……父母对自己的要求，父母对自己家庭的尊重，父母对自己一举一动的检点，这就是首要的和最主要的教育方法！"

上面这两个问题，多数父母都不明白。要做好父母，首先要自己有"货"，有优良的品质，如果没有则要赶紧弥补修炼。至于教育传承，是自然而然的，就像空气一样能被孩子吸纳，负氧离子多则空气清新宜人，负氧离子少则空气浑浊误人。许多父母无视自己稀松平常的事实，一辈子不反省、不改善、不进步，眼光始终"盯"着孩子，要求这要求那，要求很多很高，以为这样就是尽了父母之责，还美其名曰"为你好"，实在是大错而特错！这种错误代代相袭，被一个"孝"字包裹着、掩盖着，孩子不揭父母的短；"天下无不是的父母"，则是一块**遮羞的布**。

把这块"布"扯掉后是什么样呢？我们来做个"盘点"，认真地审视一番。**先向上看**，扪心自问，对于自己的父母，把"孝"的因素全部抽掉后，还有几分发自真心的"爱"和"敬"呢？其中答案不必告诉别人，因此不必顾虑，要对自己说真话。再想想为什么爱或不大爱、敬或不大敬，其中原因何在？再想想，父母带给了我们哪些重要的影响，哪些影响是比较好的，哪些是不大好的，这些影响是如何达成的？再好好想想，我们做父母后与自己的父母有哪些本质的相同，哪些本质的不同，哪些有进步，哪些有欠缺？我们已有"养儿才知父母恩"的阅历，对父母的评价应该比较公允，对自己应该也能够客观，所以得出的结论是比较可靠的。这是自我调查。

父母做得好不好，应该由孩子说了算，因为父母乃孩子的父母。所以，我们还要**向下看**，调查孩子，了解孩子是如何看待和评价我们的，撇开“孝”，还有几分“爱”与“敬”，都有哪些“毛病”。由于我们通常比较严厉，孩子大多不敢说真心话，要做这样的调查需要假手于人，或者通过网络聊天之类让他们觉得“安全”的方式，调查结果才比较真实。这方面的材料不多，我看到了一个几年前上海浦东三林镇妇联的“母亲素质大调查”资料，可供参考：

全镇近千名学生参与调查，其中，接受母亲现行教育方式的占3.7%，认为母亲令自己敬佩仰慕的占7%，认为母亲语言粗俗思想平庸的占31.5%，认为母亲要加强学习提高修养的占75.8%，希望母亲改变教育方式的占80.2%，要求母亲尊重孩子个人爱好的占80.2%。

这些数据在各城市各地区或有差异，但多数孩子内心深处并不真正“敬”、“爱”父母，可能接近事实。要做一个好父母，必须有勇气面对真实情况，不能以“孩子小，不懂事”来敷衍，而不去做改善自己的努力。

最后，**让我们向自己看**，诚实地对自己回答：“我对自己的接受程度如何？”通常来说，具有较高的自我接受感的人，能够获得更多的成就，也更容易接受其他人，不需要孩子成为特定类型的人，也更能接受孩子及其行为方式。相反，对自己缺乏接受感或接受感较低，这样的父母需要重新检视自己的生活。托马斯·戈登说：“很多父母正在利用他们的孩子为他们带来自我价值感和自尊。如果一位家长没有其他的自我价值感和自尊的来源，这对于很多把自己的生活局限在养育出‘好’孩子的父母来说是不幸的事实，他们对孩子的依赖会使他们过于焦虑，并且强烈需要孩子表现出特定的行为方式。”也就是说，过分要求孩子的父母，往往自己不太如意，自己对自己也不大接受，难道还不需要改善吗？

经过上述三个方面的认真审视和“盘点”后，我们应该能够发现**改造自我**的必要性了。老子说：“知人者智，自知者明。胜人者有力，自胜者强。”结合养育孩子来讲解，即能够认知孩子的人有智慧，能够自我认识的人更明智。能够胜过孩子的人有力量，能够胜过自己的人更强大。着眼自己，从我做起，与把希望完全寄托在孩子的身上，是两种完全不同的心境，相当于风和日丽和凄风苦雨。

我有一个朋友，她的女儿虽不拔尖，她却非常满意，常说为之骄傲云云。因为她觉得自己的能力水平一般，其他条件也一般，孩子不算太用功，但她自己也懒惰；孩子不算出色，自己又有多少出色之处呢？所以她很满意，经常关注孩子开心不开心，母女情同姐妹。这份明智是许多父母不具备的，所以虽然其生活有不少坎坷，但她的孩子身心健康、发展顺利，即将完成重点大学学业，出国深造。

相反，那些什么都“懂”的妈妈，总是泼冷水的妈妈，有强烈控制欲的妈妈，把全部希望押在孩子身上的妈妈，生活是多么别扭！这根本不是孩子不争气的问题，是妈妈的修炼和心态成了问题。

康德说：“由于见识取决于教育，而教育复又取决于见识，故教育只能循序渐进，只有通过一代人将其经验与知识传给下一代人、由这一代**加以改进**后再传给下一代的方式，才能产生出正确的关于教育方式的概念。”我国社会发展到现在，我们这一代父母担负着“加以改进”的任务，要**从改变孩子转到改善自己**这个“正确的”方面，就像从“以阶级斗争为纲”到“以经济建设为中心”一样，这是一个历史性的转变。下面这个例子对于说明这种转变具有象征意义：

有一个人习惯在每天工作之前，先去镇上的酒馆喝上一盅。

一天，天正下着大雪，他穿好棉袄，戴上手套，吻别妻子后，和往常一样吹着口哨向酒馆走去。没走多远，他就觉得有人跟在后面。

回头一看，竟是自己年幼的儿子。

儿子踩着父亲留在雪地上的脚印，边跑边兴奋地喊："爸爸，你看，我正踩着您的脚印！"

儿子的话令他心中一顿，他想：如果我去酒馆，儿子踏着我的脚印，将来也会去酒馆的。

从那以后，这位父亲再也不光顾酒馆了。

重新做人还是扮演角色?

孩子从小到大的养育过程，实为父母重新体验生命的过程。自己做孩子时，难免懵懂，对生命的体验仅限于自发状态，许多事缺乏觉悟；待成人后，又为世事所累，不断被“外化”甚至“异化”，儿时的纯真早已淡忘，岁月的灰尘蒙蔽了心灵。此时为人父母，从人性得失的意义上看，实在是一次洗心革面、重新做人的机遇！能够这样看待养育过程，就会形成两代生命的辉映，既有利于孩子健康成长，也会给父母带来心灵升华和生活幸福的美好体验。

如何才能重新做人？要点有四：

其一，要放下威权感

威权意识从哪里来的？从君权观念、面子观念传承来的，从“官父母”的文化基因演变来的，从父母的角色意识衍生来的。这些思想观念成为许多父母的心理障碍，把他们引向追求权威感的歧途，端架子（俨然领导），绷面子（不懂装懂），完全是跟自己过不去。我们多数父母都有这毛病，要放下。佛经里说：“放下执著，成为阿罗汉；放下分别，成为菩萨；放下妄念，成为佛。”我说，放下威权，成为父母，成为孩子最亲爱的人。

其二，要蹲下身子

尼采说：“我们对花草、蝴蝶尚能爱护，对还没花草高的孩子更

应如此。孩子没有我们高，成年人需要弯下腰，跟孩子在一个高度才能帮助他们成长。知道分享快乐的人必须知道时不时地做个小孩。”西方社会从“弯下腰”到“蹲下身子”面对孩子，体现了生命的平等意识；只有蹲下来，才能看到孩子眼里的世界。

圣诞节时，一位母亲领着五岁的儿子去百老汇大街，她认为儿子一定会喜欢那里的装饰、玻璃窗、圣诞颂歌、洋娃娃和圣诞老人。但一到那里，儿子就开始轻声哭泣，小手拉紧了她的大衣。她有点扫兴，蹲下来想搞清为什么。这时，她无意中向上看了一眼，发现了一个完全不同的世界：没有玩具，没有手镯、没有礼物、没有装饰华丽的展览，只有一片混乱的、看不见顶的走廊……人的大腿、屁股、用力的脚，以及其他的庞大物体在乱推乱撞，看上去很可怕。她赶紧将儿子带回了家。

孩子眼里的世界是个完全不同的世界。蹲下来看，你就成了孩子，就会恍然大悟。这个“蹲”字，既是具体明确的行为，也有象征性的意义，与“高高在上”、“居高临下”的态度相反，就是要重新做回一个孩子。

其三，要欣赏童心

周国平先生说：“所谓父爱就是那种平等地欣赏和理解孩子的能力，它其实是由童心转化来的。”而“孩子真是天生的诗人和哲人，她的奇思妙想令我无比惊喜，我从中读到了未受文化污染的人类心智的原本”。（《岁月与性情》）这种“惊喜”的感觉，在婴幼儿时代，多数父母应该都有体验，只是不能上升到这样的高度，后来又被“功利心”消耗了洗白了，十分可惜。每个孩子的“奇思妙想”都是稀缺资源，都应倍加珍惜。比如：

雷声越来越大，闪电似剑刺破天空。黛安娜的妈妈赶紧开着车，沿放学的路线去接她回家。

妈妈看到了自己的小女儿一个人走在街上。接着又发现每次闪电时，女儿都停下脚步，抬头往上看，并露出微笑。

妈妈将车停到孩子身边，问道："宝贝，你在做什么啊？"

黛安娜说："妈妈，上帝刚才帮我照相呢！"

这是多么宝贵的童心，多么让人惊奇的想象！闪电变成了照相机的闪光，天上的上帝被人格化了，为了照相漂亮，她还特意露出微笑，摆个 pose。她的认知、经验、信仰、推论、爱美之心、快乐之态，合成了一个天真可爱的小女孩。每个孩子都有这样的一颗童心，需要我们去发现和欣赏。

其四，要多做"无用"功

周国平先生在《妞妞》一书中写道：

像捉蝌蚪这类"无用"的事情，如果不是孩子带引，我们多半是不会去做的。我们久已生活在一个功利的世界里，只做"有用"的事情，而"有用"的事情是永远做不完的，哪里还有功夫和兴致去玩，去做"无用"的事情呢？直到孩子生下来了，在孩子的带引下，我们才重新回到那个早被遗忘的非功利的世界，心甘情愿地为了"无用"的事情而牺牲掉许多"有用"的事情。所以，的确是孩子带我们去玩，去逛公园，去跟踪草叶上的甲虫和泥地上的蚂蚁。孩子更新了我们对世界的感觉。

婴儿都是超凡脱俗的，因为他们刚从天国来。再庸俗的父母，生下的孩子也绝不庸俗……孩子的世界是尘世上所剩不多的净土之一。凡是走进这个世界的人，或多或少会受孩子的熏陶，自己也变得可爱一些。孩子的出生为凡夫俗子提供了一个机会。被孩子的明眸所照亮，

多少因岁月的销蚀而黯淡的心灵又焕发出了人性的光辉……

摘引这么多文字，是因为其感悟深刻精彩，对大多数父母当有启迪意义。我们太在乎“有用”了，在乎考试成绩之类，把孩子机器化了，把自己庸俗化了，把人性搞丢了，把做人搞忘了，离幸福远了，离智慧也远了。我们太需要做“无用”功了，需要淡化功利心，超凡脱俗，返璞归真，经常与孩子玩，玩得不亦乐乎，这样做父母才是正途。

有一个新概念叫“玩商”，是描述人们休闲、玩乐能力的指数。这个理论认为玩有助于了解周围世界，培养与人积极相处的能力，学会以适当的方式关注别人，提高集中注意力的能力，发展好奇心，培养自主性，锻炼解决问题的能力，提升影响力和号召力。仔细想想，有没有道理呢？再看看对人类文明做出了重大贡献的爱迪生，小时候居然用自己的身体去孵化小鸡，达尔文为追逐迷人的蝴蝶撞得头破血流……爱迪生成为大发明家与“孵小鸡”的“无用”功有没有内在联系？达尔文提出划时代的生物进化论与“追蝴蝶”的“无用”功是否一脉相承？

卢梭说：“在我的教育观念中，幼年时期要尽可能地‘浪费’一些时间。”我们却自古奉行“业精于勤荒于嬉”，认为孩子嬉戏、玩乐会荒疏学业，故强调勤奋苦读。“业”是什么呢？学业，具体说是考试的功课，不把全部心思用在考试的功课上就是“嬉”了，足见其依据是“科举”二字，是功利心。所以，我们要把“科举”的包袱放下来，至少要时不时放下一会儿、放下一部分，这样才会对“玩”与“无用”有比较科学的看法，中国才可能养出爱迪生、达尔文之类人物。

耶稣基督为了给人们指出通往天国的路，抱了一个儿童说：“如果你不能成为一个真正的儿童，就不可以进入天国。”套用这句话来说：如果你没有儿童的情怀，就不可能做好父母。

我们比犹太人差在哪里?

有一种说法，中国人与犹太人很相似。比如都很聪明、智商高，重视教育学习，善于经商，勤俭节约，重男轻女，都是古老民族，文化源远流长，比较保守中庸等。两个民族的特点确实差不多，但是“产出”却相差十万八千里。

从科技文化方面看，1901到2001年，全球共有152位犹太人荣获诺贝尔奖，占比超过20%；从金融商业方面看，全球最富有的40个大富豪中犹太人占45%，美国70%的财富被犹太人掌控；从影响世界的能量看，马克思的主义、爱因斯坦的相对论、弗洛伊德的性心理研究、原子弹氢弹的发明、光速测算、血型发现、避孕药……这些事实表明，这个世界的很大一部分都是犹太人在操盘。

相比较而言，我们就相形见绌了。我们能拿上台面的都是古代祖先的那点家当，这一个多世纪除了水稻杂交技术领先外，还有三两个外籍华人得过诺贝尔奖，科技文化成果仅此而已。至于经济成就，近三十年虽然也算创造了奇迹，但主要是靠出卖廉价劳力，做的都是低端活路，从世界范围来看还在“发展”之列，能进全球富豪榜的也就李嘉诚等两三个港台同胞，比起犹太人来确实差了N个等级。

中国人与犹太人特点相近，为什么成就差别这么大呢？从教育的角度看、从做父母这个源头上看，有哪些原因呢？我们反复思考比较，发现了四个显著差异，那就是他们从零开始、他们爱学习、他们有敬畏、他们讲诚信，而我们则完全相反。

“从零开始”是犹太人长期颠沛流离的生活境遇逼出来的。大约两千年前，罗马人把他们的圣城耶路撒冷摧毁了，用犁铧翻耕成了平地。于是，他们如同一盆打翻的水流向四面八方，他们没有祖国，经常被驱赶、被剥夺、被归零，历史上受到的大规模驱逐超过 30 次，每次都是净身出户。所以，每个犹太父母都要教育孩子随时准备逃命，准备丢掉一切，面向未来，从零开始，重新创造一切。

我们则非常幸运，世世代代生活在这片“中央之国”的大地上，虽有朝代更迭之变，但换汤不换药，没有根本上的不同。山海阻隔的环境，华夏祖先的余荫，造就了我们的优越感，基本没有危机意识，当然不会从零开始。相应的，我们对孩子从小灌输要光宗耀祖，“父母在，不远游”，眼光盯着过去，重在继承历史，安土重迁，墨守成规，亦步亦趋。

犹太人在颠沛流离中，被迫与世界各民族进行交流、碰撞、融合，去适应和学习异质文化，使他们先后接受了希腊文化、罗马文化、阿拉伯文化、日耳曼及斯拉夫文化、欧洲启蒙主义文化、美国文化等新鲜血液，把犹太文化造就成了融会贯通的先进文化，具有边际性特征，充满生机与活力。这真是祸福相倚，犹太人在一次次的财富归零的过程中，同时进行着文化的否定与更新，从而形成了世界性眼光和强大的创新能力，完成了超越与升华。

而我们的文化却一脉相传数千年，几无变化。其间虽有蒙古族和满族的两次入主，输入了刚强勇猛的文化基因，但在深度、广度和密度上我们远不能与犹太人相比。打个比方，文化就像一池子水，我们的交流仅是往池子里投下一块石头，激起波澜而已，很快就平复了；他们也丢石头，同时还不断往池子里放进活水。所以，在我们念念不忘祖先祖业祖籍的时候，我们的头脑是满满的，就像装满了水的茶杯，没有空间接受新鲜东西；我们的文化始终是旧格局，旧思维。五四新文化运动时出现了一抹曙光，可惜仅限于小范围，也不彻底，丧失了文化改造更新的良机。到了现在，居然有人叫嚷21世纪是中国文化的世纪，是不是有点痴人说梦呢？世界会回到农耕时代吗？世界需要三纲五常的集权文化吗？我们在农耕条件下孕育出来的文化，面对近现代工业革命便尽显腐朽气息，现在居然时来运转了，可以领导当今世界，这样说是为了牟利还是无知？把器物文化之类观赏把玩的东西当成了主流文化，把老外对“古老”民族的一点好奇心放大成了自己的文化价值，这些想法与意淫是否有几分相似？

犹太人财富被没收了，逼其挣扎拼搏，努力创造新的财富；犹太人又被驱赶了，逼其又去适应接受新的思想文化；犹太人常常面临危机，迫使他们发愤图强开拓创新。于是，他们不断“倒空”自己，不断吐故纳新，千百年积淀下来，“无”中生有，极富创造力，人才辈出，群星璀璨，引领世界潮流。我们却因为“有”——所谓“历史悠久、地大物博”，有四大发明，有祖宗成法等，僵化了，死板了，缺乏危机感，小农意识根深蒂固，创新能力乏善可陈。这里面有客观因素，客观条件的恶劣逼迫他们勇于创新而“生于忧患”，客观条件的优越导致我们固步自封而“死于安乐”。

但后来他们稳定下来了，条件非常优越了，依然这样养育孩子，比如前面谈到的洛克菲勒的家规契约，比如他们死前把遗产捐赠掉，还是让孩子从零开始。这就说明这种养育方式虽然源于客观条件，却内化成了犹太民族的优良传统。我们的传统则与之相反，千方百计不让孩子从零开始，比如前文谈到的奴仆观念，就是我们在起点上的差距之一。要缩小这个差距，除了要推崇私有观念、强化危机意识外，更重要的是父母要清空头脑，消除自满，接受新思想、新文化的洗礼，努力改变自己，这是“从零开始”的另一层含义。

举例来说，这些年出国“洋插队”的人，能够在新的国家站稳脚

有所成，靠的是什么？就是吐故纳新，对自己原有的不合时宜的东西“弃恶如奔”，而对新思想新文化“从善如流”，也就是从零开始。《北京人在纽约》中的王启明就是这样一个典型，在身无分文、身无长物的困境中发愤图强，从零开始，吐故纳新，闯出一条路来！再比如，农民工进城谋生，有些人比城里人活得更好，为什么？因为这些人真是从零开始，真的很“虚心”，完成了对小农意识的超越，使他们比起有些城里人更加优秀了。相反，那些“洋插队”铩羽而归的人，那些活得不好的城里人，大都是比较自满的，大都是抱残守缺的，大都会指斥外在原因而很少检讨自己，大都不会否定自己从零开始。于是开始只差一点点，结果就差远了。

写到这里，我想起了上海的徐家汇。这个地名来自于明朝大学士、礼部尚书徐光启，因为他生于此葬于此，徐氏家族繁衍生息于此。这个人是中国读书人中的“异类”，也是一代楷模！他受了洗礼，是天主教徒；他广泛学习西方科技，涉及天文、历法、数学、兵器、经济、农业、水利等，并与利玛窦合译《几何原本》，几何、三角形、平行线、直角、对角这些概念都是他确定下来的；他还自办农场，做农业试验等。这些行为在当时是非常难能可贵的，一个科举进士、朝廷官吏竟能融汇中西文化于一身，中国历史上有几个这样的人？后来，他的 16 代孙的外孙女倪桂珍，也擅长数学，是个虔诚的基督徒，养育了鼎鼎大名的宋氏三姐妹，三姐妹都是中西合璧，都是中国现代史上的风云人物，这之间显然有家族精神气质的血脉相通。后来的上海文明开放务实，与中国其他地方显著不同，与徐光启这个“上海人”也少不了文化上的渊源关系。还有，徐氏家族的传承及上海文明的形成，与犹太人的从零开始也是有几分近似的。

这些事实都表明，“倒空”方能新生，“自满”没有出路；我们中国人也有能力从零开始，“非不能也，实不为也”。做人如此，做父母不也是这个理儿吗？只要我们努力，这个差距是可以缩小的。

此外，造成我们在起点上比犹太人存在差距，还有我们不爱学习、没有敬畏、不讲诚信的原因，容后文专题讨论。

不学习能不能做好父母?

犹太人真正热爱学习，我们却并非一个热爱学习的民族，这是我们的又一差距。虽然在欧美大学里中国学生和犹太学生同样用功、同样出色，中国家庭也同犹太家庭一样重视教育，但这些现象不足以得出“中国人与犹太人同样热爱学习”的结论，这可以从以下比较中得到证明。

从学习目的来看，犹太人目的纯粹，学习不是为了科举应试，也不是为了做官，就是为了获得知识、学问、智慧。所以，他们的仪式是：翻开《圣经》，滴一点蜂蜜在上面，然后叫刚刚有点懂事的孩子去舔书上的蜂蜜。其中的含意是“书本是甜的”，还可以理解为“读书是快乐的”、“会学习的人生是甜蜜的”之类意思。而我们重视教育和学习的仪式则是供一个“天地君亲师”的牌位，孩子发蒙时要跪拜，逢年过节要烧香叩头，明显有“求保佑”的意思。保佑什么呢？金榜题名，进而升官，进而发财。可见我们学习的目的不纯粹，重视的是当“官”，“学习”只是手段。现在也一样，学习的目的是“考重点学校”、“找个好工作”之类。

从学习的时间看，他们是终身学习，我们是半生学习，甚至是半生的半生在学习。我们做了父母之后大多不学习了，当“督学”了，监督吆喝孩子学习，自己则喝酒、打牌、应酬、娱乐、搞关系去了，不看书也不钻业务，所以一辈子只有三分之一、四分之一甚至五分之一的生命与学习有关，好比打了五折又打五折。最近有一项网上调查，说我国一半以上的教书先生平时都不读书。他们则不同，家家床头放书柜，古时候坟墓上还要放书本；书柜放在床尾则视为对书的不敬，要被人唾弃。联合国 1988 年调查表明，14 岁以上的以色列人平均每月读一本书，平均 4500 人就有一个图书馆，为世界之最。足见床头放书柜不是摆设，而是方便学习、终身学习的证明。犹太民族 12 世纪时就彻底消灭了文盲，更是我们无法比拟的。

再从学习的内容与方式来看，他们不仅注重书本知识，也注重在实践中、生活中求知，注重向能者学习，注重随时随地在任何人、任何事物上求知；主张思考、提问、怀疑一切，强调应用知识、勇于尝试，从而获得智慧。他们告诫孩子：财富可以被拿走，唯有智慧永不丢失。而我们重视学习只限于考试的书本内容，即四书五经之类，其余“万般皆下品”；主张死记硬背，皓首穷经，满腹经纶，然后“售于帝王家”；故读死书，死读书，人云亦云，将独立的治学精神视为离经叛道，全民族世世代代局限在几本经典的微言大义中，直到今天尚未超越这种视野和格局。

上述对比充分说明，我们热爱学习只是个局部现象、表面现象，是一种“虚假繁荣”，不像犹太人那样从骨子里看重学习，尊崇智慧，终生求知不息。这个判断，也可以从“做父母　”这件事上来证实：我们有多少父母怀疑过自己做父母的能力而虚心学习？我们有多少父母不认为自己“天然”地有权利、有能力“教育”孩子？我国现代教育家陈鹤琴先生 1925 年出版《家庭教育》一书，陶行知先生认为：“在这书里，小孩子从醒到睡，从笑到哭，从吃到撒，从健康到生病，从待人到接物的种种问题，都得到了很充分的讨论。”“我深信此书能解决父母许多疑难问题，就说它是中国做父母的必读之书，也不为过。”在这几十年近百年里，全中国有万分之几的父母抱着求知态度，学习过这本书或者这方面的书？比如儿童心理，“小孩子是好游戏的，好

模仿的，好奇的，喜欢成功的，喜欢野外生活的，喜欢合群的，喜欢被人赞许的。”这些基本知识，当代父母们有多少人清楚明白？所以，**我们其实不是一个真正热爱学习的民族**。

为什么我们不爱学习呢？我想起一句话：半部《论语》治天下。放在今天来看，是夸张，是胡说，显然不科学；但在古代，还是有些道理的。我们是个超稳定的农业社会，几十年几百年上千年都没有多少变化，都由《论语》的思想统治着，统治了大半部分。一个人学好半部《论语》，当个州县官吏确实可以应付下来的。这也可以解释我们中国人为什么离开学堂就很少学习，因为学的够用了；为什么除了考试内容其他内容学得很少，因为学了用处不大，弄得不好还会招灾惹祸。也就是说，农业社会结构和封建专制统治抑制了我们学习的需求，比如文字狱。

但现在不同了，不学习寸步难行。工业化、信息化、全球化，知识经济时代，人类的科学知识三至五年便增加一倍，知识更新速度还在加快，干什么工作都需要学习、需要专业化。做父母这项工作更难，当然不例外。人类学家玛格丽特·米德在《文化与承诺》中提出三种文化现象：“前喻文化”即新一代向老一代学习才能生存；“后喻文化”即老一代需向年青一代学习才能进步；“并喻文化”即两代人互相学习才能生存发展。当代父母面临“并喻文化”的考验，**首先要调整行为方式**，从不爱学习到勤于学习，这是别无选择的，除非你不做父母罢免自己。

其次，调整知识结构。大多数父母都存在“陈旧教科书”的问题，观念过时，知识老化，与时代不同步，需要删除或更新。下面这个故事可以说明这类现象：

法国炮兵教科书规定：射击过程中，大炮旁须站一士兵，一动不动。为什么要这样呢？军官们都不知道。有位团长研究了大量历史资料才明白：以前的大炮由马车拉着前进，每完成一次射击，由于后座力缘故，大炮的位置会偏移；这名士兵的作用就是拉马缰，使大炮复位，以免影响射击的准确度。现在，大炮完全是机械化操作，不需要士兵站位了，但教科书却没及时修改，所有炮兵部队依然照章行事。团长将此情况报告了最高机构，才纠正了这一做法。

第三，调整心理年龄。爸爸妈妈多少岁？有个孩子说："妈妈是生了我才做妈妈的，所以妈妈和我一样大，7 岁。"这个说法真是太天才了！"做"父母的岁数难道不该从孩子出生开始计算吗？这样算下来，父母还"小"，不成熟，需要学习，不是顺理成章的吗？父母与孩子"岁数"一样大，"多年父子如兄弟"，互相学习还有什么面子上放不下、抹不开的？这样一来，孩子会是什么感觉，会有什么反应呢？这是促进孩子学业进步，促进亲子关系最简单、最有效的办法。

古人云："少而学，壮而有为；壮而学，老而不衰；老而学，死而不朽。"让我们做一个学习型的父母，与孩子一起成长吧！

有没有敬畏重要不重要?

有没有敬畏，是犹太人与我们在做父母上的又一差异。犹太人信犹太教，犹太教是基督教、伊斯兰教的源头。所以，犹太教信众虽不多，却与后二者并称世界三大宗教。犹太男孩诞生 8 天即行割礼，作为与上帝签约的标志；犹太人每天都要学习和祈祷，以此来侍奉上帝。所以，犹太人敬畏之心根深蒂固，主要包括：

上帝意识：《圣经》说："敬畏耶和华是智慧的开端"，上帝耶和华是独一的、永恒的、万能的、不可比拟的、无所不知的，所以人类要畏惧并热爱上帝。

律法意识：上帝的旨意体现在律法中，即"摩西十戒"；后又在此基础上形成了两部经典律法《妥拉》和《塔木德》。《妥拉》涉及神职人员职责特权，平民的法律地位、权利义务、财产所有权、债务、婚姻、家庭与继承、犯罪与刑罚、审判机构与诉讼等。《塔木德》列出 613 条戒律，其中训诫 248 条，禁戒 365 条，内容覆盖每日生活的各个方面。犹太人认为，遵守戒律方能与上帝接近，故是快乐的。

伦理意识：人是按上帝的形象创造的，所以人的生活是神圣的、博爱的、仁慈的，要爱人如己，己所不欲勿施于人；"只有正义地去做，慈悲地去爱，才能谦卑地与你的上帝同行"。犹太人注重日常行为的道德伦理规范。

来世意识：犹太人相信有救世主存在，来世将会出现，那是一个美好的世界："狼将与羊羔居住在一起，狮子将躺在孩子身旁，它们既不相互伤害，也不互相毁灭。”

比较起来，我们的先人虽也有敬畏之心，但理论相对零散，不如犹太教严密，特别欠缺落到实处的法规戒律，所以显得空泛，容易“钻空子”，具体为：

天神意识：天理、天道、天命、玉皇大帝、天老爷等指称，“苍天有眼”、“天命难违”、“天理不容”、“天打五雷轰”等说法，风神、雨神、雷神、电神、山神、河神、土地神等“天神”世界，构成了我们对于大自然的敬畏，“修合无人见，存心有天知”。

祖宗意识：过去家族皆有祠堂，祠堂里供着列祖列宗；家法很严厉，最严的便是死后不准葬入祖坟，那就成为孤魂野鬼了。有出息则“光宗耀祖”，遇好事乃“祖上积德”，祖宗接近于“神”。

佛祖意识：佛教信众，跪拜佛祖菩萨，求显灵求保佑，相信因果报应，类似于上帝意识。但仅限于信徒，只有部分人是信徒。

来世意识：“来世当牛做马”的说法最典型，即认为天道轮回，今生为人，若做坏事做恶人，转世则可能为牛马、被奴役、被杀戮、被食肉寝皮。还有与阳界相对应的“阴间”的说法，即人死后便到阴曹地府去生活了，这是另一种“来世”。

解放以后，我国人民接受了唯物主义洗礼，把这些搞“懂”了，都是封建迷信，于是“打倒在地，再踏上一只脚”，敬畏之心彻底“解放”了。有一段时间，全国人民还敬畏毛主席，动辄“向毛主席保证”，后来毛主席逝世后，这句话就渐成“戏说”了。现在，唯物主义变成了“为物主义”，敬畏之心更微乎其微矣！

父母有没有敬畏，后果如何呢？有敬畏则能使孩子一生有所不为，聪明才智用得其所；无敬畏则会让孩子一生无所不为，聪明才智损耗浪费。用经济学原理讲，这是一个资源能否优化配置的问题，即能不能把一个人有限的时间、精力、智力等资源配置到正确的、重要

的事情上去，能不能实现效益最大化。好比种庄稼，是禾苗与杂草共享水肥资源，还是除掉杂草，让禾苗独享充足养份？有敬畏便是除杂草，无敬畏便是留杂草；有敬畏是将水与肥进行“滴灌”，无敬畏则是将水与肥“抛洒”了。我们有十几亿人口，数十年培养不出几个世界级的杰出人物，与大家伙心田中“杂草”丛生有没有关系呢？全社会普遍缺乏应有的敬畏心，必然造成人心浮躁浅薄、社会勾心斗角、智力资源被“抛洒”了，所以这应该是一个重要原因。

犹太人之所以能够在失去家园、流散四方上千年的情况下，守住自己的文化疆界，在艰难困苦、饱经磨难中孕育大批杰出人才，与心中无“杂草”、时常有敬畏密切相关。这颗敬畏之心，带给他们向善的引力，求真的动力，坚守的定力，带给他们责任感、使命感、庄严感、神圣感、崇高感，带给他们觉悟、收敛、自律、警醒、诚敬。有了这些“因”，产生人才辈出、犹太复国之“果”，势所必然！

而我们缺乏敬畏心，**第一是缺少了向善的引力**。比如网络骂战中，我国网民很情绪化，日本网民很客观：“不管你们怎样破口大骂，我很高兴，你没有骂我们大和民族懒惰，没有骂我们不认真，没有骂我们贫穷，没有骂我们官员贪污，没有骂我们忘记以前为国家利益献身的你们所谓战犯，没有骂我们的女人没有女人味，没有骂我们窝里斗。我们的官员年年参拜靖国神社，因为我们不忘记先辈的牺牲，不管是不是杀过中国人。而你们的抗日战士，还有百姓记得每年纪念他们吗？就是你们被我们杀了的爷爷奶奶，你还记得祭奠他们吗？”稍微冷静点，不得不承认，我们确实有这些毛病，还是大面积存在，由来已久。毛泽东青年时期说：“国人积弊太深，思想太旧，道德太坏。吾国思想与道德可以伪而不真、虚而不实之两言概括之。”今天来看，改变不多。（引自张宏杰《中国人的性格历程》）

第二是缺少了求真的动力。胡适写的《差不多先生传》，画出了我们对任何事情都缺乏严肃认真的“国民性”：

你知道中国最有名的人是谁？提起此人，人人皆晓，处处闻名。他姓差，名不多，是各省各县各村人氏。你一定见过他，一定听过别人谈起他。差不多先生的名字天天挂在大家的口头，因为他是中国全国人的代表。

差不多先生的相貌和你和我都差不多。他有一双眼睛，但看得不很清楚；有两只耳朵，但听得不很分明；有鼻子和嘴，但他对于气味和口味都不很讲究。他的脑子也不小，但他的记性却不很精明，他的思想也不很细密。

他常说：“凡事差不多就好了，何必太认真呢？”……

第三是缺少了坚守的定力。比如闯红灯，有个笑话说，国外聘人，若一个人红灯都敢闯，谁敢信任他，绝对不用；国内招人，若一个人连红灯都不敢闯，还能干什么，绝对不用。由此可见我们对规则律法的漠视。所以国内各大城市，交通堵塞严重，通行速度缓慢，因为不守规则的太多。而在香港，道路虽不宽，同样人多车多，堵塞却很少，通行也较快，缘于大家对规则的敬畏。交通如此，其他领域问题更大。“有钱能使鬼推磨”、“屁股决定脑袋”、“有权不用过期作废”之类言行，反映了现实中我们惊人的“灵活”，心中无忌惮、行为无法无天。因此，轻狂、自大、暴殄天物、胡作非为，三鹿事件、足球黑幕……也就不足为怪了。

做父母无敬畏，自己不向善、不求真、不坚守，而对孩子寄予莫大希望，岂不怪哉！所以，父母必须做两件事：

一是“算大账”，从眼前利害得失的“小账”中超脱，算宇宙人生之大账，如丰子恺先生在《大账簿》中说：“我仿佛看见一册极大的账簿，簿中详细记载着宇宙间世界上一切物类事变的过去、现在、

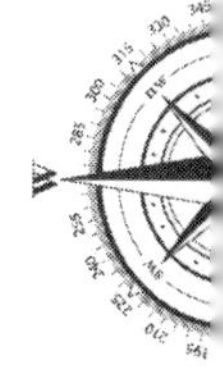

未来三世的因因果果。自原子之细以至天体之巨，自微生虫的行动以及混沌的大劫，无不详细记载其来由、经过与结果，没有万一的遗漏。”只有打开这片视野，才能给敬畏之心找到存放空间。

二是存敬畏。康德的墓碑上刻着他的名言：“有两种东西，我对它们的思考越是深沉和持久，它们在我心灵中唤起的惊奇和敬畏就会日新月异，不断增长，这就是我头上的星空与心中的道德律法。”除了“头上星空”（即天道自然）、“道德律法”外，今天我们还应敬畏生命生灵，“就是知道有些事自己是不应做不能做的，就是知道世界上并非只有你一人存在，就是知道世界上除了你的愿望还有另一种或另几种愿望。”（王蒙《我的人生哲学》）

敬畏天道自然，敬畏道德律法，敬畏生命生灵，才能做好父母。这是科学，绝非迷信。爱因斯坦说：“任何一位从事科学研究的人都相信，在宇宙的种种规律中间明显地存在着一种精神，这种精神远远地超越于人类的精神，能力有限的人类在这一精神面前应当感到渺小。”

讲诚信是大事还是小事?

与犹太人相比，我们中国人还严重缺乏诚信，普遍存在的“哄孩子”现象即为明证。而犹太男孩出生后第八天，即行割礼（将阴茎的包皮割去），作为与上帝签约的标志；从此，终其一生履行契约。“割礼”与“哄孩子”看似不搭界，其实却是讲不讲诚信的源头。

仔细分析起来，“哄孩子”有三种意思：**一是陪孩子玩**，逗孩子高兴开心，有陪伴、游戏、关爱等含义，是以孩子为主体、对孩子有益的事，也是父母该做的事。**二是恐吓孩子**，令其害怕依赖、听话安静，有威胁、作弄、恶作剧等意思，是以父母为中心的。比如狼外婆、大灰狼等故事，“让警察抓走”、“让狼叼走”、“爸爸妈妈不要你了”之类说法，把孩子吓住了，父母（或亲戚朋友）常偷着乐，自以为得计，其结果却是孩子变胆怯了，心中常有恐惧担心，心神不宁，这显然有害于孩子。**三是欺骗孩子**，乃撒谎、糊弄、蒙蔽之意。

介于“逗”与“吓”之间的“骗”，也有三种类型：**一是委过**于他人他物，比如孩子磕了碰了摔了跤，拿桌子板凳出气，拍拍打打的，说是它们不乖，不是宝宝的错，自欺欺人，令孩子不善反省自己。**二是说话不算数**，没有契约意识，随口哇哇，以为孩子记不住，说过了就忘了。如果孩子认真记住了，要求履约，又找借口、又许愿、又拖延，周而复始。时间长了，孩子终究能够心领神会。**三是说一套做一套**，言不由衷，言行不一。或者“挂羊头卖狗肉”，或者“马列主义装在电筒里，只照孩子不照自己”，或者“只许自己放火，不许孩子

点灯”，自己经常说谎却苛求孩子诚实等。

孩子在“哄”中长大成人，自然会“哄”他们的孩子，也会反过来“哄”父母，这是**纵向传承**。还会**横向蔓延**，比如“哄”同事、朋友、邻居、合作者，“哄”上级领导、下级属员，你“哄”我，我“哄”你，“哄过来”“哄过去”的，渐成社会风气。所以，我们的社会中说假话、大话、空话、套话、废话的人多、事多、时候多，千万不要太当真；白纸黑字、签字画押的文件合同也不能全当真，也是有走展有弹性的；还有**“潜规则”**，发明这个概念的吴思先生说：“中国社会在正式规定的各种制度之外，在种种明文规定的背后，实际存在着一个不成文的又获得广泛认可的规矩，一种可以称为内部章程的东西。恰恰是这种东西，而不是冠冕堂皇的正式规定，支配着现实生活的运行。”可见，我们的社会是多么缺乏诚信。

犹太人则相反。他们认为诚信是支撑世界的三大支柱之一，另外两个是和平与公正；**契约是神圣的**，与日月星辰一样永远不能废除。凝聚着犹太民族智慧的经典《塔木德》有言：“律法是相对的，政治是相对的，国界是相对的，甚至道德也是相对的，只有你承诺过的合同是永恒的。”“不讲诚信会受到炼狱的惩罚”。

有这样一个犹太故事：

一姑娘外出游玩，不小心掉进井中，正巧遇到一个青年人路过，将她从井中救出。姑娘为报答救命之恩，与他私定婚约。但没有证人，恰好见到一只黄鼠狼，于是黄鼠狼和那口水井就成了他们的“证人”。青年继续他的行程，姑娘则回家等候。后来那个青年在异地结了婚，并生下两个小孩。没过多久，青年的两个孩子，一个被黄鼠狼咬死，另一个在井边玩耍掉进了井里。这时，青年想起了他与姑娘的婚约和“证人”，他如梦初醒，和现在的妻子离了婚，回到痴心等他的姑娘身边。

这个故事的核心就是不能背信弃义，要讲诚信。

在商业方面，犹太人有严格细致的规定，确保诚信落到实处。比如用作丈量的绳尺，冬天和夏天应有区别，因为热胀冷缩，绳尺自身的长度会有变化；作为量器的瓶子，底下不能有残留；砝码的底部必须经常清洁，以确保分量的准足。又比如，不能把新鲜水果放在老的水果上一起出售，不能在销售商品时附上任何名不符实的称号，不能给各类工具涂上颜色以旧充新。还有，如果成交价高于一般价格的六分之一以上，这一买卖行为自动失效，买方可以退货；买方在自己不了解的情况下买了物品，有权在一天或一周内向别人征求意见，最后决定物品退不退货。由此可见，犹太人能成为“世界第一商人”，诚信是法宝。

历史上，犹太人没有国家和政府可以依靠，他们是靠神圣的契约来维系生存甚至生命的，契约详细规定了他们生活中的方方面面。所以，神圣乃诚，契约为信，诚实守信成了犹太人的**道德资源**，成了犹太人的**无形资产**，成了犹太人的**核心竞争力**。他们一方面被排斥迫害，另一方面却又为世界各国所信任和需要，这真是一道奇特的风景线！

在教育孩子上，有这样一个案例：福克斯是英国历史上著名的政治家，以言而有信享誉政界。他出身犹太家庭，父亲是个农场主。小时候，他父亲准备把农场里破旧的亭子拆掉，另建一个大亭子。小福克斯很有兴趣，想亲身参与拆除亭子。正巧他要上学离家几天，便再三央求父亲等他回来再拆，父亲随口答应：“好的，等你回来。”几天后，福克斯回家了，发现旧亭子已经拆了，他很难过，抱怨说：“爸爸说话不算数。”父亲想起了承诺，思来想去，决定向儿子道歉，并将工人请来，在旧亭子的位置上重新建一个与原来一模一样的亭子。然后，他把福克斯叫来说：“现在，我们一起把这个亭子拆掉！”试想：有这样讲诚信的父亲，福克斯焉能言而无信？

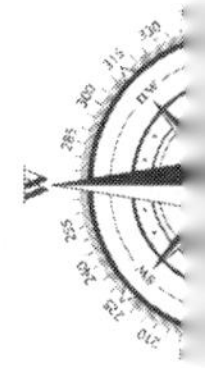

在我们的生活中，这类的事情随时都在发生：有个五岁的女孩叫星星，喜欢看动画片，最近看了《白雪公主》，最大的愿望就是去香港迪斯尼乐园看白雪公主了。一天，说好去看奶奶的，但星星与小朋友玩得正开心，不想去了。妈妈想了一招，哄她说："只要你乖，跟爸爸妈妈去看奶奶，下周妈妈带你去香港迪斯尼公园玩。""真的？"星星高兴得跳起来，取下蒙在眼睛上捉迷藏的布，高高兴兴跟小朋友说了再见。妈妈很得意地告诉了爸爸这个"空头支票"，爸爸也用了两回，也很管用的。但过了一段时间，妈妈发现迪斯尼不灵了，而且妈妈其他的话，星星也不愿意听了。妈妈不让她看动画片，她偏要看，让她往东她则往西，一点也不乖了，好像是有意"报复"。妈妈很奇怪：孩子为什么变成这样呢？妈妈请教专家才明白，她随口说的话、她说了就忘了的话是原因所在。试想：孩子的反应不正常吗？

父母讲不讲诚信，不仅关系眼前的教育管理问题，也关系到孩子未来生存与发展的**合作问题、机会问题、空间问题和层次问题**。虽然不诚信肯定可以得到一些眼前利益，但是一个人不可能在所有的时候欺骗所有的人，只可能在所有的时候欺骗一部分人，或者在部分时候欺骗所有的人，因而从长远来看，讲诚信不会吃亏。恰如犹太人，许多人可能不喜欢他们，甚至憎恶他们，但因为他们诚信，所以大家还是信任他们；愿意合作的人多，即发展的机会多，生存的空间自然就大了，逐步地就有了品牌效应，就能再上层次了。反之，父母不讲诚信，孩子也会亦步亦趋，人生路上便会不断失去合作者，失掉各种机会，打不开发展空间，更难以上层次。孩子"人无信不立"，难道没有父母之错吗？

所以，做好父母，必须有诚信意识，切不可再"哄"（骗、吓）孩子了！

第七章　父母方法

本章讨论成为民主、科学的父母的方法问题。方法重心不在“术”，在于思路，在于“道”，可以看做方法论。所列八个方面问题，即八种解决思路与办法。又可分为四组：

合作与沟通，是建立平等关系的思考。父母应当鼓励孩子尽责行权，学会分担分享与共建；同时，把孩子当做另一个人予以尊重，特别要尊重其话语权，追求共赢而不是统治他们。

启发和引导，是进行科学养育的思考。父母应经常与孩子玩游戏搞活动，带领孩子观察学习事物、体验现实生活，鼓励思考提问；不许玩、不许问、如养宠物的做法，对孩子极为有害。

激励与约束，是导入有效管理的思考。父母应双管齐下，保护自尊心，培养自信心，约束孩子心中恶魔，逐步实现其自我管理，而不是来“硬”的，让孩子始终处于被动、被迫状态。

评价与反省，是总结成败得失的思考。孩子各方面的好坏优劣，父母所作所为是否恰当正确，皆需经常交流总结；父母要在相关性、系统性、针对性上多下功夫，才能不断进步。

好父母如何同孩子合作？

做好父母，除了与子女合作，可谓别无选择！任何妄图强加于孩子、高高在上发号施令、搞单边主义的父母都必将遭到孩子的抵触、反抗，都必然以损害孩子身心健康、损害亲情、损害家庭利益为代价。习惯于做“官父母”、常以“教育者”自居的我们，当前最要紧的是学会如何与孩子合作。换句话说，合作才是最要紧的教育方法。

父母必须与子女合作，子女也必须与父母合作，这是基于父母与子女是不可变更的血缘关系，还有抚养和被抚养的法定关系，但归根到底是生命与生命的平等关系。**所谓合作**，就是要把孩子当“人”看待，尊重他们的思想感情，凡事协商处理，淡化父母威权；同时，赋予孩子以责任，明确父母与孩子各自的责任权利。在合作的过程中，父母还要像火箭发射卫星一样，一节一节地逐渐分离；孩子则如卫星一般飞入轨道自行运转了。因此，合作中必然体现和培养平等意识、责任意识、“分离”意识，这对孩子来说，就是最好的教育。

联系当今世界和平与合作的潮流来看，联系“教育即生活”、“教育即生长”的教育理论来看，联系21世纪教育目标“学会共同生活”、“学会生存”的要求来看，孩子们都必须在“合作”中成长，父母们都应该提供“合作”的环境。打个比方说，中国人如同江河汇入大海一样在走向世界，现在快到入海口了，再过些年下一代就不能在“淡水”中生存了，而是要到“咸水”中去挣扎，如果还奉行“官父母”、科举教育那一套，岂非南辕北辙、耽误子女？所以，只要父母有爱心，就该把孩子看做合作伙伴而非“被管教者”。

那么，**如何合作?** 让家庭建设步入民主化进程。父母与子女组建了一个家庭，家庭是国家和社会的一个基本单位；故家庭合作与国家民主相似，需要“责任意识”和“权利意识”均衡发展，需要孩子“公民式参与”。具体有三：

一、学会分担

我国有句老话：“穷人的孩子早当家”。反之，富家子弟则“晚当家”。现在，富裕家庭多了，娇生惯养很普遍，说明我们骨子里认为孩子“晚当家”才幸福，只有家贫无奈才被迫让孩子“早当家”。这种观念其实是穷人穷怕了、穷惯了的思维，是错误的，这也是富家子弟走向“败家”的原因之一，“不当家不知油盐贵”嘛！

据说，李嘉诚先生两个儿子，很小就列席他公司的董事会，这与我们中国人通常的教子方法是很不同的。细想一番，大师就是大师。平常父母会怎样呢？一是让孩子过富贵的生活；二是花高价请家教，督子学习；三是不许过问大人的事，隐瞒实情。或许还有其他可能性，但让孩子列席董事会的可能性太小。要知道，开几个小时的会不是件轻松的事情，会议要分析研究处理各种各样的经营问题，对于一个不足十岁的孩子来说，反反复复，何其烦也！不说学到什么，单就参与这一点来说，足以“知油盐贵”、知一粥一饭来之不易了。李泽钜、李泽楷兄弟今有大成，与当年的“早当家”有没有关系呢？

“早当家”就是分担家中各项事务的部分责任，这其实是孩子成长过程中必然的内在愿望，也是培养孩子“公民责任”意识的必然要求。鼓励孩子自己解决自己的问题，并逐步参与日常生活，会让孩子产生**“我能行”**、“我的贡献有价值”、“父母需要我”等感知，进而产生自信心、责任心和归属感。相反，自己的事情料理不好，饭来张口

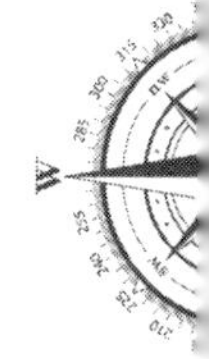

衣来伸手，久而久之，养成懒惰依赖习惯，还会在心理上留下“我不行”的阴影，缺乏应有的责任感。许多父母的溺爱行为，实质是泯灭了孩子自我发展的天性，是典型的好心办坏事、好事（富裕）变坏事。

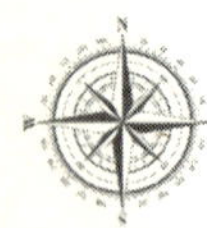

二、学会分享

有这样一个小故事：五岁的茵茵跟爸爸在公园里玩，孩子坐在公园的小椅子上听爸爸讲故事。这时，旁边一个孩子跑过来，也想听故事。茵茵不干了，说：“你走开，不许听我爸爸讲故事。”爸爸摆了摆手，俯在茵茵耳边说：“如果讲故事的是这位小朋友的爸爸，你也想听，你希望他如何对你？”茵茵不吱声了。过了一会儿，她竟然邀请那个小朋友坐在椅子上与她一起听。

这个故事告诉我们，学会分享就是要消除**“独享”**，学会角色互换，避免以自我为中心。我们有太多的独生子女习惯了独享，但却是父母造成的。作为父母，并不希望孩子不关心别人只顾自己，但常常做些无谓的牺牲，把好吃的、好玩的、好用的悉数交给孩子独享，久而久之，孩子习惯了，所有好东西都应归他们、都应他们优先，家里如此，家外也要如此，这能怪谁呢？

父母在物质上这样做，在精神上、情感上的分享意识更淡薄。洛克先生批评 17 世纪的英国父母说：“他们对自己的产业及心事都尽量秘而不宣，好像他们是在保守国家机密，不得让间谍或敌人获得一样。”而“建立及巩固友谊与善意的最佳方法，莫过于互相依赖地交流心事与唠家常”。这对我们依然适用。分享的过程即是增加更多的见识阅历、经验教训、互动互补、团结合作、亲密友爱的过程，这正是家庭的内在本质，也是孩子成长的养分。当然，父母还要特别用心于分享孩子的童心。

三、学会共建

共建是一种生活方式，需要家庭成员具有团体思维、主人翁意识、重在参与的精神。夏洛克·梅森说："家庭实际上就是一个公社。在家里，不可分割的财产为全体成员享用；在家里，成员们有平等的社会地位，并各司其职。在家长制盛行的地方，家庭成为部落，家长就是部落首领，实行绝对统治。"我们提倡共建，就是要把家庭从"部落"形态变为**"公社"**形态。

比如，晚餐吃什么？有三种可能。如果让孩子参与选择甚至共同采购，共同劳作，孩子会更愿意吃别人选的菜，因为他们自己也选了一些，这是"公社"形态。而如果任由家长提出什么有营养该吃什么，完全不把孩子当回事，这是"部落"形态。还有一种，则是一切由孩子说了算，父母被忽略不计了，这或可称为"后部落"形态。"部落"与"后部落"的形态都不是共建的家庭。

共建还是人与人的**相处之道**，包含了平等互助、尊重多样化、尊重差异，互相理解谅解、相互依存合作，还有必要的妥协、退让、隐忍和放弃等。这样的认知与习惯的养成，岂是"说教"能够做到的！这些做人的学问，才是家庭教育的真谛。

好父母如何与孩子沟通？

“听话”是父母普遍的要求和希望，“听不听话”是孩子乖不乖、好不好的一个根本性标准，许多父母还用暴力来强化这个标准——不听话就打。这些事实表明，父母在内心深处没有把孩子当成一个独立的“人”来面对，父母习惯了单向而非双向、命令而非讨论、说教而非互动的相处模式。因此，父母与子女难以沟通是必然的，孩子常奋起反抗也是正常的应该的，“哪里有压迫，哪里就有反抗”嘛。

为什么这样说呢？父母也是一个“人”，不是“神”，并不总是正确的；孩子也**是“人”**，有灵魂，有思想，有感情，也并不总是错误的。此其一。

父母希望得到尊重肯定，孩子也希望；父母不愿意被否定被轻视，孩子也不愿意。“己所不欲，勿施于人”，搞单边主义肯定行不通，早晚要出问题。此其二。

孩子“听话”而不说话，没有信息反馈，孩子情况不明，具体事实不清，父母所言可能隔靴搔痒，可能就是无稽之谈，这种模式一定造成**隔膜**。此其三。

在此模式中，若孩子一直唯唯诺诺下去，最大的可能是成为一个优秀的听差、跟班一类人物，还有可能是一个**阳奉阴违**的两面派，这是不是父母想要的结果？此其四。

在此模式中，若孩子争“人”权，提异议，有主张，具体内容或有偏差，自主行为却是建设性的，于孩子自身发展、于家庭未来皆有好处，父母应**鼓励**而非弹压。此其五。

认清“听话”的实质，想明白这些道理，做父母就能上一个台阶，**从要求听话到学会沟通**。

“听话”的时代结束了，“沟通”的时代已经到来！奴隶社会、封建时代是要求绝对听话，不听话就杀就打的时代，而现在是一个怎样的时代？是一个主流文化以人为本、尊重差异、讲民主、讲自由、讲平等、讲人性尊严的时代，是一个市场经济而非小农经济、对外开放而非闭关自守、与世界各国交流频繁、社会正在转型的时代，是一个互联网、信息化、多元化，渠道方便、信息畅通、全球一体化的时代。简言之，这是一个对话沟通的时代，不是一个听话顺从的时代。打个比方，父母若象当年苏共对中共一样对待孩子，以为给了钱给了物就可以发号施令，结果必是分裂对立！

学会沟通，对于父母和孩子都会增添快乐，减少烦恼，关系更温情更亲密，家庭更融洽更和谐。学会沟通，父母发现孩子问题才能更及时，解决问题才能有力有效，才能避免事故防患未然。学会沟通，本身就是对孩子的教育培训工作，就是父母对孩子的垂范，最终则移植为孩子立身处世的能力。那么，父母当如何学会沟通呢？

第一，少说多听，“竖”起耳朵

父母要从“说给孩子听”变成“听孩子说”，把自己说话的数量砍掉一半以上，使说与听的比例至少1 ：1，甚至1 ：2，尽量少说多听。这样，父母和孩子既是信息的“传送者”，也是信息的“接收者”，你来我往，双向互动，沟通的渠道就建立起来了。

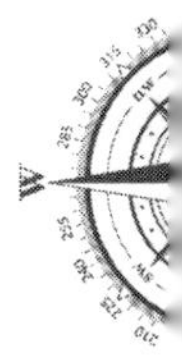

这件事看起来简单，实际上很难。难就难在父母往往不能真心地平等看待孩子，更缺乏认真倾听所需要的那份敬重，“一个小屁孩懂什么呀！”所以，父母往往会出于策略做出“听”的样子，“听”几句注意力就不集中了，觉得没意思就要转移话题了，孩子还没说完就急于表态发言了，听到与自己观点不同的就开始讽刺奚落了……孩子明白了，这是父母的"策略"，不说了，沟通于是中断。孩子还能有别的选择吗？父母可以设身处地想一想。

假如，父母作为一个群众或者下级，上级领导这样"策略"地听你说话，你还乐意说话吗？假如，你把一个人当知心朋友，你说话时他（她）这样"听"，你不反感吗？反过来想，父母对什么人的话会洗耳恭听呢？敬重的人、重要的人，因为他们能告诉你不知道的、有益的信息。其实，孩子就是这样的人，话里话外一定有你不知道的信息，关系到孩子健康成长的大问题，何等重要！父母当如前文所说"敬畏生命"、"尊重差异"、"重新做人"，如此，方能端正态度，产生共情，"竖"起耳朵。

第二，不评论只提问

不评论就是不要否认孩子的体会，不要批判他的愿望，不要贬低他的主张，不要嘲笑他的品味，不要驳斥他的感觉，不要怀疑他的经验，不要污蔑他的人格，不管它们是积极的、消极的，还是合理的、矛盾的，皆任其渲泄，不设闸门。

提问就是了解孩子的情绪或信息后，积极反馈回去求证，通过问话方式，让孩子**重新定义**他的问题，并自发地进入解决问题的过程之中。父母之问不能包含自己的信息，比如评价、意见、建议、分析、质疑等，而是仅就孩子的信息含义该如何理解来设计问题，这是关键。

美国心理学家托马斯·戈登的研究成果颇有权威价值，他将此法命名为"积极倾听'，其所著《父母效能训练手册》提供了这样一个案例：

妈妈去超市买东西，把三岁半的密歇尔跟我一起留在了车里，这时密歇尔开始哭个没完。"我要妈妈"这句话被重复了几十次，尽管我每次都告诉她妈妈一会儿就回来。随后，她开始大声哭叫："我要我的小熊，我要我的小熊。"在我徒劳地尝试了所有的办法来安慰她以后，我想起了"积极倾听"这个方法。在绝望中，我说："妈妈不在身边时，你很想念她？"她点了点头。"你不喜欢妈妈离开你？"她又点了点头，仍然害怕地紧紧抓着她的安全毯，看起来像一只蜷缩在后座角落里受惊的、迷路的小猫。我继续问："当你想念妈妈时，你想要你的小熊？"她用力点了点头。"但是你的小熊不在这儿，你也想念她？"这时，就像施了魔法一样，她从角落里爬了出来，放下她的毯子，停止哭泣，爬到前座我的身旁，开始愉快地和我谈论她在停车场上看到的人。

这个例子表明，只要真心去理解孩子的意思，就能沟通；还能"把球留在孩子的场地"，让孩子自己搞定。我们成年人都有这样的体验，与人交流了，说完了，内心平静了，事情也想通了；孩子也一样。

第三，"我一信息"与"你一信息"

当孩子不能自觉，或存在显而易见的错误，父母必须表明自己的意见立场时，父母又该如何沟通？也就是该如何"说话"如何表述呢？

托马斯·戈登认为："如果父母送出包含以下三部分的'我一信息'，孩子就会有可能改变他们的不可接受行为：1、对不可接受行为的一个描述；2、父母的感受；3、这个行为对父母造成的实际而具体的影响，即**行为+感受+影响**。"例如对孩子说：当你没有按时从学校回家，也没有打电话说你晚回来时（行为描述），我会担心（感受），这会使我无法专心工作（影响）。这就是**"我一信息"**。而通常父母的说法都是贴标签的、指责的**"你一信息"**：你不按时回家，也不打电话说一声，真是不考虑别人的感受！

显然，“我—信息”能让人舒服地接受，而“你—信息”则会引起反弹。那么，大多数父母为什么反其道而用之呢？戈登认为：“父母们尤其发现自己很难在孩子面前做到透明的真实，因为他们希望自己被看做一贯正确的人——没有弱点和不足。对于很多父母来说，用一条‘你—信息’来指责孩子，从而隐藏他们的情感，比将他们自己的人性弱点暴露无遗要容易得多。”但有得必有失，大凡这样掩盖自己的父母，往往失掉孩子的亲密。

第四，追求双赢，“没有输家”

父母与孩子肯定有冲突对立的时候，又该如何沟通呢？既不能“缴枪不杀”、逼迫孩子投降，也不能娇纵孩子、父母缴械投降，而是寻找双方都能接受的解决方案，通过妥协，部分满足双方的需求。

托马斯·戈登创立的“没有输家”方法，有六个步骤：“1、发现和定义冲突。2、产生可能的备选解决方案。3、评估备选解决方案。4、决定最好的可接受解决方案。5、执行决定。6、对解决方案的效果进行追踪评估。”

比如，有个孩子想延长就寝时间，提出许多理由；但父母担心其睡眠不够，不同意所请。按照“没有输家”法，先定义冲突，再提方案、评估、选择，达成协议：孩子同意**按时上床**，并不再磨蹭；父母则同意孩子上床后可以**看半小时书**，再关灯就寝。孩子执行得很好。这说明，当父母重视孩子的需求后，孩子也会体谅父母的需求。

这种方法，在国与国之间的争端处理、利益冲突双方的谈判中，也广泛适用。如果其中一方彻底成了输家，沟通便会失败，合作便瓦解，明争暗斗就会产生。因此，追求共赢是世界潮流，也是父母化解冲突、有效沟通的指导思想和正确方法。

好父母当如何启发孩子？

过去，刚开始教孩子识字读书叫“发蒙”，一般在七岁之前。“蒙”是蒙昧无知、混沌一片、不明事理的意思；“发”意味着脱离。“启发”秉承其意，但时间提前自孩子降生开始，内涵则非识字读书，而是玩游戏、搞活动。“发蒙”是学校老师的教育，“启发”才是家中父母的教育。

长期以来，我们把游玩斥为“不务正业”而予以贬抑，这其实是一个天大的错误！过去受条件限制，父母顾不过来，认识虽错误，后果不严重；现在只有一个孩子，两代父母盯着，太容易将错误的认识落实并巩固下来了。所以，现在有许多孩子不会玩儿，呆若木鸡，如笼中鸟儿不会觅食不能飞翔，这是孩子的不幸，是父母作孽！**玩是孩子的天性，是孩子的权利**，不许孩子玩就是泯灭其天性，剥夺其权利，把孩子当犯人囚禁，不是作孽是什么！

韩国学前教育的领军人物李元宁教授，在《100年也不过时的育儿智慧》中介绍道：

英国心理学专家帕普·贯格做了一个实验。他为宝宝准备了小电灯。一开始他把模式设定成只要宝宝向某一方向转头电灯就会发亮。偶然发现自己一转头就能亮灯的宝宝开始刻意地转头了，可是，当完全掌握了怎样才能亮灯以后，宝宝却不那么感兴趣了。接下来他把实验内容稍作改动，结果宝宝又开始感兴趣了。这说明宝宝对解决问题的过程感兴趣，而不是对问题本身感兴趣。

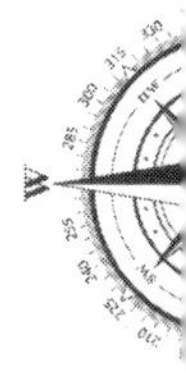

美国心理学家亨特和伍沃德考斯基也做了相似的实验。他们把出生月份差不多的婴儿分成两组，分别在他们旁边系上能转动的玩具。一组是把玩具系在宝宝能看见的天花板上，让大人在旁边转动玩具。另一组则把玩具系在摇篮上，只要宝宝一动身体摇篮就会动，玩具也会随之跟着转动。知道摇篮一动就能转动玩具的宝宝咿呀咿呀的声音多了起来，笑容也多了起来。但只靠别人来转动玩具的宝宝，却没怎么发出声音，也没有笑容。2005 年彤燕（注：李元宁教授之孙女）出生时，美国刚开发出与这个原理相同的玩具。只要孩子一动脚，玩具就会发出歌声，而且动脚的角度不一样发出的歌声也会不一样。出生才三个月的彤燕，为了听声音就喜欢把脚蹬来蹬去。

日内瓦大学的莫尼尔教授做的实验跟帕普·贾格差不多，也是让宝宝通过摆动手脚来转动玩具。他发现出生只有四个月的宝宝都会为转动玩具而频繁地摆动手脚，动的次数比平常多得多。

这些实验研究证明，婴儿也喜欢游戏，婴儿有自主性，婴儿的思想行为能被游戏激活，东西方（如彤燕）的孩子天性相同，都能随游戏“动”起来。事实如此，游戏不是智力开发是什么？游戏不是教育培训又是什么？游戏的过程不就是在唤醒孩子心中沉睡的巨人吗？

“幼儿教育之父”、德国人福禄培尔（1782-1852）说：“游戏是创造性的自我活动和本能的自我教育”；“在这些游戏中得到充足滋养的绝不仅仅是身体的、或者说肉体的力量，而且也在不断增长地、肯定地、可靠地显示出精神和道德的力量。”

杜威说：“游戏是如此出自自然的和不可避免的，以至很少有教育家从理论上赋予它在实际中所占的地位，只有古代的柏拉图和近代的福禄培尔算是两个重大的例外。”柏拉图在《理想国》中提出“寓学习于游戏”；后又在《法律篇》中提出，孩子三至六岁每天要在当局任命的妇女指导下游戏，如玩分配苹果花环，玩做家务，玩调配军队和远征游戏等，把游戏者与学习者视为一体。卢梭评价柏拉图说：“当他带着孩子们玩耍的时候，同时把有用的东西也一起教给了他们，寓教于乐才是教育的最高境界。”

那么，孩子能从游戏中得到什么呢？举例来说，比如“模仿铜像”，这个游戏要两人配合，一人数数，从 1 到 100，另一人在数数过程中保持一个固定的姿势不变，动了就算输。这其实在训练孩子的自控能力、意志力。又如“抽木棍”，一堆木棍支撑在一起，要从中抽出木棍而不能倒塌，抽得多者胜，这需要孩子集中精力，专注，静心，还要手指灵活。再比如“打仗”演练，需要组织协调、配合、模仿、想象以及创造等综合能力。这些游戏能带给孩子**五方面收益**：一是心里快乐刺激，二是身体运动协调，三是技能及心理品质的锻炼，四是与伙伴的竞争合作，五是对事物特性的认知。游戏对孩子有“激活”之效，无需赘述了。

但，**电子游戏**呢？这是一个敏感问题。大多数父母皆持否定态度，认为于孩子身心有害；孩子们普遍看法相反。事实上，电子游戏不单是娱乐，已经是一个产业，一种文化现象，一种新的艺术形式。我们该如何面对呢？

电子游戏不同于传统游戏的本质特征，是人与机器产生关系，不是人与人产生关系。人都有疲乏的时候，人也不易聚集，机器却不累也好找。因此，若无管束，孩子很容易沉溺其中不能自拔，熬更守夜不撒手。还有，电子游戏模拟现实世界和思维世界更加逼真，让人身临其境，有强大的同化力，还有诸多悬念等等，让人欲罢不能。这是其魅力所在，也是危害所在。

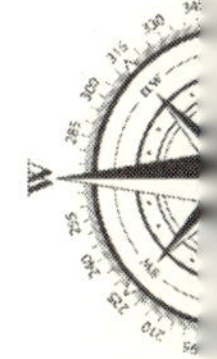

我们的**基本态度**：还是应该把电子游戏视为游戏看待，不能因噎废食。传统游戏诸如玩扑克、下象棋等，不赌博也有人通宵达旦不罢

手的，可见玩游戏皆需理性管理，电子游戏也不例外。每个时代有每个时代的游戏，身处电子网络信息时代的孩子，不会玩电子游戏，无异于自绝于时代。别的不说，单是对电脑的学习和使用，会玩电子游戏的通常水平高，不会玩的水平低，玩不玩有天壤之别。而美国大兵早已在电子游戏中演练轰炸技术，战争皆在玩游戏中进行预演，我们又岂能排斥电子游戏？所以，控制时间，审核内容，讨论得失，可能是父母对待电子游戏的正确方案。也就是说，父母要学玩电子游戏，与孩子同玩同乐同讨论，沟通看法，才能扬其长避其害，使孩子能够在虚拟世界和现实世界中自由出入。若禁玩，则如同倒洗澡水把孩子一起倒掉了。

玩游戏的核心是个“乐”字，搞活动亦然，就是要以玩乐的心情引导孩子参与各类娱乐身心的活动。“活动”比“游戏”的含义宽泛，也需在孩子稍大后才能进行，比如剪纸、陶艺等手工活动，唱歌、跳舞、弹琴等表演活动，下棋、戏水、玩球等体育活动，参观、郊游、野餐等游览活动。这些活动都应看成是“放大”的游戏。活动和游戏都应该以**“快乐有趣”**为要。

斯宾塞说：“长期以来，教育的误区是将教育单单看成在严肃教室中的生活，却忽略了对孩子们来说更有意义的自然教育和自助教育，而快乐和有趣，恰恰便是自然教育和自助教育在孩子身上最直接的反应。”这种“忽略”，局限了人的全面发展，使教育的效果大打折扣，也使教育评估变得无法把握。

现实生活中，有的孩子“小时了了，大未必佳”；而有的孩子小时调皮捣蛋，贪玩好耍，长大后却大有出息，原因何在？我有三点感悟：一是让孩子做游戏、搞活动是奠定**“快乐人生”**的基础，比之所谓“学习基础”更宽广厚实，更能经受风吹雨打，更有利于建筑高楼大厦。二是游戏能**激活头脑**，催生自主的创造性活动，并生动有趣，充满活力张力，逐步形成内在的“动力系统”；而“了了”者多是识字读书厉害，更多靠“外力”推动，容易枯燥被动，虽一时领先却难免后继乏力。三是游戏中发现并养成的兴趣特长真实可靠，循此可深入、可持久而**形成优势**；被动学习则往往要屏蔽一部分区域，可能抑制一些潜能，展现的所谓“优势”未必真实，为后来的发展留下隐患。

因此，好父母应该如何启发孩子？不是灌输，而是玩游戏；不是训诫，而是搞活动。比如，让孩子背唐诗，不许在地上爬，不许在沙发上跳，不许玩水玩沙子，让孩子规规矩矩……都是错误的，都不是启发而是压制，都有害于孩子。其中道理如同孙瑞雪在《爱与自由》中讲的故事：“外公给外孙买了一辆漂亮的小汽车。外孙想拆掉小汽车探索车为什么会走，但家人觉得拆了可惜，就把车藏到大衣柜上。几年后孩子长大了，家人拿出了车，但孩子早已不想玩了。家人剥夺的不是车，而是孩子认识世界的机会。”

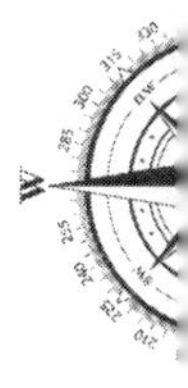

好父母当如何引导孩子？

孟子曰："君子**引而不发**，跃如也。"可释意为，父母如同射手，拉开了弓却不发箭，做出跃跃欲试的姿势，用来启发和诱导孩子，激发其兴趣愿望。

《学记》云："道（引导）而弗牵，强（激励）而弗抑，开（开启）而弗达。"可释意为，父母要引导孩子而不是予以牵制，要激励孩子而不是强制使其顺从，要启发孩子而不是一下把结论告诉他。

这两段话大体说明了"引导"之意。虽然父母应与孩子建立合作关系，但父母显然是优势一方，还负有教育之责，因此父母要有"引导"意识。"教训"太强势太空洞，有违教育规律，效果必不好；"引导"才得法。具体来说，父母的引导重在三点：观察、体验和疑问。

先说观察。我们通常注重"学习知识"，忽略"学习事物"和向人学习，故注重书本知识，忽视原汁原味的万事万物，把"学习"的外延去掉了一大半。卢梭说："每个人的一生都是由三种教育培养的：或受之于自然，或受之于人，或受之于事物。"因此，我们要建立全面的学习概念，就要注重观察。

斯宾塞认为，"所有学习开始都是观察"。从孩子成长的过程来看，此论甚当。试想，若没有观察，孩子如何学习？有些孩子有些言行思想，没有人教授，却"无师自通"，其奥秘即在观察。斯宾塞还说："教育如果忽略了感官，就会让人模糊而困倦。确实，倘若认真做一下思考就不难看出，仔细观察现实是所有伟大成就的必备条件，艺术家、科学家离不开它，医生诊断也离不开它，工程师同样需要它。我还发现，哲学家根本特点即在于，可观察一般人所忽略的事物间的关系，诗人可以看到常人无法目睹到的美妙现实。所以教育的首要任务，即是系统地培养孩子的观察力。”

但我们做得很差。有这样一个小故事，老师教学生念“白日依山尽，黄河入海流”。有个小朋友举手提问：“老师，明明是红日，不是白的，是不是写错了？”老师答不上来，训斥讥讽一通，“你比大诗人厉害？”要求记住就是，不要乱想。其实，这个孩子是在观察思考，是应该鼓励的，但我们多数父母都与这位老师一样打压。殊不知，所谓智力，即由观察力、记忆力、想象力和创造力构成，把观察力“消灭”，岂不是让孩子的智力下降吗！答不上来不要紧，世间万象纷纭复杂，每个人都有答不出的问题，都需要“学而知之”；父母可以去请教能者，可以与孩子一起观察思考，绝对不可以打压孩子的观察，那会让孩子变成“睁眼瞎”的。

获得诺贝尔物理学奖的费曼，回忆父亲引导他观察事物的文字，值得我们做父母的认真揣摩，完全可以如法炮制：

有一次，他摘了一片树叶，我们注意到树叶上有一个C形的坏死地方。“这是一只蝇，在这儿下了卵，卵变成了蛆，蛆以吃树叶为生。它每吃一点，就在后边留下了坏死的组织。它边吃边长大，吃的也就越来越多，这条坏死的线也就越宽。直到蛆变成了蛹，又变成了蝇，从树叶上飞走了，又到另一片树叶上去产卵。”

他说的细节未必对——没准那不是蝇而是甲壳虫，但是他说的那个概念却是生命现象中极正确的一条：生殖繁衍是最终的目的。

又一天，我在玩马车玩具，车斗里有一个小球。我说：“爸，我观察到一个现象。当我拉动马车的时候，小球往后走；当马车在走而

我把它停住的时候，小球往前滚。这是为什么？”

“因为运动的物体总是趋于保持运动，静止的东西总是趋于保持静止，除非你去推它。这种趋势就是惯性。但是，还没有人知道为什么会是这样。”这是对事物很深入的理解，他并没有只给我一个名词。父亲用许多这样的实例来进行兴趣盎然的讨论，没有任何压力而使我对所有的科学领域着迷，我只是碰巧在物理学中建树多一些罢了。

再说体验。体验与观察有联系有交叉，但观察以“眼看”为主，体验以“动手”为主。比如，一粒种子是如何发芽、破土、成苗、结果的，这是“观察”；而亲自动手播种、浇水、施肥则是“体验”了。毛主席说：“要知道梨子的滋味，就要亲口尝一尝。”体验就是“尝一尝”的意思。

生命成长就是一个体验的过程，没有体验就没有成长。智慧的哲人周国平先生也在《妞妞》中感叹：“我们从小就开始学习爱，可是我们最习惯的始终是被爱。直到我们自己做了父母，我们才真正学会了爱。”有没有切身体验，太不一样了。缺少体验的人生是苍白的，缺乏体验的孩子“长不大”。

但许多父母为“爱”所困，过度的爱和保护，恰如将孩子放进“真空”环境中养育，生怕冻着、饿着、累着、苦着、吓着孩子，“战战兢兢，如履薄冰”。实际上孩子是有适应、调节和自我保护能力的，这是动物的本能，只是需要体验来激活。而且，一次体验胜过十次、百次的说教，能让孩子豁然开朗，有“猛醒”、“顿悟”之效。《美国式家庭教育》提供了一个“体验饥饿”的案例，仅仅三天，九岁的珍妮弗感叹万分：

“噢，那太可怕了，真令人想不到！我们一共75个人参加了这次活动。前两天每次吃饭前，每个人必须抽取一张就餐券——如果餐券上写着‘15’，意味着他属于占世界人口15%的‘富人’，可以美美地享受一份丰盛的大餐，还可以受到殷勤的服务；如果餐券上写着‘25’，他就属于占世界人口25%的‘温饱型’，可以吃到份量还算足够的米饭、少量的鱼和豆子；如果餐券上写有‘60’，他就代表了占世界人口60%的‘穷人’，只能吃一点没有放油的土豆，而且还得耐心地排队等候领取。

我和罗里（她弟弟，六岁）竟然抽到了四次‘60’，两次‘25’，一顿大餐都没吃到！看着别人吃好东西，自己却只能吃那些糟糕的食物，那种滋味真不好受！不过，里奇——我们的营长说，这个比例和世界人口‘饥饿格局’几乎是一样的。原来世界上有那么多吃不饱的穷人，他们太可怜了！

最后一天，我们开始上‘要饭课’。我们中的少数几个人‘担任’慈善机构工作人员，大部分人扮演流浪汉、乞丐或穷人。吃饭时，‘工作人员’将饭菜分发给每个‘无家可归者’。我们这些‘受施者’还必须坐在地上吃饭。那些饭菜只是一些制作得非常粗糙的面包，还有水煮土豆块，外加两片肥猪肉。它们的份量根本不够吃，到最后我都觉得有点头晕了。

我现在才知道，仅仅是在我们美国，就有100多万无家可归的人呢！在全世界，至少还有2亿人靠要饭才能活下去——他们平时吃的饭菜比我们那天吃的还要差呢！原来爸爸说非洲贫困地区的孩子，一年的生活费只有100美元的事是真的！

“没饭吃真是太可怕了！他们真可怜！我决定把零用钱节省下来，捐给非洲那些没饭吃的小朋友。”罗里认真地说。

“我也打算这么做，再也不买芭比娃娃了。”珍妮弗响应道。

最后谈谈疑问。美国教育家布鲁巴克认为：“最精湛的教学艺术，

遵循的最高准则就是让学生提问题。”爱因斯坦说得更透彻：“系统地提出一个问题比解决一个问题更重要。”我国也有“学而不思则罔”（孔子）、“小疑则小进，大疑则大进”（陆九渊）等名言警句。显然，“有疑问”是好事，我们应欢迎而不是排斥，应鼓励而不是打击。

事实上，几乎所有的孩子七岁以前都会提出各种稀奇古怪的问题，都会有问得父母张口结舌的时候，说“疑问”乃人之本性应该不离谱；但另一方面，大部分父母渐失耐心，以“有疑问”为烦，持打压态度，要求记住“标准答案”。于是大体上，孩子上学之后，疑问锐减，是孩子问题减少了，还是教育的功劳，或者两者兼而有之？总之，这个基本事实告诉我们三点：一是孩子有疑问本性。二是孩子有一个“黄金”疑问期。三是我们对孩子疑问的“幼苗”保护不力。

如何保护并发掘孩子的疑问意识，关系孩子能否独立思考、能否养成创造力、能否有出息，不可小视。疑问与观察体验有关，也与情感心理相连，需要父母营造融洽、宽松、平等、合作的民主平台，改变批评、训斥、讥笑、视之为“刁难、捣乱、钻牛角尖”的错误态度，避免孩子有紧张、压抑和焦虑感，使其心情舒畅地观察体验事物，孩子才有可能开动脑筋，奇思异想不断，提问求解不倦。这是做父母应有的基本态度。

此外，还需要有意识地加以训练。比如讲故事时留下“尾巴”，让孩子去思考“接下来会怎么样呢？”第二天先问孩子，再讲结果，并可比较评点，予以鼓励。又比如，孩子提出了问题，记录在案，建立孩子疑问档案；或回答，或只指出答案方向、让其进一步观察体验，或者答不出来共同寻找答案——上网查询、书中求证、向专家请教等等。这样做，实际上是引导孩子走向一条真正的学问之路，就像航船起航了并航行在正确的航线上。做父母如此，善哉善哉！

好父母当如何激励孩子？

我们有“人前教子”的传统，父母习惯性地常在他人面前，教训、贬斥、挖苦、羞辱孩子，目的是为了让孩子“长记性”，表现出“不护短”的态度。学校老师也常如此“育人”，我们习以为常。但若在美国，父母这样做，会被看成“没教养”甚至是“犯罪”。因为他们把孩子当“人”看，我们不是，这是差异，是**“中国特色”**。

但也有相同的。美国人简·尼尔森所著《正面管教》一书，出版于上世纪 80 年代，书中说：“我最受欢迎的一句话是：我们究竟从哪里得到这么一个荒诞的观念，认定若想要孩子做得更好，就得先让他感觉更糟？”这表明，美国也有许多父母与我们一样，为了让孩子更好些，常常把孩子“贬”得一无是处。这有点像**“国际惯例”**。

父母这样做，就像把葫芦使劲往水下摁、逼其反弹一样，是为了激励孩子发奋图强，姑且称为**“反向激励法”**。比如，“你怎么这么笨呀！”父母之用意绝非真心评价孩子笨，更不希望孩子就这么笨下去，而是为了激励孩子奋起向上、证明自己“不笨”而做出“聪明”的业绩来。再比如，“你就不能像 ×× 一样？”父母不是说孩子“不能”，而是认为“有可能”，激发孩子“一定能”的豪情壮志。父母一张“臭”嘴，可谓用心良苦，暗含欲擒故纵、置之死地而后生之类如意算盘。

那么，效果如何呢？我觉得，对个别孩子会有“反面激励”作用，对大多数孩子只有“正面打击”的效果。可能有个别心理素质好、胆气壮的孩子受到强刺激，一不服气就“冒”上去了；而大多数孩子会“正面”理解父母的评判，因为父母在他们心中的形象是高大的、值得信赖的。父母会错吗？父母都说自己笨，自己毫无疑问笨到家了。还有，大多数孩子还像幼苗一样娇嫩柔弱，经不起这些风霜雨雪，会蔫头耷脑，丧失生机与活力。特别是当父母一遍又一遍变着花样反复贬斥，还当着其他人的面，如同证人在场作证一样，孩子如何扛得住！即如成年人，被这样“打倒在地，再踏上一只脚”地“激励”，又有几人能顽强爬起来，擦干净身上的血迹，奋勇前行？不信你试试，不灰头土脸才怪。

父母想的是**“反面激励”**，结果却成了**“正面打击”**。打击的重点在于孩子的自尊心；打击的“炮弹”排列如下：

“算了吧，你不是那块料！”

“你脑子有毛病呀，这么简单的事都做不好？”

“你怎么这么没出息……”

“你真是一块朽木——不可雕也！”

“哟，真是太阳从西边出来了？”

“生了你简直是一个错误！”

“像你这个样子，长大了只有捡垃圾（当民工）！”

“你胖得像头猪！”

“你脸皮真厚，要是我，早找地缝钻进去了。”

“你总是丢三落四，怎么没把人给丢了？”

“别给我丢人现眼的，出去别说是我的儿子（女儿）。”

“滚吧，想去哪里去哪里！”

……

父母的这种做法，让我想起那些给孩子喂“三鹿”奶粉的人，他们的动机是给孩子营养，但喂的东西有毒，孩子会得病甚至会被毒死，而他们还不知道，多可怕！这些恶毒的话语，对孩子自尊心的伤害，将造成的心理疾病，与“三鹿”奶粉何异？说这些话的父母不妨做一个试验，父母之间每天说上一遍，互相试试反应，体会体会“毒性”，品一品孩子的感受，想一想孩子娇弱的自尊心有多少条伤痕……

洛克说：“父母越不宣扬孩子的过错，子女对自己的名誉越看重，因而会更小心地维护别人对自己的好评。”苏霍姆林斯基说：“没有自我尊重，就没有道德的纯洁性和丰富的个性精神。”天下有没有父母希望孩子不自尊？我相信，没有哪个父母希望自己的孩子不自尊、不看重名誉。既然如此，父母该不该小心翼翼保护孩子的自尊心，该不该**闭上“臭”嘴？**

闭上“臭”嘴是一面，**学会赞赏**是另一面；前者重在保护**自尊心**，后者重在培养**自信心**。如何自信？北京市光明小学的校训可资参考：“相信自己行，才会我能行；别人说我行，努力才能行；你在这点行，我在那点行；今天若不行，争取明天行；能正视不行，也是我能行；不但自己行，帮助别人行；相互支持行，合作大家行；争取全面行，创造才最行。”

这段话很平实，却将自信的内涵说得深刻透彻，俨然一张“自信地图”，指示了自信涉及的各个方面的路径和方法，很值得玩味。从父母的角度看，关键是要学会赞赏。会学赞赏，要注意抓两个重点：

一是纵向比较，发现进步，赞赏进步。孩子的成长过程，本身是一个从不知到知之不多、再到知之较多的过程，是一个不断提升动手能力的过程，也就是一个全面进步的过程。父母只要稍加留心，就能发现孩子的进步；父母只要有赞赏之心，孩子就会更有信心。只要从这个角度看孩子，无论什么孩子，都有闪光点。当然，父母要看全面，不能只看学习成绩，还有身体、品行、心态、性格、习惯、自理能力等等。当父母以纵向眼光全面审视孩子时，赞赏之心就会油然而生，孩子也会从父母处得到快乐与自信。

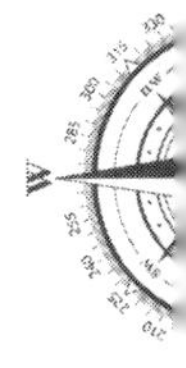

二是横向比较，发现优势，赞赏优势。每个孩子都有长处和短处，横向比较只比长处不比短处，目的是扬长避短、培育孩子的比较优势。斯宾塞说："一些孩子凭靠超常的智慧在日后获得成就，一些孩子凭靠优良的德行在日后获得成就，还有一些孩子凭靠过人的精力和体质获得成就。"各方面都强和各方面都差的孩子毕竟是极少数，只要父母不贪心不妄想，就能赞赏孩子的长处、包容孩子的短处。

但现实中，多数父母搞反了，纵向比较时只看分数不看全面，横向比较时只看短处不看长处，比来比去尽是不如人不如意，自然烦恼多快乐少，指责多赞赏少，久而久之，就回到"臭"嘴状态去了，使自己、孩子、家庭陷入恶性循环。还有些父母搞"虚假赞赏"，不作比较，不作鉴别，没有正当理由，为赞赏而赞赏，很"弱智"；孩子稍大就会明白，明白了会更泄气。所以，进行正确的纵横比较是关键，培养一个昂首挺胸的孩子是目标。

准确地说，自信心有两方面，一方面是对有些事情相信自己**努力**就能行，另一方面是对有些事情自己不行也**坦然**。因此，父母在赞赏时除了注重"理由"，还要注重**导向**，引导孩子"努力"和"坦然"。有个中国学者到外国朋友家作客，主人八岁的女儿端上一杯咖啡，学者赞赏道："这孩子真漂亮！"孩子退下后，外国朋友要求学者给女儿道歉，理由是漂亮是天生的，不是她的努力；而她端咖啡有礼貌的努力却被忽略了。想一想，非常正确，如果长期忽略努力，赞赏美貌，孩子久而久之难免自矜其美而不思进取了，或许就成了个"花瓶"，或许许多美女就是这样被"废"了的，所以要赞赏努力。换一面看，如果孩子天生条件有些不足，或努力之后依然落后于人，父母则要寻找机会赞赏其"坦然"，引导孩子**拿得起放得下**。这样，赞赏才会中肯，孩子才能昂首挺胸。

好父母当如何约束孩子？

人心中有天使，也有恶魔；人世上有真善美，也有假恶丑。父母对孩子要激励，呼唤其心中天使，促使其向上向善，彰扬其优点长处；同时也需要约束，克制其心中恶魔，防止其下滑沉沦，弥补其短板不足。激励和约束，相辅相成，不可偏废，要“两手抓，两手都要硬”。

问题在于，多数父母约束这只手虽然“硬”，抓得紧，但不得法，没有抓住要领，往往徒劳无功。他们以打骂、发脾气作为武器，对孩子进行“攻城”，弄得大家都伤心，既伤身体又伤感情，结果孩子还是口服心不服。这让我想起《孙子兵法》“攻心为上，攻城为下”；还想起成都武侯祠的对联：“能攻心则反侧自消，从古知兵非好战；不审势即宽严皆误，后来治蜀要深思。”其中的关键词是“攻心”和“审势”。循此思路，我们琢磨了有效约束的四项基本原则：

1、**消除“敌对”**：父母首先要停止打骂，过滤情绪，消除对立，避免与孩子形成“敌对”的猫和老鼠的关系，脱离“游击战”般的纠缠状态，做到心平气和，只动脑筋不“动手”。

2、**就事论事**：父母要避免对人不对事的打棍子、戴帽子、揪辫子的做法，做到对事不对人，着力于对具体某个行为的约束，就像开刀治阑尾炎只切掉那一“点”，不及其他。

3、**以“法”治家**：如何“论事”，父母要避免人治，做到“有法可依”，不能随心所欲，高兴时一个样，不高兴又是一个样。所以，

要针对性地讨论制定具体的“家规”，做到有章可循。

4、**导向自治**：父母要强化孩子的自我责任意识，把孩子放到主角的位置上，强调自我约束，父母只起提醒、协助作用。

坚持这四项基本原则，才能使约束有力有效，形成良性循环。具体如何应用呢？我们提出下述四种方法，算是举例说明。

第一，偏好约束

每个孩子都有不同的偏好，有些偏好是短暂的，有些偏好则是长期的，比如非常喜欢游泳、特别爱吃烤鸭、很想要某个玩具或文具等等。了解并利用这些偏好来约束孩子的其他行为，即为偏好约束。

偏好约束要点有四：一是孩子对这个偏好十分在乎，极想满足；而满足这个偏好有好处，至少无害处。二是通过增加或减少偏好满足的机会，来发挥约束作用。三是将偏好与孩子的其他不良行为绑定在一起。比如：想吃烤鸭吗？可以，但不吃蔬菜的问题要改善，改善了就可以吃烤鸭了。四是兑现的时间不宜太快，但也不宜太久，以一周左右为宜，否则约束效力会打折。

第二，规则约束

所谓规则就是以简明扼要的语言做出的禁止性要求。主体内容包括法律、道德、教育等方面的公理性认识，比如“不许偷窃他人财物”、“不许闯红灯”、“不许撒谎，要诚实”，“必须按时睡觉”等。还有一些规则是父母针对孩子具体情况提出的，属临时性阶段性规定，如什么时候不许吃零食，什么时候喝牛奶，看电视只能看什么节目等。因而，规则又分为可以商量的规则和不可以商量的规则两类。下面是一位美国家长的规则清单，可供参考。

不能商量的规定：

1、在需要上学的前一天晚上，9：30 上床睡觉。

2 、不可以说谎。

3 、在我面前不可以说脏话。

4、不可以咒骂。

5、一天刷两次牙。

6、不可以打人或推人。

7、不可以把食物丢在餐桌上。

8、不可以随地吐痰。

可以商量的规定：

1、周末的上床时间可以有弹性。

2、有时候可以在餐桌上看书。

3、有时候钢琴练习时间可以跳过。

4、看电视的时间可依当天家庭作业等因素决定。

父母通常的问题在于，眉毛胡子一把抓，甚至捡了芝麻丢了西瓜，没有搞明白什么是真正重要的正确的规定。所以，对规则加以区别分类是个好办法，这样能明确哪些必须坚持哪些可以妥协。同时，下放一些权力，给孩子一点自由，把孩子置于合作者的位置，与他们商量某些规则，会促使他们对那些不可商量的规则更重视；也会激发他们的责任意识，更愿意与父母配合。因此，随着孩子年龄的增长，可以商量的范围要不断扩大，这样做才能使规则真正**内化于心**。

另一方面，对于那些被法律、道德或社会公理所禁止的行为，危害家庭成员身体健康和经济利益的行为，则应严守规则，绝不含糊。

比如，严禁女儿深夜不归，严禁孩子当众耍横撒泼等，这些规则一旦破坏，养成恶劣习惯，后患无穷。

第三，目标约束

说到目标，我们马上想到的是考试目标，考多少分、第几名、考哪所中学、考哪所大学等。其实，这只是孩子成长中一个方面的目标，一个中级目标。此外，还有许多方面，比如自理能力、运动技能、文艺才能、社会实践、课外学习、人际交往、性格习惯、道德品行等等，每个方面都应当有明确的目标。同时，按时间进程看，还有不同阶段之分，阶段性目标一个接着一个，从近期目标到中期目标到长期目标。最终，把各方面的目标与各阶段的目标汇合起来，指向人生理想大目标。因此可以说，培养孩子的过程也是一个构建目标体系的过程。

在构建这样一个目标体系时，父母应当抓两头放中间。一头是**做什么人**，帮助孩子树理想立志向，制定远大的人生目标，可以不清晰，但是很重要，是方向路线的大问题。另一头是**做什么事**，督促孩子分解阶段的方面的目标，化为具体的一件件事情，要求做一件事务必做好，哪怕反复多次，也要“一个钉子一个眼”。而中级目标，比如考什么学校，爱好点什么，则应完全由孩子自主确定，父母做主基本上等于零、没用。若父母一直做主，则孩子以后多半不能独立自主。

目标约束便是把具体的小目标落地生根。由于小目标是中级目标的分解，而中级目标是孩子确定的，故目标约束能够有效。

第四，契约约束

父母与孩子就某个方面或某一综合性事务达成协议，明确各自的责权利，并照此执行，即为契约约束。较之可以商量的规则来说，契约涉及的问题复杂些，达成协议后形成的规则也更细致严密，一般在孩子十岁以后可以大量使用契约约束。

美国人简•尼尔森在《正面管教》中，记录了自己一家人协商“带不带孩子们外出度假”的案例。我们按照契约约束原理，把相关内容分为四个要点：

1、父母的苦恼：孩子向父母要钱，除了垃圾食品什么都不吃，相互打架，和父母讨价还价，不收拾自己的东西，不背自己的包，不告诉父母一声就自己跑开，睡得太晚，不愿意去父母想去的一些地方。

2、孩子的苦恼：在高档餐厅用餐，穿讲究的衣服，两个人合睡一张床，钱不够花，父母干涉钱该花还是不该花，坐飞机的时候座位不靠窗等。

3、大家同意的解决办法：孩子尽量多存些钱；父母到时再额外补助一笔，但不再追加；孩子要把钱分为七天用，由父母保管，每天发一份；父母不干涉孩子怎么花钱，但花完不再给；孩子同意负责各自的旅行包，只带他们自己带得了的东西；马克带上一个睡袋，只有一张床时可以打地铺；父母去高级餐厅时，孩子可以去吃麦当劳；在飞机起飞和降落时，兄妹俩可以轮流坐在靠窗的位置；孩子同意不打架，而且去哪里一定先告诉父母。

4、契约执行：如果孩子违反协议，父母拉拉孩子耳朵予以提醒；如果父母违反协议，孩子拉拉自己耳朵发出信号。

大家照此办理，旅行归来，作者说：“我们一家感觉到的亲密无间，是远比夏威夷之旅本身更加美好的体验。”这就是契约约束的良好效果。这是关于**综合事务**的契约案例。

富可敌国的小洛克菲勒关于“零用钱”的协议，则堪称解决某一**方面问题**的经典契约，全文录于后，供父母研究思考：

爸爸和约翰的备忘录
——零用钱处理细则

1、从5月1日起，约翰的零用钱起始标准为每周1美元50美分。

2、每周末核对账目，如果当周约翰的财政记录让父亲满意，下周的零用钱上浮10美分（最高零用钱金额可等于但不超过每周2美元）。

3、每周末核对账目，如果当周约翰的财政记录不合规定，或无法让父亲满意，下周的零用钱下调10美分。

4、在任何一周，如果没有可记录的收入或支出，下周的零用钱保持本周水平。

5、每周末核对账目，如果当周约翰的财政记录合规定，但书写或计算不能让爸爸满意，下周的零用钱保持本周水平。

6、爸爸是零用钱水准调节的唯一评判人。

7、双方同意至少20%的零用钱将用于公益事业。

8、双方同意至少20%的零用钱将用于储蓄。

9、双方同意每项支出都必须清楚、确切地被记录。

10、双方同意在未经爸爸、妈妈或家庭教师的同意下，约翰不可以购买商品，并向爸爸妈妈要钱。

11、双方同意如果约翰需要购买零用钱使用范围以外的商品时，约翰必须征得爸爸、妈妈或家庭教师的同意。后者将给予约翰足够的资金。找回的零钱和收据，必须在购买商品的当天晚上，交给资金的给予方。

12、双方同意约翰不向任何家庭教师、爸爸的助手和他人要求垫付资金（车费除外）。

13、对于约翰存进银行账户的零用钱，其超过 20% 的部分（见细则第 8 款），爸爸将向约翰的账户补加同等数量的存款。

14、以上零用钱契约细则将长期有效，直到签字双方同时决定修改其内容。

以上协议双方同意并执行。

小约翰·D·洛克菲勒（签名）

约翰·D·洛克菲勒三世（签名）

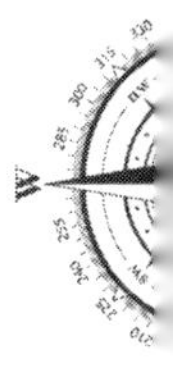

好父母当如何评价孩子？

奖励与激励，惩罚与约束，有联系也有交叉，区别在于是不是以评价为主。奖励是在事后对孩子行为的正面肯定性评价，惩罚则是负面否定性评价，所以奖励和惩罚是一种事后的评价方法；与激励和约束不同。那么，父母应该如何用好这种评价方法呢？

第一，评价的客观性

客观性是指排除情绪化，不搞扩大化，实事求是的态度。

孩子们从小到大必然有进步也有错误，谁都一样，父母不能一高兴就像上了天堂，一生气就像下了地狱，而要大人有大量，奖励和惩罚都不受情绪控制影响。

其次，父母的评价要针对行为不针对人，特别要把错误本身与做错事情的人区分开来，不能变成对人的定性如“笨蛋”、“骗子”之类，而要就事论事。

还有，评价不能拍脑门，想怎么样就怎么样，要有理有据，前后一致，相应的行为规范明确，正确与错误的界限清楚。

做到了客观，父母才能正常思考问题。如何客观？我们可向陶行知学习：

一天，陶行知遇见学生王友用泥块砸同学，他当即制止了，并让他放学后到校长室来。放学后，陶行知来到校长室，王友已经等在门口准备挨批了。陶行知立即掏出一块糖果送给他：“这是奖给你的，因为你按时来到这里，我却迟到了。”当王友惊疑地接过糖果后，陶行知又掏出一块糖：“这也是奖给你的，因为我让你不再打人，你就立即住手了，说明你很尊重我。”王友迷惑不解，陶行知又掏出第三块糖：“我调查过了，你砸他们，是因为他们欺负女同学。这说明你很正直，有跟坏人做斗争的勇气！”王友感动地哭了，后悔地说：“陶校长，你打我两下吧，我错了，我砸的不是坏人，是我的同学呀！”陶行知满意地笑了，随即掏出第四块糖：“为你正确认识了错误，再奖励你一块……”

第二，评价的目的性

简言之，评价目的是让孩子弄明白是非对错、好坏优劣，并且发扬正确的行为，停止错误的行为。

细思之，奖励与惩罚目的有四：一是强化，刺激孩子重视该事情或行为，认知其中的重要性；二是社会化，通过奖惩告知社会规范，帮助孩子融入社会；三是优化，以奖励推动孩子实现最大化、最优化发展；四是弱化，以惩罚禁止不良行为，弱化不良影响。

因此，父母必须明确目的，围绕目的进行相应的奖惩评价，才能有的放矢，判断恰当与否。好比走路，先要知道**往哪里去**，才能做路径选择。然后，父母还需要使奖惩与目的之间有**因果关系**，因为这样奖励或惩罚了，所以某个目的达到了，奖惩与目的之间有内在的逻辑关系。这是父母在进行评价时应当牢记的两点。

根据“目的性”来看，美国斯特娜夫人**“行为表”**的做法值得我们效仿。她为女儿维尼做了一个行为表挂在墙上，包括服从、礼仪、宽大、亲切、勇敢、忍耐、诚实、愉快、清洁、勤勉、克己、好学和善行，共 13 个项目。如果维尼做事符合要求，当天就贴上红星，如果违反，就贴黑星；每星期六做一次总结。若红星多，下一周就给她

买书或者玩具予以奖励；若黑星多，成绩不好，就不买。这一行为表星期六总结完后就毁掉，让孩子有希望和勇气下周消灭黑星。

在这个案例中，“行为表”及奖惩是在“**强化**”，13个项目则是“**社会化**”，红星是在“**优化**”，黑星是在“**弱化**”。目的明确，而且评价与目的之间有因果关系，这就是一套科学的评价方法。

第三，评价的准确性

有这样一个故事：

有个小孩，特别喜欢扮鬼脸。他先用手捂着脸，然后兴奋地喊：“妈妈，快来看我。”只见他迅速用食指扒开下眼皮，再把小指伸到嘴巴里，样子十分不雅。妈妈说：“难看死了！”接着却是一连串笑声，拍拍孩子的脸。每当客人来，妈妈就诉苦说，孩子爱扮鬼脸丑死了，孩子听到后马上做出鬼脸，大家笑成一团。

这个故事里的妈妈，评价信息极不准确，虽然在说“难看”，行为却让孩子受到更多注意，**混淆**了奖与罚。有这样一个寓言：

渔夫看到船边有一条蛇，口里衔着一只青蛙。渔夫可怜青蛙，从蛇的口中救出青蛙放生了。但渔夫对蛇又生了恻隐之心，便想喂点东西作补偿。因身边只有酒了，渔夫便滴了几滴酒在蛇的口中，蛇游走了。过了几分钟，船板有响动，渔夫一看，那条蛇又回来了，嘴里咬着两只青蛙——正等着渔夫给它酒的奖赏呢。

这个好心的渔夫，原本因为给青蛙放生才补偿蛇，结果却鼓励了蛇加大力度抓青蛙。许多父母的补偿行为何其相似，因为“好心+爱心”，而使评价不准确，导致孩子“**不当期望**”，错上加错。

还有这样一个场景：

运行的火车上，有个孩子在玩卫生筷，妈妈反复要求“放下”、“别玩”，孩子都不听。不知怎么，孩子将卫生筷戳向了妈妈的脸，差点伤着眼球。妈妈急了，将筷子夺下，折断，扔到车外。孩子大哭起来，不依不饶。妈妈说："叔叔阿姨要笑话你了，别哭了。"孩子还哭，妈妈站起来把他抱到车厢结合部来回走着、摇啊摇。

这个妈妈一直在评价，但**评价软弱**无力；比较有力的行为又是针对筷子的，孩子根本不知道自己有什么错误，可能还认为是妈妈错了。

诸如此类，错乱的评价、"好心"的评价、无力度的评价，都会导致评价缺乏准确性，奖励和惩罚完全失灵，父母当引以为戒。

第四，评价的有效性

评价客观、准确、目的明确，是评价有效的基本条件。满足这些条件后，还需要注意下述问题：

一、**评价及时**方能有效。有个孩子很调皮，妈妈说："看你爸爸回来怎么揍你。"一周后爸爸回来了，妈妈讲述了孩子的劣迹，爸爸抬手就是两耳光。孩子早就忘了"劣迹"，相当于莫名其妙被打，委屈极了。这样不及时的评价只有反效果。

二、**重奖轻罚**，评价方能有效。因为奖励是导向正确行为，惩罚是禁止错误行为，知道错了并不能必然知道怎样才对，所以评价应以奖为主罚为辅。有个寓言故事：一个年轻人养了一只狗，有天他发现狗在屋里撒尿，于是将狗痛揍一顿，然后从窗户扔了出去。第二天，年轻人再次发现狗在屋里撒尿，不同的是，在撒完以后狗自觉地从窗户跳了出去。故事里的狗受了惩罚，可能知道"错"了，按它对主人行为的理解，从窗户跳出去就扯平了，就"对"了，所以继续撒尿。可见惩罚无效。相反，如果奖励它，将它带到室外草坪撒尿，每次撒尿后奖励一根骨头，狗才会知道怎么办才是对的。孩子们许多时候与这条狗一样是搞不懂的，需要奖励来引导。

三、**强化物恰当**，评价方能有效。强化物是评价之后予以刺激的

事物；这个事物必须是孩子发自内心在乎的，希望得到拥有的，不希望被剥夺失去的，得到拥有会高兴的，剥夺失去会难受的。

比如，孩子小时候最希望爸爸、妈妈带着玩，讲故事，去游乐园等，**最在乎陪伴**，在乎多给他们时间；孩子大些后，最希望父母少管一些，多给他们自主空间，**最在乎自由**，在乎与同伴搞活动。因此，父母在孩子小时候就要用“陪伴时间”作为强化物，孩子大些后，就要用“自由安排”作为强化物，奖励则给予，惩罚则剥夺。这样一来，孩子便会非常在意父母的评价，愿意积极配合，“心动”带动行动。

强化物不恰当，有负效应。比如，孩子打针不哭，便奖励第二天不上幼儿园，则上幼儿园成了苦差事，以后咋办？同理，罚写作业，本意是促进学习，结果却把写作业变成受苦受难，谁愿意受苦？罚掉的是学习的愿望，多糟糕！故父母选择强化物要仔细分析**延续效果**，慎重对待物质奖励。

四、**不滥用评价**，评价才能有效。武志红在《七个心理寓言》中说：“父母太喜欢使用口头奖励、物质奖励等控制孩子，而不去理会孩子自己的动机，久而久之，孩子就忘记了自己的原初动机，做什么都很在乎外部的评价。”比如，孩子学做家务事，是求知探索的内在需要，这样做会带给他们快乐；如果事事说钱就会让他们忽略原本的内心愿望，而为了得到钱，这就因小失大了。

还有的父母学了“赏识教育”，一天到晚找理由表扬孩子，孩子大惑不解，摸摸妈妈额头看发烧没有。这是正面评价过度，造成虚假评价，当然无效。

负面的评价更要谨慎了，比如孩子学洗碗，不小心把碗打碎了，孩子已经知道错了，父母却来一句：“你怎么这么笨呀！”评价目的是让孩子知错，孩子已知错了，评价当免除。所以，对努力后的失败，第一次犯错等，都不应该进行负面评价。

卢梭提倡**“自然后果惩罚”**，即在安全前提下，让孩子承担行为的自然后果，从而学会该怎么做。比如，出门没带衣服，天冷了挨了冻，下次就注意了；不好好吃饭，挨了饿；不按时起床而迟到则挨批评等。从评价的角度看，这是让孩子接受自然评价、社会评价，引导其**自我评价**；父母的评价则该相应地减少数量，提升质量。

第五，该不该打孩子

调查表明，相信应该合理地打孩子的父母，美国占55%，希腊87%，巴西19%，全世界平均52%。这个数字未必可靠，但表明了一个事实，打孩子也算“国际惯例”，该不该打看法不一。

从历史上看，我国可能没有孩子不挨打的，父母打死孩子不犯法、更不会抵命。古罗马也一样，最近有考古发掘证明，当时打死不听话的孩子还相当普遍。但随着历史发展进步，打死打伤孩子的事逐步减少，在全球范围内呈快速下降趋势，越是文明程度高的国家和家庭，父母打孩子越少。这也是一个显而易见的事实。

同时，文明程度较高的国家皆废除了“打人”的刑罚，但新加坡例外，有**“鞭刑”**，就是打屁股。当年有个美国人在新加坡犯了法，当施鞭刑。此事惊动了美国总统，引发一场外交风波，结果还是打了。据介绍，一鞭下去，屁股上皮开肉绽，虽不伤筋骨，却疼痛难忍，十天半月只能趴着，不能坐卧。若判打两鞭以上，则一鞭之后敷药疗伤，十天半月养好以后，再来第二鞭、第三鞭……反复体验痛苦滋味，确实有点残忍，不够人道。

但仔细想想，比我国古代“打板子”的刑罚文明多了：鞭刑是先定法规后依法量刑，打板子则多是现场临时决定、看官员心情好不好；鞭刑不伤筋骨、断断续续进行，打板子则一气呵成、打残打死不管，可能“立毙杖下”。显然，鞭刑的“教育”成分重些。

故说到该不该打孩子的问题，首先要界定**“打法”**。若是“打板子”一样，乱打暴打以泄愤，绝对应该摈弃，对此不能含糊。若是有“鞭刑”之精神内核、却无其酷烈的打法，以“教育”为主的打法，偶一为之，则未尝不可。

其次，要**纳入评价**体系。父母要明白，打孩子也是一种评价方法，不能因生气而打，要心平气和，有充分的依据，目的具体明确，还要配套以相应的奖励措施。比如，可以允许孩子先“挂账”，在一段时间内以停止错误行为来“销账”而减少挨打，或以正确行为来“冲账”而免于挨打。这样打孩子才会有效。

还有，要**因人因时而异**。不能简单说所有的孩子都不能打，或者说不打不成器所以都要打，而要区别对待，因材施教。对顽劣不堪者，其他方法无效者，可用此招，绝大多数孩子都应以“攻心”为上策。还要分阶段，孩子太小或太大了，打都不合适，大多数时候“攻城”都是下策。

总之，父母应尽量不打孩子，打须得法；否则，引起反弹，就会造成严重后患。武志红在《七个心理寓言》中讲了这样一个故事：在他老家有一家人，父亲很暴力，经常暴打老婆孩子，还不许哭出声。这家有四个儿子，长大后也跟老爸一样暴力，一样地暴打老婆孩子不许哭出声。这四个儿子的妈做什么都慢，做饭尤其慢，还很不卫生，饭里常有老鼠屎出现；家里的四个儿媳妇也一样慢慢腾腾，经常弄到晚上 12 点才开饭，把干了一天农活又累又饿的男人饿得叫唤，还常常端上的是一碗馊饭。为什么四个儿媳妇个个都跟婆婆一个德行呢？这家人皆以为是“命”，其实是女人们的报复，她们以“慢”为武器对男人“隐形攻击”，达到心理平衡。这个故事很好玩，但若父母不吸取教训，把孩子打成了“隐形攻击”者，那就会很不好玩了。

好父母当如何反省自己?

《荀子・劝学篇》云:“君子博学而日参省乎己,则知明而行无过矣。”意思是:君子广泛学习,且每天检查反省自己,才能够明智而无(重大)过错。“参省”有打坐、写日记等方式,是自己与自己对话,属于“内在超越”;与外国人向上帝忏悔、祈祷的“外在超越”途径不同。但两者都是为了反省,为了少犯错误。

做君子不易,做父母更难,有许多未知、意外、不可控的问题要面对,相当于漂流一条情况不明的河流。用长期的、全面的眼光看,父母犯错误是必然的,不犯错误是不可能的。好父母的标准不是没有错误而是少犯错误、不犯大错误;要做到这样,则必须经常反省。

反省是向后看,却能使人向前进。因为反省是一种虚心平和的态度,承认自己非圣贤乃凡人,不完美有缺陷;反省也是一种实事求是的精神,面对问题研究解决之道,不搞文过饰非;反省还是一种善于学习的能力,分析错误总结教训,可免重蹈覆辙,还可举一反三。或许可以这样说,不善反省之人必是肤浅之人,不善反省的父母必是糟糕的、讨嫌的父母?

父母善于反省,对孩子意义非凡。不仅会大大减少“冤假错案”,还会使沟通顺畅,并帮助孩子养成反省习惯和能力。一旦孩子养成写日记之类反省的习惯,且不许别人过问,那就意味着孩子想自省、自己与自己对话;意味着孩子基本具备了**自我调节和修复**的功能,父母

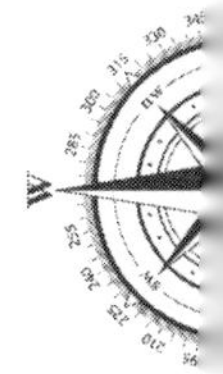

可以更放心放手了。若父母偷看日记，就是搞破坏，就像过去的反特电影，美蒋特务偷偷扳道岔、在铁轨上铆钉子的破坏行为一样，会造成列车倾覆的。电影里，人民群众觉悟高，特务未得逞；现实中，父母容易得手，但后果可能是孩子的“心路”被毁、发生“翻车”事故。特务是坏蛋，父母这样做就是蠢蛋也。

那么，反省是如何进行的？杜威在《思维与教学》中进行了研究论述，提出了三个要点。**一是观察**，通过感官或回忆，将自己与他人观察到的情境和事实确定下来，不可忽略、不可误解、不可回避，务必求真务实，还事实以本来面目，哪怕是负面的烦恼的令人羞愧的事实，也要正面面对。**二是观念**，通过预测、假设、猜想、想象等推理活动，探讨其可能性，对事实作出解释或提出应对方法。这时，头脑中闪现的各种念头，统称为观念。**三是检验**，将观念与观察的现实情境相核对，并通过行动去检验观念的可靠性。杜威认为，反省需要反复多次搜集事实材料，思考可能答案，进行核对验证，才能实现反省思维的功能，“将经验到的模糊、疑难、矛盾和某种纷乱的情境，转化为清晰、连贯、确定和和谐的情境”。

父母进行反省思维，除了认识到位、方法恰当外，还要突出下述三个重点内容：

第一，相关性分析

所谓相关是指与孩子生长有密切关系的大环境，主要是父母自己的状况，有时候涉及老师同学的状况等。所以相关性分析不是分析孩子，而是分析父母；问题出在孩子身上，根子却可能在父母身上。分析的目的是优化养育环境。

家庭教育从根本上说，是一种**环境熏陶**的艺术。父母的观念、言论、行为、社会关系、生活方式等就像土壤一样、像水一样、像空气一样，滋养着孩子这株幼苗。土壤贫瘠，水污染了，空气混浊，孩子焉能不成“病秧子”？相反，家庭如一片肥沃的土壤，水源清洁，空气清新，何愁孩子不能茁壮成长！那种头痛医头脚痛医脚式的所谓教育，其实只能满足父母的“官瘾”，根本上对孩子没有教育作用；能起作用的是家庭氛围。

比如有些父母一生争吵打骂不断，三天一大吵，两天一小吵，家中弥漫火药味，常处紧张矛盾氛围。这样的环境，会带给孩子什么感受呢？不安全、惶恐、慌张、想逃离；或者冷漠、好斗、凶狠、愤怒。调查显示，许多早恋的孩子、离家出走的孩子、混迹社会的孩子、心理不健康的孩子、自杀的孩子，都因为家中有本“难念的经”；其中有本“经”就是父母长期骂战。

因此，当孩子出现品行、心理、性格及厌学等较大问题时，父母首先应做的是反躬自省，从自身找问题找原因。好比环境治理，关键是找**污染源**，只有治本才能治表。这是做父母的责任，也是做好父母的根本。如果污染源在学校的老师或同学，父母也要不惜代价予以排除。

第二，系统性分析

所谓系统是指父母某个阶段对孩子的教育行为和方法的整体情况。系统性分析包括评估整体情况（系统）的效用如何，研究各子系统（方面情况和局部情况）之间互相影响的内在联系，寻找存在的问题及症结何在，提出改善的方案等。也就是说，父母对孩子的教育是一个系统工程，不是一招一式一个方法就能够见效的，需要全面、动态、深入地进行“综合治理”，需要经常反省，经常调整。

为了说明这个问题，谈谈我的亲身体验。在我 7 岁时，比较调皮。有一天，我提了个铝制的大水壶，到单位的锅炉房去打开水。家距锅炉房也就 20 多米，不远。当我接了大半桶开水时，有个阿姨来了，

高声说："×××两口子不来打开水，让这么小个孩儿来打水……"我听到"两口子"这句话，认为是骂我父母的，便提起壶将壶嘴对着她一偏，开水冲她脚上而去。她边退边大叫大喊，直到把我父母喊来，将我揪回去。这一下，老账新账一起算，先前各位叔叔阿姨反映的"劣迹"都冒出来了，少不了挨顿饱打。

先是站直了听训斥，一点一点说问题。"自己说怎么办"？"打。""打哪里？""打屁股。""怎么打？""趴在板凳上。"然后自己去抬板凳，自己去找棍子，自己把裤子脱下来露出光屁股，然后问打多少下……板子还没有落下来，我已经是满脸的泪水与汗水了。打得虽不多也不狠，但我有了畏惧之心。

大约过了十几天，我去食堂打饭，打了一斤米饭，往回走的路上，不小心脚下一滑，饭盆脱手而去，一盆饭全部倒在了沙地上。我顾不得摔痛了哪里，首先想到的是这下糟了，又要挨顿打。抬头一看，见父亲在家门口已经看见我了，我哇地一声就哭起来。这时，我听到父亲说："哭什么，再去打一盆回来。"我先是有点怀疑，偷偷地察言观色一番，待确认了确实不会挨打后，那份感动！无以复加的、难以言表的感动啊！在我重新打了米饭往回走的路上，可谓小心又小心，步步为营，一直在内心说：不能再出错，决不能再出错了……

我之所以印象深刻，至今还能记得当时情景，是因为"系统性"。若父亲一而再、再而三地打下来，我可能畏惧之心就疲沓了，无所谓了；但若无前次那顿打，我再犯错时也不会"怕"，也自然不会因放了一马而感动了；若父亲只放一马而不再信任我，不让我去食堂打饭了，我自然也不会有强烈的纠错愿望了。所以"打"与"放"与"信"之间有前后的因果联系，也有相互的对比作用，共同作用于我身上，产生了整体的敬畏之感和局部的纠错之效。这是系统性的**正面效用**。

系统性也会产生**负面效用**，其子系统互相抵消。比如，在“官父母”一文中所述“严父慈母”分工现象，原本是恩威并施、刚柔相济的意思，却因父严而母愈慈，因母慈而父愈严，最终慈母与子女合伙对付严父，正负抵消，还形成娇纵的效用。其中的关键，是度，是分寸，是多方面互为因果，这就是系统性分析要反省的内容。

第三，针对性分析

所谓针对性分析是指对孩子的个体差异、长短优劣情况有不断深入和全面的认识，并据此审视在扬长避短、张扬个性诸方面是否存在偏差、是否需要改善的反省思维活动。

“人上一百，形形色色”。父母不能想当然地对孩子订目标下指令，不能仅凭一腔热情胡乱进行教育开发，而要客观冷静地观察分析孩子，暗自比较孩子的长短优劣，努力认知孩子的真实情况。同时，还要经常反省自己的想法、做法是否符合孩子实际情况，是否真的有利孩子成长。生命现象非常复杂，个体差异十分巨大，父母必须小心用心，一切从实际出发，顺其自然，实事求是。

常见的错误有两类。一类是在**教育目标上头脑发热**，一味求好，不切实际。有的父母“有办法”，能将孩子送入当地最好的学校，但孩子很痛苦，因为处处不如人，严重无自信，身心健康都成问题。还有的父母高标准严要求，方方面面争第一，第二都不行，本来孩子还不错，最终被压垮了。在国外，父母也要挑老师挑学校，但挑选的标准是看与孩子的情况是否吻合匹配，好不好主要看孩子的反应。这才是问题的关键。

另一类错误是在**教育方法上搞教条主义**，本本主义。说赏识教育好，就只赏识不约束了；说刘亦婷考上哈佛了，怎么教育的，赶紧买

本书来照抄照搬，如法炮制。结果呢，孩子可能还是不如意，于是又对孩子伤心失望，开始责罚了，恶性循环。

治病要对症下药，教育要因材施教。每个孩子都是“这一个”，适合的才是最好的，这是针对性分析的基本思路。

第八章　附录

建议：改革教育必须改造父母文化

教育改革最大的阻力和动力来自哪里？来自父母，千千万万的父母。不仅是做家长的父母，还有做老师的父母，担任各级各类管理者（比如用人单位）的父母，他们构成了教育者的队伍，支配着孩子们向何处去。而支配父母行为的则是文化，**“官父母”**的文化是教育改革的最大**阻力**，**民主科学**的父母文化则会产生强大的**动力**。

从宏观上讲，政治、经济、文化对教育都有制约作用，教育对政治、经济、文化也有强大的反哺功能。单从教育发展与文化的关系看，“文化”与“教育”具有相伴相生、相辅相成的特性。打个比方，**文化如土壤**，教育如植物，土壤有决定植物之力，植物亦有改良土壤之效。在我国的教育理论和实践中，“外铄论”（重外部塑造）是居主流地位的；在西方，“内发论”（重内在发展）则居主流地位，从根本上说，这是我们的文化差异决定的。

古希腊时期，亚里士多德即提出“社会本位”要与“个性本位”相结合的教育观，体现了对“人”的尊重。到了中世纪，基督教“在上帝面前平等的观念也就变成了在法律面前平等，选举平等和教育机会平等的观念”（布鲁巴克《教育问题史》），从而普及了“平等”观念。文艺复兴时期，被称为“教育学之父”的捷克人夸美纽斯发表第一部教育专著《大教学论》，建立了全面系统的教育框架，比如分科教学，

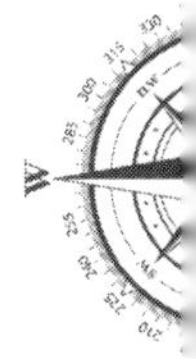

班级授课，学前教育，普及教育等，承前启后，使教育具有了“科学”的内涵。18世纪法国自然主义教育家卢梭的《爱弥儿》，强调教育“顺其自然”，以**“儿童”为中心**，提出了划时代的新教育思想，如同哥白尼把天文学的中心从地球转到太阳。卢梭“对教育的幻想”由美国教育家杜威变成了现实，他推翻了“教师、教材、教室”三个中心，主张“从做中学”，提出儿童中心，经验中心和活动中心，创建“教育即生长”，“学校即社会”等理论并得到全面推广，推动美国脱离“传统教育”进入“现代教育”，宣告“科学、教育和民主的目标合而为一”，从而推动美国领先世界。

西方国家教育发展的历程，也是**“人”的解放**历程，是弘扬人权、人性、人道的历程，清晰地贯穿着“民主”与“科学”的文化主线。正是循着这条文化的“走廊”，西方各国的教育步入了现代化进程。而我们重功利轻发展，重共性轻个性，重服从轻自主，重传承轻创新的教育取向，正是我们传统文化的“土壤”催生的。这个“土壤”是专制的而非民主的，是科举的而非科学的。不改良这个“土壤”，能够培植“现代教育”的新苗吗？能够真正如国家教改纲要所言“以人为本”、“全面发展”、“人人成才”、“进入人力资源强国行列”吗？

由于我国历史上“家国一体”的文化特性，传统文化中阻碍教育改革与发展的内容基本上都浓缩在父母文化中了。目前，这些陈腐的父母文化主宰着千家万户的家庭教育，也是**支配**学校教育特别是教师思想行为的重要力量之一，还深刻**影响**着社会教育的方方面面。所以，推动教育改革，改造父母文化是一道绕不过去的“坎”，这是一个**源头工程**，是一个起点工程，是政府应该主导的事。

1966年，美国人科尔曼博士向国会递交了《机会均等调查研究报告》。这份著名的**“科尔曼报告”**发现，黑人学校和白人学校在校舍、教师工资等有形条件上的差异，并没有人们想象的那么大；造成黑人学生学习水平低的主要原因是学生的家庭背景。学生的家庭背景和学习成绩有很强的相关性。这份报告促使美国政府和美国父母关注家庭对孩子成长的影响，在一定程度上改变了美国的公共教育。克林顿政府颁布的《2000 年目标：美国教育法》，确定教育改革总目标，其中第八项为："家庭参与教育"，明确规定所有家长享有均等机会接受**必要培训**，以成为儿童生活中的第一位教师。

前苏联著名教育家苏霍姆林斯基在《家长教育学》写道："我认为，没有研究过教育学基本知识的青年公民不应当有成立家庭的权利。"在瑞典，所有要结婚的人必须学习专门的家庭教育课程，功课合格后拿着结业证才能去登记结婚。而在我国，**家庭教育**成了教育的"自留地"，是各家各户的"家务事"，任由父母当"官"做主，想怎么办就怎么办，习以为常，天经地义。在父母的意识深处，都认为孩子是属于家庭的，属于父母的，而没有意识到孩子同时也是属于国家的"公民"，是一个独立的平等的有个性的"人"，所以问题层出不穷。现在，该不该将家庭教育纳入政府工作范畴？如果继续任其处于"无政府"状态，不对父母加以引导和培训，算不算**"不作为"**呢？

我国家庭教育的根本问题出在父母的文化理念上，**学校教育**也差不多。"教育要面向现代化，面向世界，面向未来"，绝对是一个真理性认识；而且是小平同志这个伟大的总设计师倡导的。但这么多年为什么就推不动呢？除了外部的体制、考试等原因，有没有教育者管理者"人"的原因、"文化"的原因？解决了外部的原因，教育就能实现"三个面向"了？西方教育发展史证明，只有通过民主与科学的文化"走廊"，教育才能脱离"传统"步入"现代"的殿堂。那么，我们有多少教师骨子里有民主与科学的精神，有服务于学生的平等意识和平和之心？又有多少教师认真研习过现代教育学，了解世界教育现

状，对“现代化”教育有切实的认知？据说，当年朱镕基总理问教育口负责人，现有1400万教师中合格率能否达到一半？这个比例高了低了且不论，我想不合格的主要应是文化理念方面的问题。我们的父母文化与教师文化是同一剂“中药”熬出来的药汤，只是装在不同的碗里罢了；父母有多少问题，教师也相差无几。

社会教育的优化更需要改造父母文化，因为社会乃是千千万万“父母”组成的，而父母又是由文化支配的。在发达国家，孩子自小就要打工挣零花钱和学费，比如当童子军推销饼干，到餐馆当跑堂，给人做清洁，看孩子等等，当今美联储主席伯南克就有多次这样的经历。但在我国就鲜有这样养育孩子的，我们大都认为这样很丢脸，还会影响学习成绩，自然难以形成一个培养孩子自立自强的良好社会氛围，孩子们也得不到锻炼的机会。再比如，在美国，大人要蹲下来与孩子说话，以示平等；路遇校车停靠，所有车辆都自动让道，给予爱护，尽份责任；过万圣节时，孩子可以深夜到任何人家敲门要糖，主人无不热情接待，传送一份爱心与奉献。这是美国父母构建的社会教育环境。我们呢，经常给孩子提供比父母有钱、比父母有权、比谁的父母吃得开、比谁的父母路子野的机会，还有不讲诚信、不守规则、损人利己、说一套做一套的社会教育环境。我们的社会为什么会这样，原因众多，与父母文化却密切相关。

因此种种，改造父母文化应该成为推动教育改革与发展的一个子项目，可以打造出一支“偏师”，起到配合“主力”的作用。具体功能为消减阻力，集结动力，找到利益共同点，将各方力量统一到**“父母立场”**上来。加之投入少，成本低，无风险，只要广造舆论，对全国的父母和教师进行宣传培训，就能迅速见效，可谓有百利无一害！我相信，只要这样做，就一定会有一批又一批的父母提高觉悟，加入到推动教育改革的队伍，并不断影响后进的父母。好比推一堵墙，先开一窗，扩而为门，再扩为大缺口，最后全部推倒在地！

身为父母，则应该对社会转型有个清醒的认识。我们国家正在进行工业化、城镇化、现代化，国际上在走向全球化、信息化、多元化时代，这是一场宏大的**社会巨变！**我们原有的思想文化大多是数千年农业文明的产物，是一元化、小农经济、科举、官本位之类东西，与社会巨变带来的新的生活方式、新的经济形态、新的社会关系等是不匹配的甚至是对立的，我们不**换脑筋**就会被淘汰，不换脑筋就会贻害孩子。当年美国在完成这个变革时，杜威说："我们的社会生活正在经历着一个彻底的和根本的变化。如果我们的教育必须对社会生活有任何意义的话，那么，它就必须经历一个相应的完全的变革。"

所以，身为父母不仅应该顺应这场变革，还有责任合力推动这个历史的车轮。意大利著名教育学家蒙台梭利说："父母有一个很重要的使命，他们是唯一能够联合起来改造社会拯救孩子的人，他们必须意识到这是大自然托付给他们的使命。"英国著名教育家夏洛特·梅森则说："一小块发酵剂能催发一大块面团，同样'小家'能影响'大家'。"

我愿为之鼓与呼！

倡议：让我们成为终结者

100年前，皇帝下台，中国人不用下跪磕头了；

60年前，新中国成立，劳苦大众翻身站起来了；

30年前，改革开放，老百姓许多事都自己做主了。

到现在，百年中国，真的是天翻地覆！把这一百年放到我国历史的长河来审视，可以清晰地看见，推动巨变的力量来自大多数人的解放与发展，民主和平等是贯穿近百年历史的鲜明主线：孙中山开民主先河，百折不回，终于推翻君权；毛泽东让工人农民当家做主，确实是改地换了天；邓小平求真务实，对内搞活，对外开放，又一次将历史划断，翻开了新的一篇。

他们分别以伟大的先行者、开国领袖、总设计师而流芳后世，因为他们分别终结了一个时代，推动了历史向前发展。因此，从根本上说，他们的相同之处是“终结”，终结才是他们伟大之所在。所谓旧的不去，新的不来，正是在他们领导下，终结了旧的思想文化、旧的社会体制、旧的生产关系…历史才出现转折，所以，他们首先是一个伟大的终结者！

国运如此，家道亦然。不破不立，只有终结者出现，家庭格局才能大改观。鲁迅先生在《我们现在怎样做父亲》中提出：“肩住黑暗的闸门，放孩子们到宽阔光明的地方去；此后幸福地度日，合理地做人。”简言之，做好父母就要终结“黑暗”，比如把孩子不当“人”看，当臣民统治，当听差使唤，当器物，当工具，当私产……不终结这些思想行为，要么是孩子被扭曲，要么是孩子将父母“推翻”。这两种结局应该都不是父母的心愿。

因此，写完书稿，言犹未尽，我还要向天下父母同胞们发出倡议：让我们这一辈父母成为终结者吧，把我们头脑里、生活中的陈腐观念、不良心态、错误行为等，像我们搬家时要丢些旧东西一样丢出去，像我们过年要做大扫除、要清除陈年积垢一样扫出去。要知道，终结虽然不易，但是非常合算，不需要外部条件，没有求人托关系之类麻烦，也不需要投入大量金钱、时间和其他资源，只需要下决心自我修炼，很快就能见效，日积月累还会从量变到质变。哪怕只能终结一小部分，也是在进步、在为子孙造福，也是有所作为的父母。反之，则是胡作非为的父母。身处变革时代，做父母必须二选一，别无他途！

此外，我还要向教师朋友们大声呼吁：让我们这些搞教育的父母率先成为终结者吧！在全国数以亿计的父母中，教师这个群体最为特殊，在家做父母，出门当老师，如何当父母便会如何当老师，基本上不会有太大出入。如果老师们成为终结“黑暗”的父母，意味着点亮了数百万民主的“蜡烛”，将惠及全国多少孩子及其父母！但不幸的是，教师们比其他职业的人更容易成为“官父母”。古有“天地君亲师”的牌位，今有“灵魂工程师”的称呼，把许多教师弄得云里雾里，“端”起架子下不来了。其实呢，世道变了，“君”早已下课，师道尊严的基础已然不在；现在是终身教育时代、学习型社会，师生界限越来越模糊，师生关系也必然越来越平等和民主。因此，做好老师与做好父母一样，首先要成为一个终结者，把“老师”还原为普通“人”（非圣贤），把教育工作还原为一项服务，此乃大势所趋！

最后，我还要向领导阶层、专家学者及各路精英们请愿疾呼：让我们这些有影响力的父母也来加入终结者队伍！我们同样为人父母，陈旧的父母文化，不仅有损孩子成长，阻碍教育发展，还扩散到社会

生活各方面，破坏社会的公平正义和发展，比如不讲民主、不讲尊严、不讲诚信等。这一切，不能代代传承，不能听之任之；经过百年奋斗的中国人民应该从精神上站起来了！我们的下一代应该从小就得到"人"的待遇！所以，身处社会塔尖的同志们、朋友们理应集合在"父母"的立场上，发挥各自的影响力，开启民智，主导潮流，改造父母文化，使之脱胎换骨，终结现在进行时的"业余父母"！

这是一项教育改革事业，也是一项文化建设事业，还是一项精神慈善事业。事业虽宏大，但无论是谁，都可以在自己的影响范围内，在自家的一亩三分地里，实实在在取舍，明明白白做主。愿天下父母共襄盛举，让我们成为终结者！

作　者

2010 年 4 月于成都

主要参考书目

薛涌 :《一岁就上常青藤》，中国青年出版社，2009 年

《学而时习之》，新星出版社，2007 年

袁贵仁 :《对人的哲学理解》，东方出版中心，2008 年

周国平 :《周国平文集》，陕西人民出版社，2006 年

张岱年、方克立 :《中国文化概论》，北京师范大学出版社，2004 年

王蒙 :《老子的帮助》，华夏出版社，2009 年

姜戎 :《狼图腾》，长江文艺出版社，2005 年

张宏杰 :《中国人的性格历程》，陕西师范大学出版社，2008 年

扈中平、李方、张俊洪 :《现代教育学》，高等教育出版社，2005 年

吴式颖 :《外国教育史教程》，人民教育出版社，1999 年

陈鹤琴 :《家庭教育》，华东师范大学出版社，2006 年

任继愈、毕诚 :《中国古代家庭教育》，商务印书馆，2008 年

林格 :《教育是没有用的》，北京大学出版社，2009 年

晓楠 :《教育学经典名言的智慧》，新世界出版社，2008 年

艾琳 :《美国式家庭教育》，中央编译出版社，2005 年

孙瑞雪:《爱和自由》，中国妇女出版社，2009 年

孙云晓等:《忠告天下父母》，浙江少年儿童出版社，2007 年

卢勤:《给知心妈妈》，漓江出版社，2008 年

张文质:《父母改变孩子改变》，北京师范大学出版社，2009 年

何怀宏:《孩子，让我们来谈谈生命》，中国妇女出版社，2009 年

武志红:《七个心理寓言》，世界图书出版公司，2008 年

鲁稚:《让孩子做最好的自己》，漓江出版社，2008 年

刘良华:《新父母学校》，北京师范大学出版社，2009 年

王东华:《发现母亲》，人民出版社，2008 年

周弘:《换种方式做父母》，广州出版社，2007 年

王晓春:《富裕时代的家庭教育》，中山大学出版社，2005 年

赵健、邹舟:《解放父母解放孩子》，内蒙古人民出版社，2008 年

石宣:《不输在家庭教育上》，中国商业出版社，2009 年

杨文、麓雪:《让我们做最好的母亲》，漓江出版社，2009 年

王晓燕、谢云挺:《中国教育问道》，北京师范大学出版社，2009 年

李平:《犹太人家教》，中国商业出版社，2009 年

陈道华:《韩国家庭教育》，农村读物出版社，2006 年

陈忻:《101 个父母应该懂得的道理》，海潮出版社，2009 年

詹术兵:《父母不该说的一句话》，武汉出版社，2008 年

吴维库:《阳光心态》，机械工业出版社，2009 年

吴甘霖：《空杯心态》，中国城市出版社，2008 年

星云大师、刘长乐：《包容的智慧》，湖北人民出版社，2007 年

戴淑凤、刘全礼：《儿童行为塑造及行为问题矫治》，中国妇女出版社，2009 年

《论教育学》，（德）伊曼努尔·康德著，赵鹏 何兆武译，世纪出版集团

《教育漫话》，（英）约翰·洛克著，杨汉麟译，人民教育出版社

《斯宾塞快乐教育书》（英）赫伯特·斯宾塞著，张建威 十一的译，中国妇女出版社

《夏落特·梅森家庭教育法全书》，（英）夏洛特·梅森著，李艳芳译，中国发展出版社

《爱弥儿》，（法）卢梭著，方卿编译，北京出版社

《津巴多普通心理学》，（美）菲利普·津巴多等著，王佳艺译，中国人民大学出版社

《杜威教育名篇》，赵祥麟、王承绪编译，教育科学出版社

《童年的秘密》，（意）玛利亚·蒙台梭利著，金晶、孔伟译，中国发展出版社

《动机与人格》，（美）亚伯拉罕·马斯洛著，许金声等译，中国人民大学出版社

《卡尔·威特教育精华》，（德）卡尔·威特著，中国宇航出版社

《早期教育与天才》，（日）木村久一著，唐欣译，江苏人民出版社

《教育者谬误手册》，（德）安德里亚·比朔夫著，段建明译，知识出版社

《父母效能训练手册》，（美）托马斯·戈登著，宋苗译，天津社会科学院出版社

《正面管教》，（美）简·尼尔森著，玉冰、刘力译，京华出版社

《沉思录》，（古罗马）马可·奥勒留著，李娟、杨志译，上海三联书店

《孩子来自天堂》，（美）约翰·格雷著，张雪兰译，京华出版社

《孩子，把你的手给我》，（美）海姆·G·吉诺特著，张雪兰译，京华出版社

《多元智能新视野》，（美）霍华德·加德纳著，沈致隆译，中国人民大学出版社

《情商》，（英）克里斯丁·韦尔丁著，尧俊芳译，天津教育出版社

《六顶思考帽》，（英）爱德华·德·博诺著，冯杨译。山西人民出版社

《爱与愤怒》，（美）南希·萨姆琳著，许瑛昭译，中国广播电视出版社

《成功父母的 7 个秘诀》，（美）兰迪·罗尔夫著，葛雪蕾译，中国青年出版社

《100 年也不过时的育儿智慧》（韩）李元宁著，蔡福淑译，重庆出版社

《学会生存——教育世界的今天和明天》，联合国教科文组织国际教育发展委员会编著，教育科学出版社